CARSTEN STORMER
Die Schatten des Morgenlandes

Weiterer Titel des Autors:

Das Leben ist ein wildes Tier

CARSTEN STORMER

DIE SCHATTEN DES MORGENLANDES

Die Gewalt im Nahen Osten und
warum wir uns einmischen müssen

Lübbe

Dieser Titel ist auch als E-Book erschienen.

Originalausgabe

Copyright © 2017 by Bastei Lübbe AG, Köln

Textredaktion: Jan W. Haas, Berlin
Fotos: Carsten Stormer
Karte: Peter Palm, Berlin
Umschlaggestaltung: www.buerosued.de
Satz: hanseatenSatz-bremen, Bremen
Gesetzt aus der FF Avance und der Folio
Druck und Einband: GGP Media GmbH, Pößneck

Printed in Germany
ISBN 978-3-7857-2593-1

5   4   3   2

Sie finden uns im Internet unter: www.luebbe.de
Bitte beachten Sie auch: www.lesejury.de

Ein verlagsneues Buch kostet in Deutschland und Österreich jeweils überall dasselbe.
Damit die kulturelle Vielfalt erhalten und für die Leser bezahlbar bleibt,
gibt es die gesetzliche Buchpreisbindung. Ob im Internet, in der Großbuch-
handlung, beim lokalen Buchhändler, im Dorf oder in der Großstadt – überall bekommen Sie Ihre verlagsneuen Bücher zum selben Preis.

Für Leon, Hanadi und Ahmed. Die Hoffnung

Inhalt

Prolog: Ein Blick in die Zukunft

Im Januar 2011 reise ich in die christliche Enklave Alqosh im Nordirak. Ich habe den Auftrag, einen Menschen zu finden, der sich für den Frieden zwischen den Religionsgruppen im Irak einsetzt. Jemand, der die Frage beantworten kann, ob es Hoffnung für den Irak gibt. Dass dies nicht einfach werden würde, war mir von Anfang an klar. Schnell stellte ich fest, dass unser Plan nicht funktionierte. Zuerst wollte ich einen Mann treffen, der in Mossul mit Angehörigen aller Volksgruppen Wasserrohre verlegt. Rohre verlegen für den Frieden; großartig! Aber der Protagonist brach sich die Hüfte – und sagte ab. Dann sollte ich einen Iraker besuchen, der ein Radio in Kirkuk betreibt, das ein interkulturelles Versöhnungsprogramm sendet. Noch besser! Aber nicht mal ein Interview wollte er geben. Einen Grund nannte er nicht. Ich vermute, weil die Sicherheitslage in Kirkuk zu prekär war. Am Ende hieß es: Mach irgendwas, Hauptsache, Irak.

So bin ich schließlich im Kloster von Alqosh und bei Vater Gabriel gelandet. In der *New York Times* hatte ich gelesen, dass Tausende Christen, Jesiden, überhaupt Andersgläubige ihr Land verließen, weil sie ihres Lebens nicht mehr sicher seien. Ein Terroristennetzwerk, das sich »Islamischer Staat im Irak« nannte, legte Sprengsätze, ermordete Gegner, erpresste Schutzgelder, drohte. Nach einem Anschlag auf eine Kirche flohen Hunderte Christen in das Kloster von Vater Gabriel in Alqosh. Das sollte meine Geschichte werden: die verfolgten Christen und ein mutiger Priester, der ausharrt, ihnen Schutz gewährt und sich gegen die Gewalt stemmt. Ein Bollwerk christlicher Nächstenliebe gegen die dumpfe Gewalt islamistischer Terroristen. So weit die Theorie.

Was ich nicht weiß: Die letzten Flüchtlinge hatten das Kloster kurz vor Neujahr verlassen. Ich bin zwei Wochen zu spät. Das Kloster ist menschenleer, als wir dort eintreffen, nur acht Priester und ein 97-jähriger Mönch erwarten mich. Dabei hatte ich erst wenige Tage vor meiner Abreise mit einem Mittelsmann im Kloster gesprochen. Ja, natürlich könne ich vorbeikommen. Dass die Flüchtlinge da schon längst weitergezogen waren, ließ er unerwähnt. Das hätte gegen die irakische Auffassung von Gastfreundschaft verstoßen. Ohne vertriebene Christen fällt der wichtigste Aspekt der Geschichte weg, und ich ahne, dass es schwierig wird, meinen Auftrag zu erfüllen.

Alqosh liegt im kurdisch verwalteten Teil des Iraks. Hier ist es im Winter 2011 für irakische Verhältnisse noch relativ sicher. Und deshalb ist dieses Gebiet zum Rückzugsgebiet für all die Vertriebenen im Zweistromland geworden. Im kurdischen Teil des Iraks leben Kopten, Christen, Jesiden, Kurden, Moslems und Anhänger Johannes des Täufers friedlich nebeneinander – auch wenn sie sich nicht unbedingt mögen.

Die Christen haben sich in Enklaven der biblischen Provinz Ninive abgeschottet. In Sharifa, Telesqof, Telqef, Batnaia und vielen anderen Siedlungen. Dort finden weiterhin Gottesdienste statt, die Menschen fühlen sich sicher. Die Zugangsstraßen der Dörfer werden von kurdischen Peshmerga und irakischen Soldaten bewacht.

Vater Gabriel K. Tooma ist ein schmaler Mann mit Brille, das akkurat frisierte Haar mit grauen Strähnen durchzogen. Ein Karrierepriester; mit 41 Jahren bereits vom Papst zum Abt aller katholischen Klöster im Irak erkoren. Er geht ein bisschen gebückt, die Hände hinter seinem Rücken verschränkt; das große Kreuz um seinen Hals wirkt wie eine Last, an der er schwer zu tragen hat. Er predigt und lebt im Kloster der Jungfrau Maria in Alqosh, knapp zwei Autostunden von der Fanatikerhochburg Mossul entfernt.

Um fünf Uhr morgens, wenn das unsichtbare Böse in seinem Land noch schläft, steht er auf, schlüpft in seine Soutane, legt die Kette mit dem silbernen Kreuz um seinen Hals und betet; für Frieden im Irak, seiner Heimat, dafür, dass auch heute wieder ein Tag ohne schlechte Nachrichten vorübergeht, dass keine Kirche brennt in Bagdad oder Mossul, dass keine Haftbomben unter Autos explodieren und Christen, Jesiden oder Kurden in den Tod reißen; dass niemand mit schallgedämpften Pistolen erschossen wird. Es stirbt sich leicht im Irak, und deswegen gibt es viel zu beten. Die Gewalt, dies weiß der Priester, kommt und geht, ist wie Ebbe und Flut, bestimmt das Leben der Iraker wie der Mond die Gezeiten der Meere.

Und trotzdem will Vater Gabriel seine Enklave Alqosh nicht verlassen. Hier ist seine Gemeinde, hier fühlt er sich sicher. Außerhalb der Klostermauern lauern Gefahren, töten Terroristen. Drinnen bedränge ich ihn. Er soll mir zeigen, wie er zwischen den Volksgruppen vermittelt, versöhnt. Aber wir reden aneinander vorbei. »Es gibt keine Probleme zwischen Christen und Moslems«, sagt er mir nach einer Messe. »Es ist kein religiöser Konflikt, sondern ein politischer. Dagegen kann man nichts tun.«

Die meiste Zeit betet Vater Gabriel. Oder er empfängt Besucher, schreibt Briefe, bereitet Messen vor – was Priester eben so tun. Moslems begegnet er nur, wenn es sich nicht vermeiden lässt. Jahrhunderte der Koexistenz, und noch immer jede Menge Vorurteile.

Dann bewegt er sich doch. »Willst du mit mir nach Mossul fahren?«, fragt er eines Morgens. In Mossul, sagt er, sei es gefährlich. Hier tummeln sich ehemalige Angehörige von Saddams Baath-Partei, religiöse Hetzer und Terroristen der al-Qaida. Bis vor ein paar Jahren lebten hier mehr als 100 000 Christen, jetzt seien es weniger als fünftausend, heißt es. Die Flucht ist eine Kapitulation vor religiösem Fanatismus und die Folge einer korrupten Politik, die macht- und willenlos ist gegen die Gewalt und die Betroffene nicht schützen kann. Mehr als die Hälfte der im Irak lebenden Christen soll das Land schon verlassen haben: 400 000 bis 700 000 Menschen. Christen und andere Minderheiten sind zur Zielscheibe der Terroristen geworden, die darauf hinarbeiten, dass der Irak völlig auseinanderfällt und ein islamistisches Kalifat entsteht. Nur drei Prozent der Bevölkerung gehören zu einer der religiösen nichtislamischen Gruppen, aber sie stellen zwanzig Prozent der Flüchtlinge. Wenn sich die Lage wieder beruhigt hat, kehren einige wieder zurück. So pendelt sich das Leben ein im Rhythmus der Gewalt.

Es ist kalt in Ninive, der Wiege des christlichen Glaubens im Mittleren Osten. Ein eisiger Wind pfeift über das Hochplateau, und die Temperatur fällt auf gefühlte null Grad. Vater Gabriel steigt in seinen Toyota Corolla, und man spürt seine Anspannung. Für die Fahrt hat Vater Gabriel die Soutane abgelegt, zu gefährlich. Genau wie das silberne Kreuz, das jetzt im Handschuhfach liegt, besser so. Nur der Priesterkragen, der unter seiner schwarzen Winterjacke hervorlugt, verrät seinen Glauben. Die kurdischen Peshmerga, die sein Kloster bewachen, schieben das eiserne Rolltor beiseite, salutieren, und Vater Gabriel schickt ein Vaterunser zum Himmel.

Während der Fahrt raucht er eine Zigarette der Marke Prestige nach der anderen, als wolle er sich an den Kippen festhalten, und erzählt, dass alle Kirchen in Mossul geschlossen seien, alle Priester, bis auf einen, die Stadt verlassen hätten und Weihnachten im vergangenen Jahr abgesagt werden musste. Er bleibe nie länger als zwei Stunden in der Stadt.

Aus Sicherheitsgründen. Je näher Mossul rückt, desto mehr Straßensperren behindern den Verkehr; kurdische und irakische Soldaten mit entsicherten Gewehren fordern Ausweise und schauen in Kofferräume. Als ein junger Mann im Tarnfleck das Kreuz im Handschuhfach entdeckt, flüstert er Vater Gabriel zu, dass er bitte aufpassen und nicht zu lange in Mossul bleiben solle. Man wisse ja nie in diesen Zeiten … Vater Gabriel schickt zum Dank ein »Gott sei mit Dir« durchs offene Fenster und bekreuzigt sich.

»In dieser Straße lebten einst nur Christen, heute sind nur drei Familien übrig geblieben«, sagt der Priester, als wir in Mossul ankommen, und blickt dabei ständig in den Rückspiegel. Seine Stirn wirft Falten, er ist nervös, zieht den Mantel enger, um den verräterischen Priesterkragen zu verstecken. Wir besuchen die Maqdasays, eine der wenigen christlichen Familien, die noch immer in Mossul leben.

Wie durch einen Schleier verhüllt dringen die Geräusche der Stadt in das Haus der Maqdasays. Bei Miller-Bier und gebrannten Nüssen sitzen Vater Gabriel und die Familie Maqdasay in deren eiskaltem Wohnzimmer und halten sich an den Händen. Atemwolken wabern durch die kalte Luft. Vater Gabriel verteilt Stofftiere an die Kinder: Pu, der Bär, und einen grünen Drachen. Der Strom ist mal wieder ausgefallen. »Ah, die Früchte von Freiheit und Demokratie«, bemerkt Vater Gabriel sarkastisch, und alle lachen.

Obwohl sie nie persönlich bedroht wurden und die Beziehungen zu ihren muslimischen Nachbarn gut sind, flohen die Maqdasays in den vergangenen zwei Jahren drei Mal aus Mossul. Nachdem Christen starben, weil eine Autobombe explodierte oder weil jemand »Christen verschwindet aus Mossul oder wir töten euch« an eine Hauswand geschmiert hatte. Wenn sie das Haus verlassen, informieren sie sich über SMS: »Bin nur noch schnell Zigaretten holen, bin okay!«

Es klingelt an der Haustüre, und Vater Gabriel zuckt zusammen, als hätte ihn eine Biene gestochen. Doch es sind nur moslemische Freunde der Familie, die vorbeischauen, weil sie gehört haben, dass Vater Gabriel zu Besuch ist. Das Bier verschwindet, stattdessen wird gezuckerter Tee serviert. »Wenn wir fliehen, dann lassen wir den Schlüssel bei den Nachbarn, die auf unser Haus aufpassen«, sagt Amer Maqdasay, 62, das Familienoberhaupt, der neun Jahre als Kriegsgefangener im Iran verbrachte. Seine Frau sitzt am Fenster und beobachtet, was auf der Straße vor ihrem Haus geschieht. »Wenn wir auf die Straße gehen, trauen wir uns nicht, das Kreuz zu tragen. Ich habe Angst, zur Arbeit zu gehen. Und die Frauen verlassen das Haus gar nicht mehr«, sagt Amer Maqdasay. Vater Gabriel ist nervös, schaut auf seine Uhr. Es ist spät. Noch ein Bierchen? Nein, lieber nicht. Er muss los, besser so. Dann steht er auf, Umarmungen, Küsse. Auf Wiedersehen, Friede sei mit Euch. Bevor er in seinen Wagen steigt, schaut er sich schnell in alle Richtungen um. Dann braust er davon, bis die Familie Maqdasay nur noch ein kleiner Punkt im Rückspiegel ist, der irgendwann ganz verschwindet.

Auf dem Rückweg halten wir in Batnaia, einem Achttausend-Seelen-Nest auf halber Strecke zwischen Alqosh und Mossul. Dort sitzt der 56-jährige Samir Azoo Dawood in seinem Krämerladen zwischen Rosenkränzen und Tomatenketchup und träumt sich in seine Vergangenheit. Vor drei Jahren floh er aus Bagdad, nachdem Killerkommandos der al-Qaida zwei seiner Kollegen aus der Stadtverwaltung ermordeten und seinen Vater bedrohten, und nachdem sein Bruder an einer Blinddarmentzündung starb, weil die schiitischen Milizen sie nicht ins Krankenhaus ließen. Ein paar Schritte weiter, in einem Haus, das sich an die Friedhofsmauer von Batnaia quetscht, erlebt der 43-jährige Hani Sami Mansoor jeden Tag das Leiden seines Sohnes Fadi, der an einer Hormonschwäche erkrankt ist. Seitdem sie aus Mossul

14

fliehen mussten, kann sich die Familie die teuren Medikamente zur Behandlung nicht mehr leisten.

Überall findet man sie, die vergessenen Opfer des Hasses. Zurück in Alqosh besuchen wir Josef Nahum. Der 62-Jährige sitzt in seinem winzigen Wohnzimmer, nicht weit entfernt vom Grabmal des Propheten, vor ihm eine Tasse türkischer Kaffee. Zu seinen Füßen wuselt sein Hund Kete, eine fransige Töle, die mit den Resten des Mittagessens spielt. Ein Streifen Sonne fällt durch das Fenster zum Hof, aus dem man freie Sicht auf St. Michael hat. Das 1400 Jahre alte verlassene Kloster klebt wie ein Schwalbennest an einer Felswand. Josef Nahum floh mit seiner Familie aus Mossul, nachdem ihn Al-Qaida-Terroristen entführten und erst gegen 20 000 Dollar Lösegeld wieder freiließen. Warum sie ihn nicht töteten, weiß er nicht. Es interessiert ihn auch nicht. Zwei Tage nach seiner Freilassung ließen sie ihr Haus und ihren Besitz in Mossul zurück und retteten sich nach Alqosh. »Alles, was ich in dreißig Jahren aufgebaut habe, wurde innerhalb von Tagen zerstört.« Aus dem Nachbarhaus weht der Wind die Klagelieder der 81-jährigen Dichterin Ister Izik Zara herüber, die in ihrem bunt bemalten Hexenhaus sitzt und die Toten der letzten Anschläge besingt.

Pater Gabriel schleppt mich von einem Opfer zum nächsten, als würde ich ihm nicht glauben. Als ob er weitere Kronzeugen des islamistischen Terrors aus dem Hut zaubern müsste. Am Abend sind wir beim Bürgermeister von Alqosh, einem Christen, zum Tee eingeladen, reden über Politik, die Gewalt im Irak und die Situation seiner Glaubensbrüder. Der Diktator Hussein habe den Deckel auf den multiethnischen Schmelztiegel des Iraks gepresst, wenn nötig mit Gewalt. Jetzt sei der Tyrann weg und der Kessel drohe zu explodieren. Das Machtvakuum nutzten nun Terroristen, um das Land zu destabilisieren. »Jahrzehntelang angestaute Vorurteile machen sich Luft«, sagt Vater Gabriel, und der Bürgermeister nickt.»Wir haben keine Probleme mit Moslems. Wir leben seit Jahrhunderten als Nachbarn im Irak.« Aber noch nie sei die Situation der Christen so schlimm gewesen wie heute. Vor hundert Jahren sei jeder vierte Iraker ein Christ gewesen, heute stellten sie nur noch etwa zwei bis drei Prozent der Bevölkerung. Die Jesiden nur ein Prozent. Wer es sich leisten könne, fliehe ins Ausland; nach Amerika, Skandinavien, Deutschland. Immer mehr Länder öffneten ihre Grenzen für Verfolgte aus dem Irak. Vater Gabriel gefällt diese Entwicklung nicht. Denn so verliere der Irak langsam, aber sicher seine Identität, seine Kultur.»Seit zweitausend Jahren sind wir ein Teil des Landes. Je mehr Christen ins Ausland fliehen, desto mehr Bestätigung erhalten die Terroristen«, glaubt er. Mit der zunehmenden Aufmerksamkeit, die das Leiden der Christen im Ausland erfahre, nähmen auch die Terroranschläge zu.»Die Terroristen wähnen sich ihrem Ziel nahe, alle Andersgläubigen aus dem Irak zu vertreiben. Wir sollten lieber leise leiden, als laut zu sterben.«

Der Irak steht vor einer Zerreißprobe, und diese Zerrissenheit spiegelt sich in Gestalt von Vater Gabriel wider.»Die Gewalt muss endlich ein Ende haben, damit jeder seinen Weg gehen kann. Nicht unbedingt gemeinsam, aber nebeneinander«, sagt er. Ich dränge ihn, mir zu erklären, wie er sich seinen moslemischen Mitmenschen nähert, wie seiner Meinung nach Frieden im Irak entstehen kann. Doch Vater Gabriel weicht aus. Ich bohre weiter, und plötzlich bricht aus dem Priester der angestaute Frust heraus. Mit Moslems friedlich zusammenzuleben sei unmöglich, schnaubt er. »Das sind alles Terroristen. Der Islam predigt Gewalt. Denen geht es nur darum, uns Christen zu töten oder zu vertreiben!« Schweigen, dann fällt der Strom aus, Vater Gabriel zündet sich eine Zigarette an, die Glut glimmt in der Dunkelheit. Nach einer Weile fragt er:»Warum lasst ihr Deutschen die Moslems in euer Land?« Das könne er nicht verstehen. Es sind Thesen, wie sie in Deutschland der umstrittene Autor Thilo Sarrazin vertritt, die Vater Gabriel bei einer Tasse Tee verbreitet. Die feindliche Übernahme Europas durch aggressives Gebären, um das Abendland zu islamisieren. »Europa wird bald muslimisch sein und die Christen unterdrücken«, davon ist der Priester überzeugt.

Ich wünschte, ich hätte diesen Ausbruch nicht gehört. Eigentlich könnte ich jetzt einpacken und nach Hause fahren. Vor mir sitzt ein Mensch, der sich Frieden und Sicherheit für sein Land und seine Gemeinde wünscht – aber in seinem Frust und seinen Vorurteilen gefangen ist. Wahrscheinlich ist das ein natürlicher Reflex, wenn man als Angehöriger einer religiösen Minderheit in einem moslemisch dominierten Land lebt und ständig von Extremisten bedroht wird. Vater Gabriel sorgt sich nur um das Wohl seiner Gemeinde. Sich abschotten, statt aufeinander zuzugehen. Wie sollte es auch anders sein. Mit Terroristen lässt sich nun mal nicht verhandeln oder diskutieren.

Trotzdem will ich noch nicht aufgeben. Also überlege ich, wie man die Reportage doch noch in die gewünschte Richtung drehen könnte. Vielleicht gibt es noch einen Zugang. Ich versuche zu retten, was zu retten ist – und will meinen Auftrag erfüllen, mit einer Geschichte zurückkehren. Meine Auftraggeber zahlen viel Geld für diese Recherche. Langsam rennt mir die Zeit davon, und deshalb frage ich Vater Gabriel, ob wir nicht gemeinsam einen muslimischen Imam besuchen könnten.

Ja, er kenne da einen, mit dem er sich ganz gut verstehe. Der lebe in dem Städtchen Shekhan, vierzig Minuten mit dem Auto von Alqosh entfernt. Aber gemeinsam? Heute? Darauf habe er eigentlich keine Lust. Zudem erwarte er Besuch. »Fahrt doch ohne mich zum Imam«, schlägt er vor.

17

Zum x-ten Mal erkläre ich ihm den Sinn meiner Recherche. Ich brauche diese Szene für die Reportage; unbedingt. Widerwillig stimmt er zu. Wir fahren nach Shekhan, die ganze Zeit redet Vater Gabriel kein Wort mit mir. Schließlich landen wir in einem Raum, der vollgestellt ist mit alten Computern, Stühlen und Tischen, die in einer Ecke verstauben, Abstellkammer und Konferenzzimmer des Vereins »Eyan«.

Vier Männer sitzen vor mir und sehen mich fragend an wie Schauspieler einen Regisseur, der ihnen erklären soll, was in der nächsten Szene passiert. Vater Gabriel, der Christ; Younis Ali Musa, der 50-jährige Imam von Shekhan; Peer Hassan Ali, der Jeside, 62; und Mohammed Yousif Khamo, ein Kurde, 49 Jahre alt. Sie erzählen mir, was ich hören will: dass sie Verbündete seien, sich gegen den Sog des schwarzen Lochs stemmen, das den Irak unaufhaltsam ansaugt. Und um diesem zu entkommen, haben sie den Verein »Eyan« gegründet, was so viel wie »Haus der Weisheit« bedeutet – »weil vor der Freiheit das Wissen steht«. Drei, vier Mal im Jahr veranstalten sie religionsübergreifende Näh-Workshops für die Frauen der Umgebung. »Es geht nicht darum, die Sachen anschließend zu verkaufen. Unser Ziel ist, dass die Frauen Freundschaften schließen, merken, dass die Christin nicht anders ist als die Muslima!«, sagt Imam Younis Ali Musa. Oder sie beten gemeinsam in Kirchen, Moscheen oder den Tempeln der Jesiden. »Wenn Menschen merken, dass wir uns wie vier Brüder verhalten, bauen sie vielleicht ihre Vorurteile und ihren Hass ab«, sagt Vater Gabriel Tooma und schmeckt seine Worte noch einmal nach, als sei er selbst ein bisschen überrascht darüber, was er gerade gesagt hat. Aber häufig gehe es nur darum, Streit zu schlichten. Neulich gab es Ärger zwischen den Clans der Jesiden und der Moslems, weil muslimische Jungs mit jesidischen Mädchen herumgemacht hätten. »Das haben wir geklärt!« Wie, das erfahre ich nicht.

Übermütige Teenager zu bändigen ist machbar. Wesentlich komplizierter war der Unfall eines kurdischen Lastwagenfahrers. Dem Trucker war ein Reifen abgesprungen und in die Windschutzscheibe eines Autos gekracht, in dem eine christliche Familie saß. Ein 13-jähriges Mädchen verunglückte schwer, und eine aufgebrachte Meute forderte den Kopf des Truckers. »Auch das haben wir auf unsere Art geregelt«, sagt der Imam, ein Hüne mit weißem Bart und warmen Augen, und wenn er lacht, wackelt der Turban auf seinem Kopf. »Der Lastwagenfahrer hat sich entschuldigt und den Christen ein neues Auto und zehntausend Dollar Entschädigung gezahlt, da das Mädchen ihr Leben lang gelähmt sein wird.« Danach war eine Zeit lang wieder Ruhe in Ninive.

Es sind kleine Schritte von Menschen, die sich in ihrem Glauben nicht nahestehen, sich meistens sogar ablehnen in ihrem monotheistischen Exklusivanspruch, aber gleichzeitig auch die Nase voll haben von Krieg, Chaos und Gewalt – und die an einen friedlichen Irak glauben. Sie haben die Jahrzehnte unter Saddam Hussein erlebt, in denen man den Mund halten musste, um ein friedliches Leben zu führen. Eine Zeit, in der besonders die Kurden unter Vertreibung und Giftgasangriffen litten. Später folgte die Invasion der Amerikaner mit ihrem Versprechen für einen Neuanfang in Frieden und Demokratie. Nichts davon wurde gehalten. Im Gegenteil: Die Gewalt gegen religiöse Minderheiten begann mit dem Sturz des Diktators Hussein. Der latente Hass zwischen den Ethnien, der Jahrzehnte unter einer diktatorischen Torfschicht schlummerte, brach aus – und niemand verhinderte diese Entwicklung. Die Enttäuschung über die Lippenbekenntnisse irakischer und ausländischer Politiker ist groß; die Hoffnung, dass es irgendwann besser wird, klein, sehr klein.

Sie alle wurden bedroht, haben Gewalt erlebt und wissen, was es heißt, Angst zu haben. Aber es gibt nicht viel, was man dem Terror der Islamisten und der eigenen Furcht entgegensetzen kann. Davonlaufen? Auch keine gute Alternative. Mit Gewalt antworten, zurückschießen? Die schlechteste Lösung. Was dann? In Gottvertrauen ausharren, jeder in seinem eigenen Glauben? »Wir leben seit Hunderten von Jahren friedlich nebeneinander«, sagt der Imam, der vor zwei Jahren aus Mossul flüchten musste, weil islamistische Extremisten ihn für zu tolerant und für einen Spion der Christen hielten und weil er in seinen Freitagspredigten Freundschaft zwischen den Religionen propagierte. »Jesus ist mein Bruder. Er war ein Prophet, ich bin ein Prophet. Christen und Moslems sind Brüder«, sagt er und schlägt dabei mit der flachen Hand auf den Oberschenkel von Vater Gabriel, den er seinen großen Bruder nennt, obwohl dieser viel jünger ist. Es ist eine Geste des Respekts und der Zuneigung. Der Priester zuckt zusammen und schaut verwundert, bevor er sich ein Lächeln abringt.

»Nie war es für die Christen im Irak so schwierig wie heute«, sagt Vater Gabriel Tooma, und sein jesidischer Kollege Peer Hassan Ali, ein großer Mann mit Schnauzer, schlohweißem Haar und Händen, die wie Zangen zufassen, nickt zustimmend und sagt: »Uns geht es genauso, aber ihr Christen bekommt die ganze Aufmerksamkeit.« Und Imam Younis Ali Musa meldet sich zu Wort, dass man bitte schön nicht die 2700 moslemischen Binnenflüchtlinge vergessen solle, die vor dem Chaos in Bagdad und Mossul fliehen mussten und sich nun am Stadtrand von Shekhan eine neue Existenz aufbauten. Mohammed Yousif Khamo, der Kurde, ist der Stille der Gruppe. Er wippt nur mit den Füßen, hört zu und spitzt manchmal seine Lippen, als wolle er etwas sagen, behält seine Gedanken dann aber doch für sich.

Ich frage, ob die Herren demnächst irgendwo gemeinsam beten, vielleicht in einer Moschee. Ich fange an zu puzzeln, etwas zu konstruieren. Das wäre die Szene, die meine

Geschichte retten würde. Ich habe kurz Hoffnung. Nein, da sei vorerst nichts geplant. Auch ein Workshop finde in absehbarer Zeit nicht statt. Und so fahre ich schlecht gelaunt zurück ins Kloster von Alqosh. Ich habe einen Friedensvermittler gesucht und stattdessen furchtsame und zerrissene Menschen gefunden, so wie das Land selbst.

Die Männer in ihrem religiösen Mikrokosmos treiben auf etwas zu und wissen nicht genau, was es ist. »Der Irak ist wie eine schwangere Frau mit Wehen. Sie keucht, stöhnt, schreit – aber irgendwann erblickt das Kind die Welt«, sagt Vater Gabriel. »Wir brauchen zuerst Sicherheit!« Aber mit diesen Terroristen könne man keine Verhandlungen führen, nicht diskutieren. Sie wollen nur eines, sagt der Priester: Chaos stiften und Andersgläubige umbringen. Und das gelinge ihnen mit einfachen Mitteln. Ein Selbstmordattentäter in Baquba. Eine Haftbombe in Bagdad. Die Belagerung einer Kirche. Hauptsache, viele Tote. Die Religionsgruppen dümpeln in diesem Chaos vor sich hin wie ein Schiff ohne Anker. Sie verabscheuen Gewalt, aber gehen sich aus dem Weg. Vor dem Frieden kommt die Versöhnung – aber dazu sind die Wunden zu tief. Sie müssen erst noch vernarben. Am Tag meiner Abreise reißt ein Selbstmordattentäter in Tikrit fünfzig Menschen mit in den Tod, und in Mossul tötet eine Frau einen katholischen Arzt.

Ich habe einen Versöhner gesucht. Das hat nicht funktioniert. Aber dafür habe ich etwas anderes gefunden. Einen Menschen, der für die tatsächliche Lage im Irak steht, für die inneren und äußeren Konflikte. Versöhnung hat darin keinen Platz. Gibt es Hoffnung für den Irak? Diese Frage kann ich Anfang des Jahres 2011 nicht beantworten.

Fünf Jahre später kenne ich die Antwort. Die Geschichte, die ich 2011 recherchierte, war nur der erste Akt eines langen und blutigen Dramas, dessen Schluss noch nicht geschrieben wurde. Die letzten Christen sind aus Mossul verschwunden. Das Volk der Jesiden hat den Christen im Wettlauf, wer am meisten leidet, den Rang abgelaufen. Ebenso wie Schiiten und Kurden. Sie sind geflohen oder wurden getötet, versklavt, vergewaltigt. Zu Tausenden. Mossul, die zweitgrößte Stadt des Iraks, ist vom IS besetzt. Sie wurde im Handstreich eingenommen. Die irakische Armee lief davon und ließ ein Arsenal aus modernen Waffen zurück. Der Irak droht auseinanderzufallen. Es gibt so gut wie keine Hoffnung für das Zweistromland. Selbst wenn der IS besiegt werden sollte, bleibt die Frage: Was kommt danach?

Der Nahe Osten befindet sich in einer Abwärtsspirale. Dabei hätte man diese Entwicklung voraussehen können. Die Ideologie des Islamischen Staates besteht nicht erst seitdem Abu Bakr al-Bagdadi, der schwarze Kalif, sein Kalifat im Jahre 2014 ausrief, das sich heute von Aleppo in Syrien bis hin nach Mossul im Irak erstreckt. Die Terrorgruppe hatte sich erstmals zur Zeit der amerikanischen Invasion im Irak unter dem Terrorfürsten Abu Musa al-Zarkawi geformt. Damals hieß sie nur »Islamischer Staat im Irak«. Nachdem die US-Armee Zarkawi mit zwei 500-Pfund-Bomben getötet hatte, wiegte man sich im Pentagon in dem Irrglauben, die Terrorgruppe besiegt zu haben. Doch Zarkawi war nur der Kopf einer islamistischen Medusa. Die Schlange verkroch sich für einige Jahre in ihre Hochburgen in der irakischen Provinz Anbar und der Stadt Mossul, wo sie aus dem Untergrund heraus Terroranschläge verübte, während sie sich planvoll und kalkulierend auf ihren Siegeszug vorbereitete.

Am Abend vor meiner Abreise aus Alqosh gehen in Ägypten die ersten Menschen auf die Straße, um gegen das Regime von Husni Mubarak, dem ägyptischen Autokraten, zu demonstrieren. Auch in Tunesien, in Marokko und bald darauf in Libyen blüht das, was die Medien den Arabischen Frühling taufen. Das Volk schüttelt seine Peiniger ab. Der Nahe Osten beginnt sich neu zu sortieren. Und im Februar 2011 gehen die ersten Menschen in Syrien auf die Straße. Damals konnte ich nicht ahnen, dass dieser Konflikt nicht nur die Welt, sondern auch mein eigenes Leben verändern würde.

Kapitel 1: Brücken und Kreuzungen

Ich bin aus drei Gründen Journalist geworden: Mir fehlte die Lust, in meinem erlernten Beruf als Speditionskaufmann zu arbeiten, ich wollte Abenteuer erleben, und ich suchte eine Möglichkeit, durch die Welt zu reisen und dafür auch noch bezahlt zu werden. Doch es gab zwei Schlüsselerlebnisse, die mich veränderten und meinem Leben eine Richtung gaben.

1997, ich bin 24 Jahre alt, befinde ich mich auf einer zehnmonatigen Rucksackreise durch Asien. In Kambodscha rauche ich Joints mit alternden Journalisten, die in Asien hängen geblieben sind und ihren ruhmreichen Tagen während des Vietnamkrieges nachtrauern. Ich schlafe in den Lotustürmen von Angkor Wat, verlaufe mich in einem von den Roten Khmer verminten Wald. Und eines Morgens lese ich in der *Phnom Penh Post*, dass eine Organisation, die für ein Verbot von Landminen kämpft, den Friedensnobelpreis gewonnen hat. In Kambodschas Feldern und Dschungeln liegen noch immer Millionen von Landminen und Streubomben aus dem Vietnamkrieg vergraben und zerfetzen bis heute Arme, Beine und Körper von Kambodschanern.

Also klopfe ich an die Tür einer Hilfsorganisation in Phnom Penh, der Hauptstadt Kambodschas. Das Büro liegt in einer Seitenstraße, im Hof humpeln einige Männer auf Prothesen herum; ein absurdes Bild, das von Bougainvillen eingerahmt wird, deren Farben in der Sonne explodieren. Ich gebe mich als Journalist aus, lüge, dass ich für eine große deutsche Tageszeitung arbeite und über die Gefahr von Landminen berichten möchte. Vor mir sitzt ein Schotte, lang wie ein Baum, rote Haare und Hände wie Bratpfannen. Sprengmeister sei er, erzählt er mir und fügt hinzu, dass er nicht glaube, dass ich Journalist sei. »Ich nehme dich trotzdem mit auf die Minenfelder, weil es mich freut, dass du dich für mehr als Tempel und Strand interessierst«, sagt er. Bald darauf fahren wir in den Dschungel Zentralkambodschas nahe der vietnamesischen Grenze, dorthin, wo einst der Ho-Chi-Minh-Pfad verlief, auf dem die vietnamesischen Untergrundkämpfer Waffen und Nachschub für den Krieg gegen die Amerikaner schmuggelten. Auf der Fahrt erzählt mir der Schotte, dass er früher als Söldner in Rhodesien kämpfte und auf den Falklandinseln für die britische Armee Minen vergrub. Die Ironie gefällt ihm: zweimal Geld verdienen mit der gleichen Sache, erst eingraben, dann ausgraben. »Ausgraben ist sinnvoller«, sagt der Mann.

Wir laufen durch das Unterholz des Urwaldes, und ich fotografiere, wie der Schotte und seine Mitarbeiter Kriegsmüll einsammeln. Unterwegs treffen wir einen Bauern, der eine alte russische Mine in seinem Beutel mit sich trägt. »Gib her«, sagt der Schotte. Der Bauer weigert sich. Die beiden fangen an zu streiten, weil der Bauer mit der Mine seine Bambushütte gegen potenzielle Diebe verteidigen will. Jeden Morgen, erzählt er, gräbt er sie aus und am Abend an einem anderen Platz wieder ein. Der Schotte zetert noch eine Weile, dann zieht der Bauer mit seiner Landmine weiter. Stundenlang laufen wir durch den Busch und sammeln kleine gelbe Streubomben ein, die aussehen wie Tennisbälle und halb vergraben im Gestrüpp versteckt liegen. Selbst am Rand eines Feldes schaut eine Landmine aus dem Boden. Am frühen Nachmittag kommt über Funk die Ansage, dass wir sofort in ein Dorf in der Nähe fahren sollen. Ein Mädchen sei auf eine Mine getreten.

Das Dorf ist mit dem Jeep nur ein paar Minuten entfernt; eine Ansammlung aus wackeligen Bambushütten, ein kleiner buddhistischer Tempel, im Schlamm kühlen sich Wasserbüffel. Vor einem Brunnen haben sich die Dorfbewohner versammelt, eine Wand aus dürren Körpern. Dahinter liegt das Kind. Das Mädchen schreit nicht. Sie ist elf Jahre alt, und ihre Zukunft wurde von einer alten Mine zerstört. Neben ihr kauert die ebenfalls verletzte neunjährige Schwester, das Gesicht in den Händen vergraben. Es macht mich wütend, dass niemand vom Schicksal dieser Mädchen erfahren wird, weil es in einem toten Winkel der Welt passiert ist. Zwei Kinder am Ende der Welt, das Leben für immer zerstört. Fassungslos fahre ich mit dem Schotten zurück nach Phnom Penh. Im Jeep liegen die zwei notdürftig verbundenen Mädchen, die wir in einem Krankenhaus abliefern.

Am Ende meiner Rucksacktour habe ich ein zweites einschneidendes Erlebnis. Ich fahre mit der Transsibirischen Eisenbahn von Asien zurück nach Europa, passiere China, die Mongolei, Russland und erreiche über die Ukraine Polen. Acht Tage im Zug. Mein Ziel: das Vernichtungslager Auschwitz. Meine beiden Großväter haben im Zweiten Weltkrieg gekämpft, der eine als Major in der Abwehr, der andere als Mitläufer an der Ostfront. In den letzten Tagen des Krieges, kurz vor dem Untergang, desertierte er, um seine Frau und seine kleine Tochter, meine Mutter, vor der Roten Armee zu retten. Ich bin ein Enkel der Tätergeneration.

Das ehemalige Lager Auschwitz I ist heute ein Museum. Schulklassen und Besucher aus aller Welt durchqueren Räume, in denen Josef Mengele seine Versuche am Menschen durchführte; sie sehen die Häftlingsbilder, Berge von Schuhen, Koffern und abgeschnittenen Haaren von Menschen, die hier den Tod fanden. Die Fotos an den Wänden kenne ich aus Büchern oder dem Geschichtsunterricht. Mädchen kichern, Jungs gähnen; zu jung, um das Unfassbare zu verstehen.

Später laufe ich in das Lager Auschwitz II, dort, wo die Züge mit den Todgeweihten ankamen und die Ruinen der

Gaskammern stehen. Es nieselt. Ein kalter Junitag, der Himmel grau. Das Wetter passt zur Stimmung. Ein alter Herr mit einem langen grauen Bart sitzt in einem Büro am Eingang und bittet darum, dass ich mich in das Gästebuch eintrage. »Nationalität« steht dort, daneben ein leeres Feld. Ich zögere. »Deutsch« schreibe ich schließlich hinein. Plötzlich legt mir der Alte die Hände auf die Schulter, umarmt mich und bedankt sich. »Als junger Mann bin ich hier Häftling gewesen«, sagt er und rollt den Ärmel seines Hemdes hoch. Ich erkenne die eintätowierte Nummer auf seinem Arm. Halb auf Deutsch, halb auf Jiddisch sagt er: »Ich freue mich über jeden Besucher. Aber am meisten über junge Deutsche. Ich kann nicht vergessen, aber ich habe Deutschland verziehen!« Seine Worte machen mich sprachlos. Was soll man darauf antworten? Ich schäme mich. Obwohl ich nicht verantwortlich bin für diese Verbrechen, die hier Deutsche an anderen Menschen verübt haben. Der alte Mann lächelt, nimmt meine Hand und führt mich zu den Baracken. »Den Rest musst du alleine schaffen, mein Junge«, sagt er zum Abschied.

Ich stolpere durch die Baracken, betrachte lange die Wachtürme und den Stacheldraht, durch den heute kein tödlicher Strom mehr fließt. Ich bin der einzige Besucher, laufe durch den Nieselregen, spüre weder Feuchtigkeit noch Kälte. Irgendwann stehe ich vor vier Stelen aus schwarzem Marmor. »Zur Erinnerung an die Männer, Frauen und Kinder, die dem Völkermord der Nazis zum Opfer gefallen sind. Hier liegt ihre Asche. Mögen ihre Seelen in Frieden ruhen« ist dort eingraviert.

Hinter den Stelen liegt ein kleiner Teich, umgeben von grauer Erde. Daneben die zerstörten Gaskammern. Ich hocke mich in das Gras vor den Gedenktafeln und starre lange auf die Inschriften. Währenddessen lasse ich unbewusst den grauen, feuchten Sand durch die Finger rieseln. Nach einer Weile blicke ich auf meine Handflächen. Ich erkenne einen abgebrochenen Zahn und Knochensplitter. Die vermeintliche Erde ist in Wirklichkeit die Asche der vergasten Menschen, die man hier durch die Schornsteine geblasen hat. Mir schießen die Tränen in die Augen, ich zittere. Wie lange, weiß ich nicht mehr. Irgendwann setzt sich eine alte Dame neben mich und nimmt mich in den Arm, streichelt mein Haar. »Du bist Deutscher«, sagt sie, »vergiss das niemals, die Asche meiner Familie liegt in diesem Teich.« Dann geht sie. Ich habe nicht einmal nach ihrem Namen gefragt.

Nach meiner Rückkehr nach München stürze ich mich wieder ins Großstadtleben. Aber regelmäßig erinnere ich mich an den Besuch in Auschwitz, an den Mann im Pförtnerhäuschen, an die Dame am Teich. Ein Satz des Holocaust-Überlebenden und Schriftstellers Elie Wiesel wird in den folgenden Jahren zu meinem Leitmotiv: »Ich habe geschworen, nie leise zu sein, wann immer und gleichgültig wo Menschen Leid und Erniedrigung erdulden müssen.« Und auch diese Erkenntnisse des großen Gelehrten bewegen mich: »Das Gegenteil von Liebe ist nicht Hass, sondern Gleichgültigkeit. Frieden ist nicht Gottes Geschenk an seine Geschöpfe; Frieden ist unser Geschenk an einander. Keine menschliche Rasse steht über der anderen, kein religiöser Glaube ist minderwertig. Alle kollektiven Urteile sind falsch. Nur Rassisten treffen diese. Man muss immer Partei ergreifen. Neutralität hilft dem Unterdrücker, niemals dem Opfer. Stillschweigen bestärkt den Peiniger, niemals den Gepeinigten.«

Zwischen 2004 und 2012 berichte ich hauptsächlich aus Krisengebieten: Darfur, Somalia, Kongo, Afghanistan, Irak, Uganda, Osttimor. Je mehr Leid ich sehe, desto mehr wird mir bewusst, wie wichtig es ist, darüber zu berichten. Über Armut, Konflikte, Korruption, Menschenrechtsverletzungen, Folter – und den Zusammenhang zwischen diesen Auswüchsen. Wir im wohlstandsverwöhnten Westen können nicht sagen: Wir haben davon nichts gewusst. War Journalismus anfangs mein Ticket für Abenteuerreisen durch die Welt, so verstehe ich den Beruf immer mehr als Versuch, die Schattenseiten dieser Erde zu beleuchten. Nur wenn wir wissen, wo was warum geschieht, können wir so handeln, wie wir als Menschen handeln sollten.

Im Jahr 2008 ziehe ich in die philippinische Hauptstadt Manila, heirate, kaufe ein Haus, nehme drei Straßenkater auf und werde Vater. 2012 reise ich erstmals nach Syrien. Danach ist alles anders.

Kein Konflikt, über den ich bis dahin berichtet habe, war so brutal wie der in Syrien. Die Brutalität übersteigt das Vorstellungsvermögen der meisten Menschen. Die Erinnerungen an die Toten, die Verwundeten, die Angst, das Blut, das Leid rauben mir den Schlaf. Die traumatisierten Menschen, die leeren Augen verängstigter Kinder. Der Hunger, der Mangel an Elektrizität, Wasser und Hilfe. Die ständige Angst vor Luftangriffen und Scharfschützen. Der Schmerz, Freunde und Kollegen zu verlieren. Keine Antwort geben zu können, wenn die Menschen in Syrien immer wieder fragen, wo die Hilfskonvois bleiben.

Es ist kein gutes Gefühl, Vertreter einer Gesellschaft zu sein, die Hilferufe ignoriert. Unser Schweigen verlängert das Blutvergießen. Warum lernen wir nicht aus der Geschichte? Ruanda, Bosnien, Darfur – nach all diesen Massenmorden schwor der Westen: Nie wieder schauen wir dem Grauen zu! Vergessen. Wieder beschränkt sich die Weltgemeinschaft auf Absichtserklärungen und Mitleidsbekundungen.

Ich verbringe Wochen, manchmal mehr als einen Monat in Syrien. Ich sehe, wie Menschen grausam sterben, und komme selbst beinahe ums Leben. Auf einer Reise will mich eine Schmugglerbande entführen. Allmählich werde ich antriebslos, versinke zeitweise in Selbstmitleid.

Anfang 2014 sterben zwei Männer, die mir in der Nähe von Damaskus das Leben gerettet haben. Im Juni 2014 erlebe ich in Aleppo den Horror der Fassbomben. Vier Wochen nach meiner Rückkehr aus Aleppo stirbt mein Vater, zwei Monate bevor sein erster Enkel geboren wird. Eine Woche bevor er erfahren sollte, dass seine Tochter heiratet. Im August wird mein Freund James Foley von Henkern des Islamischen Staates vor laufender Kamera ermordet. Diese Nachrichten reißen mir den Boden unter den Füßen weg.

Mit jeder weiteren Reise nach Syrien oder den Irak gerate ich in einen Strudel, dessen Sog mich immer weiter nach unten zieht. Ich kapsele mich ab. Sechs Wochen nachdem mein Sohn geboren wurde, reise ich in den Nordirak, auf die Schlachtfelder des Islamischen Staates. Im Jahr 2015 habe ich mehr Zeit im Irak verbracht als zu Hause. Seit mein Sohn Leon geboren wurde, habe ich über die Hälfte seines Lebens woanders zugebracht, meistens an Fronten, in Flughäfen, Hotels, Ruinen. Ich habe verpasst, wie er seine ersten Schritte machte, das erste Wort sprach. Wenn ich unterwegs bin, denke ich an fast nichts anderes als meinen Sohn. Sobald ich zu Hause bin, verbringe ich die meiste Zeit in meinem Büro, schreibe meine Erlebnisse auf oder plane neue Reisen. Wie ein Besessener, der mit dem Kopf überall ist, nur nicht an dem Ort, an dem er sich gerade aufhält.

Die Arbeit erfüllt mein Leben mit Inhalt. Ich sehe mich als Brücke zwischen dem, was ich erlebe, und dem Leser oder dem Zuschauer, der den Willen aufbringt, die Welt verstehen zu wollen. Wenn ich nicht arbeite, werde ich grantig, unausstehlich. Mir fehlt dann etwas, das auch meine Familie nie ganz kompensieren kann. Urlaub ist für mich etwas, das mir die Zeit stiehlt. Ich könnte sie ja nutzen, um zu arbeiten. Ich habe verlernt, Freundschaften zu pflegen, mich zu entspannen und die kleinen Dinge des Lebens zu genießen. Ein

Abendessen mit netten Leuten, ein Ausflug, mit der Familie zu entspannen und zur Abwechslung einmal an nichts zu denken. Ich fühle mich dann wie ein Besucher in einer fremden Welt, die mit meiner kollidiert. Ganz nett und interessant, aber ich bin auch froh, wenn ich mich wieder in meine Kapsel zurückziehen kann.

In den vergangenen vier Jahren bin ich durch Syrien, den Irak und den Libanon gereist. Ich habe mit Ärzten gesprochen, die sich im Kriegschaos um Verletzte kümmern, mit früheren Soldaten des Assad-Regimes und mit Rebellen. Mit Christen, Kurden, Jesiden, Islamisten. Ich habe verstümmelte Kinder gesehen und junge Männer, die zwischen Fassbombenangriffen von Mädchen träumen. Meinen Weg kreuzten Helden und Hasardeure. All diese Menschen erzählten mir ihre Geschichten, sie ließen mich teilhaben an ihren Ängsten, ihren Träumen, aber auch an ihrer Freude. Davon handelt dieses Buch.

Kapitel 2: Der Arzt

Im März des Jahres 2012 blicke ich aus dem Fenster eines Airbus der libanesischen Fluggesellschaft MEA auf das Straßengewirr von Beirut. Während das Flugzeug zur Landung ansetzt, frage ich mich, ob ich nicht gerade einen großen Fehler begehe. In meinem Gepäck habe ich eine schusssichere Weste, Kameras und einen Helm. Und in meinem Kopf die irre Idee, mich nach Syrien durchzuschlagen. Mein Ziel: die belagerte Stadt Homs, das Zentrum des Aufstands gegen das syrische Regime. Seit Wochen beherrscht die Stadt die internationalen Schlagzeilen. Stadtviertel, die von der syrischen Armee abgeriegelt sind; Bewohner, die ausgehungert werden; Demonstranten, die von Scharfschützen erschossen werden. Erst vor ein paar Wochen starben die berühmte amerikanische Journalistin Marie Colvin und der französische Fotograf Remi Ochlik, als die syrische Armee das Haus, in dem sich die Journalisten aufhielten, mit Granaten beschossen. Dies alles wabert in meinem Kopf wie eine zähe Masse. Ich bin aufgeregt, entschlossen. Aber vor allem: Ich habe Angst.

Der Plan ist einfach. Angeblich soll es noch immer möglich sein, offiziell über den Libanon nach Damaskus zu reisen. Ein Visum, so heißt es, kann man an der Grenze erhalten. Allerdings sind ausländische Journalisten nicht mehr willkommen. Daher denke ich mir eine Legende aus, mit der ich die Grenzer überzeugen will, mich ins Land zu lassen: Ich gebe mich als christlicher Pilger aus, der die Kirchen, Klöster und religiösen Stätten im Lande des Paulus und des Simon besuchen will. Die Ananias-Kapelle in Damaskus. Das Sankt-Thekla-Kloster in Maalula. Die Kathedrale von Homs. Die Zitadelle des Simon bei Aleppo. Einmal im Land, hoffe ich darauf, mich per Bus und Taxi in die umkämpften Viertel von Homs durchzuschlagen. In einem Souvenirladen in Beirut kaufe ich mir einen Rosenkranz aus Plastik. So weit die Theorie. Zwei Tage später sitze ich in einem Taxi, das mich an die libanesisch-syrische Grenze bringt, meine Kameras habe ich unter den Vordersitzen versteckt. Von da an geht alles schief.

An der Grenze herrscht Chaos. Tausende Menschen drängen sich am Schlagbaum, wedeln mit ihren Pässen in der Luft. Syrische Familien, oftmals mehrere Generationen, reden wild gestikulierend auf die libanesischen Grenzbeamten ein, flehen um Einlass. Eine Karawane aus Blech, so weit das Auge reicht. Autos und Minibusse, voll beladen mit Menschen und deren Habseligkeiten; Matratzen, Kühlschränke, Fernseher, Möbel. Accessoires für ein Leben auf der Flucht. Die Syrer verlassen ihr Land wie die Besatzung eines sinkenden Schiffes. Sie alle haben nur ein Ziel: so schnell wie möglich raus aus Syrien.

Ich hingegen will unbedingt rein.

Alle Schalter am Grenzübergang sind zwar mit uniformierten Syrern besetzt, doch niemand steht davor. Ich zeige meinen Pass, spule meine Legende ab – und merke schnell, dass meine Lüge nicht zieht. Statt mir meinen Reisepass zurückzugeben und mich zurück in den Libanon zu schicken, eskortieren mich die Grenzbeamten freundlich, aber bestimmt in das Arbeitszimmer eines syrischen Geheimdienstmannes. Dort sitzt schon der *Spiegel*-Reporter Christoph Reuter, der sich als Landwirtschaftsexperte ausgibt. Wir nicken uns zu, setzen uns und lächeln den Geheimdienstmann dümmlich an, der uns Tee bringen lässt. Ohne Umschweife gibt er uns zu verstehen, dass er uns nicht glaubt. Wir dürften, es tue ihm außerordentlich leid, nicht einreisen. In letzter Zeit seien zu viele ausländische Journalisten heimlich eingereist, um Lügen über Syrien und die Regierung zu verbreiten. Wir nicken, schlürfen einen Schluck Tee und bitten höflich darum, unsere Pässe zurückzubekommen. Gemach, gemach, man prüfe gerade unsere Personalien, und wenn sich unsere Geschichten bestätigten, dürften wir gehen.

Das ist der Moment, in dem ich anfange, mir Sorgen zu machen. Die Einreisestempel meines Passes bezeugen eindeutig, dass ich kein christlicher Pilger bin. In diesem Augenblick fällt der Strom aus. Wir warten, trinken Tee, warten, noch einen Tee. Immer noch kein Strom. Irgendwann bellt der Geheimdienstmann einen Befehl, ein Untergebener taucht auf, es wird etwas geflüstert, der Untergebene verschwindet, kommt kurz darauf mit unseren Pässen zurück, notiert sich die Passnummern und sagt, dass wir jetzt gehen könnten.

Plan A hat schon mal nicht funktioniert. Zurück in einem Hotel in Beirut überlege ich, was ich jetzt tun könnte. Der offizielle Weg ist versperrt. Illegal einreisen, so, wie es Dutzende Kollegen vor mir gewagt haben? Ich kontaktiere die Leute von Avaaz, einem Aktivistennetzwerk, das über gute Kontakte in Syrien verfügt und Journalisten einschleusen kann. Doch niemand will das Risiko eingehen, in der aktuellen Situation ausländische Medienleute nach Syrien einzuschleusen. Nicht jetzt, da gerade erst zwei Journalisten starben und mehrere Syrer bei dem Versuch, die bei dem Granatenangriff verletzten Ausländer aus dem Land zu schmuggeln, ums Leben kamen. Ich beschließe, in die nordlibanesische Stadt Tripoli zu reisen, um dort eine Reportage über Flüchtlinge zu recherchieren.

An einem kalten, regnerischen Märzmorgen erreiche ich Tripoli. Ein Kontaktmann führt mich umgehend in die Krankenhäuser, in denen die syrischen Kriegsopfer liegen. Und dort, in den Gängen und Zimmern, die nach Eiter, Wundbrand und Desinfektionsmitteln riechen, öffnet sich ein Fenster, und ich blicke zum ersten Mal in den syrischen Bürgerkrieg.

Als jede Schraube in den Fuß gedreht, die Schusswunde verbunden ist und der Mann mit dem Trümmerbruch im Unterschenkel zu schreien aufgehört hat, steht Doktor Ahmed erschöpft auf dem linoleumbewehrten Flur des Krankenhauses, der die Zimmer der Schwerverletzten trennt, und überlegt, welchen Patienten er als Nächstes behandeln soll. In Zimmer 532 liegt die 13-jährige Ghafran Koukaz. Ihr Vorname bedeutet Erbarmen. Der Scharfschütze, dessen Kugel ihr den Oberschenkel durchschlug und die Nerven durchtrennte, sodass ihr Bein nur noch ein gefühlloser Haufen Fleisch ist, zeigte kein Erbarmen, als er von seinem Versteck aus auf das Mädchen zielte und abdrückte. Nebenan, in Zimmer 533, liegt der 22-jährige Hassan, der auf der Flucht aus Syrien auf eine Landmine trat. Die Explosion riss ihm beide Hände ab, und in seinem verschorften Gesicht stecken noch immer Schrapnellsplitter. Doktor Ahmeds Blick bleibt links stehen. Das Mädchen zuerst.

Ein rosafarbener Teddybär steht umringt von Tablettenschachteln auf dem Nachttisch neben ihrem Bett. Ghafran schläft, neben ihrem Bett wacht ihre Mutter. Doktor Ahmed streicht ihr durchs Haar. Mehr kann er nicht tun.

Doktor Ahmed verwaltet die Leiden von 37 syrischen Verwundeten in einem Krankenhaus am Rande der nordlibanesischen Stadt Tripoli, umgeben von unfertigen Wohnblocks und schlaglochgesäumten Straßen. Ein großer, stämmiger Mann im Karopullover, dem das Neonlicht der Deckenbeleuchtung dunkle Ringe unter die müden Augen zeichnet und seine Haut fahl wirken lässt wie vertrockneter Käse. Seit Tagen hat der 40-Jährige kaum geschlafen. Ein paar Stunden auf dem Boden neben dem Bett eines Patienten. Mal bei Bekannten in einer überfüllten Wohnung, mit einem Dutzend anderer Flüchtlinge in einem Raum. Seinen Besitz, zwei Plastiktüten mit Kleidung zum Wechseln, trägt er immer bei sich.

Auch er ist Syrer, geflohen Anfang März aus der Stadt Homs. Er war einer von dreißig Rebellenärzten, die in Homs geblieben waren. In geheimen Wohnungen, die als Feldlazarette dienten, versuchten er und seine Kollegen die Kollateralschäden des syrischen Aufstandes notdürftig zu versorgen: Kinder mit Kopfschüssen, Frauen mit offenen Bauchwunden, Kämpfer der Freien Syrischen Armee (FSA). Sechs mobile Teams, jeweils bestehend aus fünf Ärzten, die in verschiedenen Stadtteilen operierten und wie Maulwürfe durch in Hauswände geschlagene Löcher von Haus zu Haus huschten. Doktor Ahmed setzt sich auf eine abgesessene Besucherbank, in seinen zittrigen Händen hält er eine Tasse, in der goldbrauner Tee schwappt. Mit leiser Stimme erzählt er, was er in Syrien erlebte.

Als die ersten Menschen auf die Straße gingen, um gegen das syrische Regime zu demonstrieren, arbeitete Doktor Ahmed noch als Chirurg in einem Regierungskrankenhaus in Homs. »Täglich kamen mehr Verletzte ins Krankenhaus«, erzählt er. »Viele wurden vom Operationstisch weg verhaftet.« Demonstranten, Oppositionelle, Aufständische. Und er berichtet von Kollegen, die Patienten töteten. Einmal habe der Luftwaffengeheimdienst einen Mann mit offener Bauchdecke verhaftet, während Doktor Ahmed operierte. »Keine Sorge, wir werden die Wunde für dich schließen«, habe ein Agent gesagt. »Am nächsten Tag lag die Leiche des Mannes vor dem Haus seiner Familie.« Das war der Moment, als er beschloss, sich den Aufständischen anzuschließen. Er versteckte seine Familie bei Freunden und setzte sich in den Untergrund ab.

Viele Menschen starben, weil es weder Strom gab noch Medikamente, Betäubungsmittel, Beatmungsgeräte oder Operationsbesteck, erzählt der Arzt. Da das provisorische

Hospital, ein Apartment im Stadtteil Baba Amr, immer wieder mit Granaten beschossen wurde, versteckten die Ärzte ihre Patienten in umliegenden Wohnungen. Oft blieb ihnen nichts anderes übrig, als den Verwundeten hilflos beim Sterben zuzuschauen. »Manche konnten wir retten«, sagt Doktor Ahmed, und ein Lächeln schmuggelt sich in sein müdes Gesicht. Ende Februar, als der Beschuss zu heftig wurde, verließ er das Stadtviertel Baba Amr mit zwölf Verletzten, drei von ihnen lagen im Koma. Zwei Tage dauerte die Flucht, immer nur nachts. Tagsüber wurden sie mit Granaten beschossen und versteckten sich in Feldern und Gräben. Von den zwölf Verwundeten haben acht die Flucht nicht überlebt.

Im halbwegs sicheren Libanon hilft er nun aus, wo er kann, wechselt Verbände, richtet Brüche, operiert oder nimmt Gliedmaßen ab, hier oben im fünften Stock des Krankenhauses, auf der Suche nach Ablenkung und dem Gefühl, nützlich zu sein. Nützlich für die Revolution – und um die Ohnmacht in Arbeit zu ersticken. Die libanesischen Ärzte dulden ihn.

Im toten Winkel des Terrors tröpfeln die Flüchtlinge über die poröse Grenze, angeschwemmt wie Strandgut, das niemand haben möchte. Im Libanon wird das Leid neu sortiert. Hier gibt es keine Flüchtlingslager wie in der Türkei. Kaum eine Organisation, welche die Flüchtlinge mit dem Nötigsten versorgt: Decken, warme Kleidung, Milch für die Kinder, Medikamente; alles fehlt. Sie sind Flüchtlinge dritter Klasse. Durchhalten gelingt nur mit der Hilfe mitfühlender Libanesen, die das wenige, was sie besitzen, teilen oder Flüchtlinge in Wohnungen aufnehmen. Manche kommen bei Verwandten unter. Die nordlibanesische Stadt Tripoli ist das Epizentrum der syrischen Flüchtlinge. In den Krankenhäusern der Stadt liegen die Opfer des Krieges. Sie alle berichten von Massakern an der Zivilbevölkerung. Von Scharfschützen, die wahllos auf jeden schießen, der sich aus dem Haus traut. Von tagelangen Bombardierungen der Wohnviertel. Von Demonstranten, die auf offener Straße exekutiert werden. Von Toten, die zur Abschreckung in den Straßen verwesen. Die meisten Flüchtlinge wollen anonym bleiben, weil sie selbst im Libanon den langen Arm des Assad-Regimes fürchten. Oppositionelle und Flüchtlinge sollen in den vergangenen Monaten immer wieder vom syrischen und libanesischen Geheimdienst aufgegriffen und nach Syrien ausgeliefert worden sein.

Sie alle erzählen verschiedene Versionen der gleichen Geschichte. Männer und Frauen, Greise und Kinder, alt oder jung, aber fast ausschließlich Sunniten, hineingezogen in die Wirren des Arabischen Frühlings, der auch noch im zweiten Jahr grünt und der in Syrien zu einem Bürgerkrieg mutiert.

Die libanesische Regierung ist in einer Zwickmühle. Einerseits ist sie mit der syrischen Regierung verbündet und warnt syrische Deserteure, sich in den Libanon abzusetzen, andererseits will sie es sich nicht mit den anderen arabischen Nachbarn verscherzen, indem sie Flüchtlinge nach Syrien ausweist. Wer es von Syrien in den Libanon schafft, wird als Gast angesehen, nicht als Flüchtling, und bekommt sechs Monate Aufenthaltsrecht. So wird das humanitäre Gesicht gewahrt und eine diplomatische Ohrfeige vermieden. Syrische Aktivisten im Libanon schätzen, dass etwa 20 000 Flüchtlinge schon in den Libanon gekommen sind. Und täglich werden es mehr. Trotzdem sieht das libanesische Rote Kreuz keinen Handlungsbedarf. Hunderte warten täglich an den offiziellen Grenzübergängen auf eine Aufenthaltsgenehmigung. Andere lassen sich von Aktivisten oder der Freien Syrischen Armee an Landminen, Grenzposten und Armeepatrouillen vorbei in den Libanon schmuggeln. Sie kennen nur eine Richtung: hinaus.

Am Rande der Legalität hausen die Flüchtlinge in Apartments, die ihnen Helfer der Aktivistennetzwerke besorgt haben, in Schulen, in Geschäften oder in den Slums am Stadtrand. Bis zu dreißig Menschen auf wenigen Quadratmetern, immer mehrere Familien in einer Wohnung. Wohnraum ist knapp, die Mietpreise explodieren. Dem Rettungsboot Libanon gehen die Sitze aus. Das Leben dreht sich um das Sammeln von Neuigkeiten und Gerüchten. Gab es neue Kämpfe oder Angriffe? Wie geht es den Familienangehörigen in Syrien, sind sie noch am Leben? Das Leben ist zu einem Vakuum geworden, in dem Zeit nicht existiert.

Es ist der erste Jahrestag der syrischen Revolution, als ich wieder Doktor Ahmed besuche, den Arzt, der seine Habseligkeiten in einer Plastiktüte hütet wie einen Schatz. Regen trommelt unaufhörlich gegen die Fenster des Krankenhauses in Tripoli und läuft als Sturzbäche an den Scheiben herab. Der geflohene syrische Arzt sitzt mit geschlossenen Augen auf einem Klappstuhl neben dem Bett eines Patienten. Er ist eingeschlafen, sein Kopf auf die Brust gefallen. Um ihn herum herrscht aufgeregtes Treiben. Männer mit Arm- und Beinstümpfen, Gliedmaßen, aus denen Stahlgestänge ragen, malen Plakate. Sie wollen den Jahrestag feiern. Ein Fernsehteam von Al Jazeera wird erwartet, um die Zeremonie zu filmen. Es ist Freitag, und wie ihre Landsleute in der Heimat wollen sie auch hier demonstrieren. Wir werden eingeladen, den Jahrestag gemeinsam mit den verwundeten Flüchtlingen zu feiern. Männer mit abgetrennten Gliedmaßen schenken uns kalte Cola in Plastikbecher ein. Eingegipste Patienten teilen sich Zigaretten. Es gibt Brathähnchen, Pommes frites und Hummus.

Unter den Feiernden befindet sich Abu Jaman. Elf Monate träumte er von einem freien Syrien und wachte dann in einem Operationssaal eines libanesischen Krankenhauses auf. 36 Jahre, ausgemergeltes Gesicht, verwilderter Bart. Mit glänzenden Augen verfolgt er das Treiben auf der Station, von seiner Schulter baumelt ein Schal in den Farben der Revolution; grün, weiß und schwarz, mit drei weißen Sternen. Sein linker Arm ist oberhalb des Ellenbogens amputiert und steckt in einem schmutzigen Verband, in Brust und Bauch stecken Metallsplitter einer Granate. Im Bett neben ihm liegt sein Kumpel Muhammad, 32, das rechte Bein oberhalb des Knies wegoperiert, am linken erstreckt sich eine hässliche Narbe von der Leiste bis zur Wade. Eine Zigarette klemmt zwischen Abu Jamans Lippen, obwohl die Stationsschwester das Rauchen verboten hat. Aber Station 5 ist befreites Gebiet, ein Stück Revolution, so sehen es die Patienten. Eine Stationsschwester hat hier nichts zu melden. Ein Pfleger drängelt sich in das Zimmer, rümpft die Nase über den Zigarettenqualm und sagt, dass es Zeit sei, die Verbände zu wechseln. Abu Jaman schickt ihn wieder fort. Raus, später. Hier wird gerade an der Revolution gebastelt. Dann zupft er mit der verbliebenen Hand an seinem zotteligen Bart. »Den würde ich mir gerne mal wieder stutzen. Aber das geht gerade leider nicht«, sagt er mit einem Grinsen und wackelt mit dem Armstumpf.

Abu Jaman war nur ein kleiner Bauer in einem großen Schachspiel, dessen Sieger noch nicht feststeht. Im Granathagel brachte er die Toten und Verwundeten in die Feldlazarette der Rebellen. Als er ein Kind retten wollte, explodierte neben ihm eine Panzergranate. Ein Schrapnellsplitter trennte seinen Arm ab, das Kind starb. Dass er seinen Arm verloren habe, sei nicht so schlimm. Das sei sein Beitrag zur Revolution, redet er sich ein. Der Schutzmechanismus eines traumatisierten Menschen, der die Realität ausblendet, um die Gegenwart zu ertragen, und sich an der Hoffnung festklammert, dass sein Opfer nicht umsonst gewesen ist – und der weiß, dass das Leben nie wieder so sein wird, wie es einmal war. »Aber dass ich das Mädchen nicht retten konnte, belastet mich. Ich denke jeden Tag an sie«, sagt er und zündet sich eine neue Zigarette an der alten an.

Um sieben Uhr abends beginnen die Feierlichkeiten zum Gedenktag des Aufstandes. Ein Aufmarsch der Krüppel und Versehrten, die Plakate in die Luft halten, syrische Fahnen schwenken und Parolen rufen:»Nieder mit Assad! Freiheit für Syrien! Allahu Akbar! Allahu Akbar!« Junge Männer, in der einen Hand einen Katheter, in der anderen das Gestell, an dem ein Infusionsbeutel hängt, wuseln von Zimmer zu Zimmer, dirigieren mit lauten Gesten. Andere stützen diejenigen, die nicht allein laufen können, schieben Rollstühle, führen Blinde. Besucher bringen eine Torte vorbei, auf der mit weißem Zuckerguss»Möge Gott deine Seele verdammen, Assad« steht. Milchigweiße Rauchschwaden von unzähligen Zigaretten hängen wie Morgennebel unbeweglich auf halber Höhe des Raumes. Sie singen und klatschen in die Hände, bis ihre Stimmen heiser sind, und die Handflächen brennen; ein Klangteppich, der von den Stationswänden widerhallt. Die Menge putscht sich in Euphorie und Rage, Al Jazeera filmt. Und irgendwann wacht auch Doktor Ahmed vom Lärm auf, zu müde und erschöpft, um zu klatschen; ein leises Lächeln umspielt seine Lippen. Dann murmelt er»Freiheit für Syrien« und macht das Victory-Zeichen.

Kapitel 3: Zaungäste des Krieges

Während ich in Tripoli syrische Flüchtlinge befrage, erreichen die Kämpfe in Syrien die Hauptstadt Damaskus. Die Rebellenhochburgen Homs und Idlib werden weiter mit Granaten beschossen, und Saudi-Arabien will die Rebellen mit Waffenlieferungen unterstützen. Die Menschenrechtsorganisation Human Rights Watch bezichtigt beide Seiten, Gefangene zu foltern und hinzurichten. Die Revolution hat ihre Unschuld verloren. Und im Zedernstaat, der so eng mit Syrien verbunden ist, sind die Flüchtlinge kaum willkommen. Sie sind Zeugen für all das, was schiefgehen kann. Für das, was auch den Libanon, den Zwillingsstaat, erwarten könnte.

Denn auch 25 Jahre nach Ende des libanesischen Bürgerkrieges hat das kleine Land es nicht geschafft, grundlegende Fragen zu klären: Wer sind wir, und was wollen wir? Welches politische System schwebt uns vor? Das Land ist zerfressen von Korruption, Klientelismus, Misstrauen zwischen den Religionsgruppen, die ihre ehemaligen Feinde bestenfalls dulden. Kaum jemand identifiziert sich mit dem Staat oder der Nation. Es gilt: Familie, Clan, Religionszugehörigkeit. Und jetzt kommen auch noch die Flüchtenden aus der ehemaligen Besatzungsmacht Syrien herüber. Der Krieg im Nachbarland teilt den Libanon in Anhänger und Feinde des syrischen Präsidenten. Der Libanon steht auf einem schwachen Fundament, das ausgehöhlt wird von dem immer schneller fließenden und nicht enden wollenden Flüchtlingsstrom. Schon jetzt liefern sich in Tripoli Sunniten und Schiiten Straßenkämpfe.

In einer dunklen Teestube an der Corniche von Tripoli treffe ich Feiras Abo Oday. Der 26-jährige Flüchtling ist in einer Sackgasse gelandet, Endstation Tripoli. Vom Meer pfeift ein kalter Wind durch das Café. Feiras will reden, aber seine Stimme versagt. Geduckt wie eine Schildkröte kauert er an einem wackeligen Tisch und saugt den Rauch seiner Zigarette tief in die Lunge. Tränen laufen übers Gesicht, und mit seiner Hand macht er eine Bewegung, als wolle er die Erinnerungen wegwischen wie einen Schmutzfleck. Seit seiner Flucht aus Syrien arbeitet er in der Teestube eines syrischen Bekannten. Heute nuckelt hier nur ein Gast an einer Wasserpfeife. Der Regen hat die Flaneure von der Promenade in die Wohnungen gespült. Nur das Mittelmeer brandet wie ein Metronom im Takt der Gezeiten gegen die Uferstraße. Seinen richtigen Namen möchte Feiras nicht nennen, er hat Angst: vor syrischen Agenten, vor Spitzeln, vor dem libanesischen Geheimdienst. Ein gebrochener Junge, mit Narben auf dem Körper und Brandzeichen auf der Seele. Im flackernden Licht einer Neonröhre erzählt mir Feiras Abo Oday seine Geschichte. Seine Augen huschen nervös hin und her, seine Finger krallen sich an dem Holztisch vor ihm fest.

Zweiundzwanzig Monate lang war Oday Wehrpflichtiger der syrischen Armee. Im fünfzehnten Monat seiner Dienstzeit begannen seine Landsleute im ganzen Land zu demonstrieren, und Oday wurde an eine Straßensperre in der Stadt Dara'a versetzt, jener Stadt im Süden Syriens, wo der Aufstand begann. »Unsere Offiziere sagten uns, dass wir auf Terroristen schießen sollen. Ich habe keine Terroristen gesehen, nur Menschen, die demonstrierten.« Noch immer ist Oday fassungslos, wenn er zurückdenkt: Sein Vorgesetzter erschoss einen alten Mann, sein Kamerad wurde exekutiert, weil er sich weigerte, einen Demonstranten zu erschießen. Ein Deserteur wurde hingerichtet. Oday will überlaufen zu den Rebellen der Freien Syrischen Armee wie so viele vor ihm. Doch er weiß nicht, wie. »Ich habe keine Angst vor dem Tod. Aber ich habe nicht genug Geld, mir eine Kalaschnikow zu kaufen.«

Er habe nicht auf Demonstranten geschossen, nur in die Luft oder auf Mauern, versichert er. »Befehlsverweigerung« nennen das die Offiziere. Im Juli 2011 verfrachten sie ihn in das berüchtigte Sydnaia-Militärgefängnis bei Damaskus. Dreißig Gefangene auf dreißig Quadratmetern, die Augen verbunden lagen sie auf dem Bauch, die Handgelenke an die Fußknöchel gekettet. Der jüngste Gefangene sei dreizehn Jahre alt gewesen. Endlose Stunden und Tage, nur unterbrochen von Verhören und Folter. »Ich wurde nackt in einen Autoreifen gezwängt, an der Decke aufgehängt und mit Stöcken und Kabeln so lange geschlagen, bis ich meine Arme und Beine nicht mehr spürte«, sagt er, und seine Gesichtszüge verkrusten sich wie Schorf auf einer Wunde. »Dulab« heißt diese Foltermethode: der Reifen. Oday beginnt wieder zu weinen, wischt sich über das Gesicht, holt tief Luft. »Ich konnte mich nicht mal mehr alleine anziehen.« Nach sechzehn Tagen muss Oday ein Dokument unterschreiben, das seine Peiniger freispricht. Ihm sei während der Haft nichts angetan worden, steht darin, und er verpflichte sich, Kameraden, die nicht auf Demonstranten schießen, seinen Vorgesetzten zu melden. Dann wird er entlassen und kehrt zurück in seine Einheit. Im Oktober 2011 endet sein Wehrdienst, im November flieht er, aus Sorge, wieder eingezogen zu werden, in den Libanon. Mit vierhundert Dollar besticht er einen Grenzbeamten, ihm einen Ausreisestempel zu geben.

Das sind sie, die Geschichten, die ich erzählen möchte. Deshalb bin ich Journalist geworden. Deshalb will ich nach Syrien reisen. Immer wieder treffe ich auf meiner Reise durch den Libanon syrische Flüchtlinge, die anbieten, mich in ihr Heimatland zu schmuggeln. Homs? Klar, kein Problem. Ist ja gleich ums Eck. Nur einen Sprung über die Grenze. Aleppo? Gerne. Wann willst du los? So als ob sie mir einen Ausflug vorschlügen. Ich zögere. Mit Wildfremden in den Krieg reisen? Illegal, ohne Absicherung? Der Bauch sagt Ja, der Kopf wehrt sich. Ich entscheide mich, auf den Kopf zu hören. Ich bin nicht bereit, mein Leben so leicht aufs Spiel zu setzen. Die Geschichten der vergangenen Tage haben mich verunsichert. Auch die der beiden verletzten FSA-Kämpfer, die ich in einem Safe-House in einem kleinen Dorf treffe. Aus dem Fenster hat man einen schönen Blick auf die sanften Hügel, die den Libanon von Syrien trennen.

Younis Abu Salimar, 27, und Muhammad Abu Uday, 19, haben keine Angst zu sterben, behaupten sie. Die beiden Kämpfer der FSA kurieren in ihrem Versteck ihre Verletzungen aus. Ihre richtigen Namen wollen sie nicht nennen, ihre Gesichter haben sie mit einem Schal vermummt. Draußen bewachen syrische Aktivisten der Oppositionsbewegung den Zugang zum Wohnviertel, zwei Autos versperren die Durchfahrt, in deren Fonds bewaffnete Männer sitzen. Bevor wir den Straßenzug und das Haus betreten dürfen, werden ich und mein syrischer Übersetzer gefilzt und unsere Taschen nach Waffen durchsucht. So tief sitzt die Furcht.

Muhammad hat bei den Kämpfen in Baba Amr im Februar seine linke Hand verloren, der Armstummel lugt unter seinem schwarzen Pullover hervor. In seinem Oberschenkel stecken Schrapnellsplitter der Granate, die neben ihm explodierte. Younis schloss sich den Rebellen an, nachdem er im Juni 2011 nach einer Demonstration gegen das Assad-Regime vom militärischen Geheimdienst verhaftet wurde. Sechs Wochen lang sei er in einem Gefängnis gefoltert worden, sagt er, zieht die Beine seiner Jogginghose hoch und zeigt auf schlecht verheilte Wunden an Fuß und Wade. »Hier haben sie mit einem Bohrer reingebohrt.« Die Narben an den Unterarmen und Händen sollen von Zigaretten und Elektroschocks stammen. »Und sie haben mir einen Hoden abgeschnitten.« Younis humpelt und muss sich beim Gehen auf seinen Freund Muhammad stützen.

Die Revolution findet nun vorerst ohne die beiden statt. Ihr größter Gegner ist die Zeit. Tag und Nacht zappen sie sich durch die Fernsehkanäle, saugen alles auf, was aus Syrien zu ihnen dringt: aus den Nachrichten, übers Telefon, über Facebook oder wackelige Filmschnipsel auf YouTube. Der Krieg, ihre Freunde, die Kameraden und die Familie sind weit weg. Im Schutze der Illegalität sind die Kämpfer zu Zaungästen des Aufstands geworden. Deshalb wollen die beiden möglichst schnell zurück nach Syrien, zu den Rebellen, zu ihren Einheiten, um zu kämpfen und Rache zu nehmen: an den Geistermilizen der Schabiha und den Alawiten, denen auch Assad angehört; sie machen sie für das Töten und den Krieg verantwortlich. Die Erlebnisse haben sich in ihre Köpfe eingebrannt wie eine Zeitkapsel, die jemand in die Erde gelegt hat, um sie Jahre später wieder auszugraben.

Ein Kreislauf beginnt.

Die Kontrollen auf beiden Seiten der Grenze wurden in den vergangenen Monaten verschärft, seitdem wöchentlich Tausende Syrer illegal die grüne Grenze übertreten, um den Kämpfen in ihrer Heimat zu entkommen. Soldaten patrouillieren nun Tag und Nacht. Landminen, Panzer und Nachtsichtgeräte hindern Flüchtlinge daran, Syrien zu verlassen, und Schmuggler daran, Waffen, Munition, Lebensmittel, Medikamente und Journalisten nach Syrien zu bringen. Doch die Flüchtlingswelle lässt sich nicht aufhalten. Täglich schwappen mehr Menschen aus Syrien herüber. Sie sammeln sich im Wadi Khalad, einem grünen Talkessel, umgeben von Bergen, auf deren Gipfeln Schnee liegt wie Puderzucker auf Weihnachtsgebäck. Straßensperren des libanesischen Militärs hindern ausländische Journalisten daran, die Flüchtlinge zu besuchen. »Reine Sicherheitsmaßnahme. Damit bewaffnete Rebellen nicht in unser Land einsickern«, sagt ein Grenzsoldat, der lange unsere Reisepässe begutachtet. Ein syrischer Flüchtling, der mit mir im Auto sitzt, hat seine Papiere vergessen und fürchtet, verhaftet und nach Syrien zurückgeschickt zu werden. Schweißperlen stehen ihm auf der Stirn, seine Lippen zittern. »Alles schon vorgekommen«, sagt er. Fünfundvierzig Minuten lang durchsuchen die Grenzsoldaten das Fahrzeug, prüfen Ausweise, schreiben Passnummern auf, dann schicken sie uns fort. Und raten meinem syrischen Begleiter, das nächste Mal seine Aufenthaltserlaubnis parat zu haben. Wir versuchen auf einer anderen Route zu den Flüchtlingen im Grenzgebiet zu gelangen.

Am Grenzübergang Kaa, im Bekaatal, im Nordosten des Libanon, beäugt erneut ein Grenzbeamter misstrauisch die Pässe, macht Kopien, stellt Fragen. »Nur zur Sicherheit«, sagt der Mann und lächelt freundlich. Aber er lässt uns passieren. »Hier ist es gefährlich. Heute Mittag gab es Kämpfe entlang der Grenze. Die syrische Armee hat Grenzdörfer beschossen.« Dutzende Busse und Lastwagen, vollgepackt mit Menschen und Gepäck, warten auch an diesem Grenzübergang darauf, Syrien zu verlassen. In der Ferne hören wir Gefechtslärm; Explosionen, Schüsse.

Wir befinden uns jetzt im Niemandsland zwischen Syrien und dem Libanon. Hier haben etwa einhundert Familien Zuflucht in Ruinen, verlassenen Häusern und Eselsställen gefunden. In Arsal, einer kleinen Bergstadt in Grenznähe, wohnen inzwischen 256 syrische Flüchtlingsfamilien bei libanesischen Helfern; rund 1500 Menschen. Ein Lastwagen hält vor einer schmuddeligen Baracke, deren drei winzige Zimmer sich zweiunddreißig Flüchtlinge teilen. Auf der Ladefläche vierzehn Frauen und Kinder. Neuankömmlinge. Der Fahrer, ein Bauer aus Arsal, hat sie aufgesammelt, als sie illegal die Grenze in den Libanon überquerten. Frauen weinen, Kinder schreien, ihre kleinen Körper zittern unkontrolliert. Hilflos stehen sie da wie eine Herde verängstigter Schafe. »Wir sind am Nachmittag aus Homs geflohen. Auf der Flucht wurden wir mit Granaten und von Scharfschützen beschossen. Wieso wollen sie uns töten?«, fragt eine Frau mit Kopftuch und wirft die Hände in die Luft. »Gepriesen sei Allah.« In der Nachbarschaft zündet jemand Feuerwerk, und die Kinder werfen sich auf den Boden oder verstecken sich in den Röcken ihrer Mütter, die Augen vor Angst geweitet, ein stummer Schrei auf den Lippen.

Wir dürfen nicht lange in Arsal bleiben. Der Bürgermeister warnt uns, dass die Hisbollah, die libanesische schiitische Miliz, die auf der Seite des syrischen Präsidenten steht, die Gegend kontrolliert. Er bittet uns, sein Dorf schnell zu verlassen. Unsere Anwesenheit könnte den Kriegsflüchtlingen schaden – und ihm auch. Einer Entschuldigung mit der Bitte um Verständnis folgt eine Einladung zum Mittagessen. Anschließend fahren wir zurück nach Tripoli.

Es fällt schwer, die Geschichten dieser Menschen zu verarbeiten. Seit Tagen reise ich kreuz und quer durch den Libanon. Ich habe so viel Leid, Trauer und Hass erlebt, dass ich mich frage, wie Syrien jemals wieder zur Normalität zurückkehren kann. Eigentlich ist meine Recherche abgeschlossen. Alex und ich beschließen, abzureisen und von zu Hause aus einen neuen Versuch vorzubereiten, doch noch nach Syrien zu gelangen, irgendwann, in ein paar Monaten. Besser geplant und mit mehr Zeit.

Es ist mein letzter Tag in Tripoli. Ich möchte noch ein paar Flüchtlinge besuchen, die ich in den vergangenen Tagen getroffen habe. Es sind Verwandte des Mannes, der mich seit Tagen begleitet, ein syrischer Aktivist, der schon vor Monaten aus Homs geflohen ist.

Das war's, denke ich. Das letzte Interview. Ich kann mir diese Geschichten von Leid und Elend nicht länger anhören. Flug buchen, Geschichten aufschreiben. Vielleicht war es gut, dass es nicht gleich geklappt hat, in den syrischen Krieg zu reisen. Ich habe nun einen besseren Einblick bekommen, was dort geschieht. Meine Erwartungshaltung hat sich geändert. Ich fühle mich vorbereitet. Ich will Abu Shadi, meinen Begleiter, der unermüdlich für mich übersetzt, Termine vorbereitet und Menschen überzeugt hat, mit mir zu sprechen, als Dank für seine Hilfe zum Essen einladen. Doch Abu Shadi schüttelt nur den Kopf und sagt, dass es die syrische Gastfreundschaft verbiete, Gäste zahlen zu lassen. Dabei scheint er zu vergessen, dass er selbst in einem fremden Land als Flüchtling lebt. Stattdessen fragt er mich, ob wir einen kleinen Umweg fahren könnten. In einem Krankenhaus seien gestern Nacht zwei Kinder eingeliefert worden, denen es nicht besonders gehe. Mein Magen knurrt, mein Kopf schmerzt. Ich bin müde. Eigentlich, finde ich, habe ich genug Material für meine Reportage gesammelt. Jetzt auch noch zwei Kinder? Ich will nicht unhöflich sein, es würde meinen treuen Begleiter verletzen, und sage: »Klar, gerne, lass uns diese Kinder besuchen.«

Kapitel 4: Ahmed und Hanadi

Ich ahnte nicht, dass meine Entscheidung, dieses Krankenhaus anzusteuern, meinem Leben eine neue Richtung geben würde. Dieser Besuch sollte meine innere Haltung und
meine Berufsauffassung für die nächsten Jahre prägen.

Wir nehmen den Aufzug und fahren hoch in den letzten
Stock des Hôpital de la Paix. Hier oben liegt die Station für
Brandopfer. Ich ahne, was mich da oben erwartet. Aber es
gibt kein Zurück mehr. In einem Zimmer mit Meerblick atmet die dreizehnjährige Hanadi Abba nur noch flach. Ihr Körper ist zu fünfundachtzig Prozent verbrannt, die Haut wirft
Blasen, aus ihren Verbänden suppt hellrotes Wundsekret. Sie
starrt ins Leere, die Pupillen gekippt, der Mund nur ein Spalt
im Gesicht. Ihr Oberkörper zuckt, das Mädchen stöhnt leise
vor Schmerzen, die selbst Narkose und Morphium nicht lindern können. Ich stehe direkt vor dem Mädchen, ein Klum-
pen Mensch aus verbrannter Haut und rohem Fleisch. Hanadi Abba blickt mich an, aber ich weiß nicht, ob sie mich
wahrnimmt. Dann schließt sie die Augen, als wolle sie mir
sagen, dass ich verschwinden solle. In einem Nebenzimmer
liegt ihr Bruder Ahmed, siebzehn Jahre alt. Seinen Körper haben die Flammen zu fünfundsiebzig Prozent aufgefressen.
Halbgeschlossene Augen blicken aus einer Gaze-Strumpf-
maske. Er hebt die Arme, als wolle er etwas sagen, aber kein
Laut kommt über seine Lippen, dann lässt er die Arme sinken
und dreht den Kopf beiseite.

Der Anblick der sterbenden Kinder trifft mich wie ein
Faustschlag in den Magen, nimmt mir die Luft zum Atmen.
Ich schäme mich, hier oben zu stehen, von wo aus ich einen
Blick über Tripoli und das Mittelmeer werfen kann. Ich sollte

fotografieren, aber ich schaffe es nicht. Scham. Schock. Wut. Ich weiß es nicht.

Ich weiß nur, dass ich hier nichts zu suchen habe. Ich habe solche Verbrennungen in Afghanistan, Somalia und dem Irak gesehen. Das überlebt niemand. Ich stehe hier vor zwei todgeweihten Kindern und bin wütend auf Abu Shadi. Warum hat er mich zu ihnen geführt? Was zum Teufel soll ich denn bitte schön tun, außer herumzustehen, zu fotografieren, und mich dabei fühlen wie ein Geier vor einem Stück Aas? Zwei junge Menschen, deren Leben zu Ende ist, bevor es richtig beginnen konnte, hineingezogen in die Wirren des Arabischen Frühlings.

Ein ernst dreinblickender junger Mann kommt auf mich zu, schüttelt mir die Hand und stellt sich vor. Er heißt Amin und ist der Cousin der beiden. Kurz erzählt er mir, was geschehen ist. Die Geschwister stammen aus der Stadt Homs. Am 13. März 2012 standen Hanadi und Ahmed in der Küche ihres Elternhauses, als dort eine Granate einschlug. Der Gaskocher explodierte, und ein Ball aus Feuer umschloss die Geschwister. In ihrer im Bürgerkrieg versinkenden Heimat konnte sie kein Krankenhaus aufnehmen. Kämpfer der Freien Syrischen Armee schmuggelten die Bewusstlosen aus der Stadt heraus, nachts, auf Schleichwegen durch das Gassengewirr, vorbei an den Straßensperren der Armee und regimetreuen Milizen bis an die dreißig Kilometer entfernte und verminte Grenze. Die Eltern blieben zurück, sie vermissen schon zwei weitere Kinder. Im Libanon nahmen Mitarbeiter des Internationalen Roten Kreuzes die Schwerverletzten entgegen und brachten sie in das Hôpital de la Paix in Tripoli. Jetzt steht Amin mit hängenden Armen und glasigen Augen vor mir und fragt: »Kannst du helfen?« In seinen Augen flammt Hoffnung. Und der stumme Befehl: Tu etwas.

Am liebsten würde ich mich einfach umdrehen und wegrennen. Stattdessen fahre ich wieder nach unten und klopfe
an die Bürotür des Chefarztes. Gabriel al-Sabeh, ein weiß-
haariger, verbitterter Mann, sitzt an seinem Schreibtisch
und fragt sich, wie er all die syrischen Patienten versorgen
soll, die mit den schlimmsten Verletzungen, aber ohne Geld
bei ihm abgeliefert werden. Und jetzt nervt auch noch ein
westlicher Journalist. Er mustert mich und deutet wortlos
auf einen Stuhl vor seinem Schreibtisch. Es sei ein Wunder,
dass die beiden noch lebten, sagt der Chefarzt. »Allein der gefährliche Transport in den Libanon hätte sie töten können.
Aber: Sie könnten gerettet werden.« Al-Sabeh ist ein müder
Mann mit dunklen Ringen unter den Augen. Eine Hauttrans-
plantation würde ihr Leben zumindest verlängern. Doch die
Körper seien so stark verbrannt, dass sich nirgends mehr Ei-
genhaut entnehmen lasse. »Wir brauchen Haut aus einem
Labor«, sagt der Arzt. Aber das sei sehr teuer und nur im
Ausland möglich, in Amerika oder in Deutschland. »Operieren können wir hier im Libanon, wir brauchen nur die Haut-
kulturen.« Al-Sabeh sitzt in seinem Büro, in seiner Stimme
schwingen Wut und Verzweiflung über seine Ohnmacht.
Entweder man müsse die Haut zu den Kindern bringen oder
die Kinder zu der Haut. Wie auch immer: »Die Zeit drängt.«
Ich bitte ihn um Erlaubnis, die Kinder fotografieren zu
dürfen, was den Chirurgen zu einer Schimpftirade über
die Medien im Allgemeinen und Journalisten im Besonde-
ren veranlasst. Er habe all die Kriege des Libanon erlebt. Immer seien die Journalisten mittendrin gewesen, hätten ihre
Bilder gemacht, veröffentlicht, seien dafür bezahlt worden,
manche sogar berühmt geworden. Doch für die Menschen im
Libanon habe sich nichts geändert. Das Ende des einen Krieges sei nur der Beginn eines neuen gewesen. Der Medien-
zirkus habe den Libanon immer nur als Manege benutzt, um
sich Ruhm und Ehre zu erschreiben.

Was soll ich dazu sagen? Der Arzt hat recht. In einer Bar würde ich jetzt eine Diskussion vom Zaun brechen. Über die Kraft der Medien. Über die Verantwortung, zu berichten. Dass man versuchen muss, denjenigen eine Stimme zu geben, die nicht gehört werden. Ich hätte den Holocaust angeführt, Ruanda, Srebrenica, die Massenvergewaltigungen im Kongo. Aber hier, im Vorzimmer des Krieges, habe ich kein Recht, jemandem meine Gratismoral anzupreisen, der täglich verlorene Schlachten schlägt. Ich sage ihm, dass ich versuchen möchte zu helfen. Versprechen könne ich nichts. Ich würde Hilfsorganisationen, Ärzte, Botschafter und Freunde kontaktieren, einen Aufruf in den sozialen Medien starten; bei Facebook, Twitter. »Besser als nichts«, sage ich. »Machen Sie, was Sie wollen«, antwortet al-Sabeh mit einer Handbewegung, die mir zu verstehen gibt, dass ich jetzt gehen soll. Ich kann den Arzt verstehen. Ich bin in den vergangenen Wochen im Libanon an die Grenzen des Erträglichen gelangt. Al-Sabeh erlebt das Grauen täglich, seit Monaten. Wie kann ein Mensch das aushalten? Zumal als Arzt, der einen Eid geschworen hat, Menschen zu helfen – und dem dazu die Mittel fehlen.

Ich fahre wieder hoch zu Hanadi und Ahmed, fotografiere beide Kinder. Dann bitte ich Abu Shadi, mich ins nächste Internetcafé zu fahren. Ich lade die Bilder bei Facebook hoch, beschreibe kurz, was den beiden passiert ist, und erkläre, dass die beiden ohne Hilfe nicht überleben werden.

Dann geschieht das Wunder.

Es ist der 18. März 2012. An diesem Abend sitzt meine Freundin Veronika Faltenbacher zu Hause in München auf dem Sofa, surft durchs Netz und liest meine Statusmeldung bei Facebook. Sie verschickt eine SMS an einen Bekannten, der den Arzt Hubertus von Voss informiert. Von Voss macht sich auf die Suche nach einem Krankenhaus. Am Tag darauf kursiert der erste Spendenaufruf im Netz. In weniger als einer Woche kommt ein sechsstelliger Eurobetrag zusammen. Der Verein »Ein Herz für Kinder« spendet. Der Publizist Jürgen Todenhöfer überweist eine größere Summe. Im Haunerischen Krankenhaus in München geben die Ärzte grünes Licht, die Kinder zu behandeln, wenn die Kosten gedeckt sind. Hubertus von Voss ist der Schwager des deutschen UN-Botschafters Peter Wittig, der auf dem kleinen Dienstweg und mit viel diplomatischem Geschick seine Kollegen in Beirut darum bittet, die Ausreise der verletzten Kinder zu organisieren, die weder Papiere noch Pässe bei sich haben. Kurz darauf hebt ein Rettungsflieger des ADAC mit Hanadi und Ahmed, die im Koma liegen, von Beirut nach München ab.

Die Hilfe kommt keine Sekunde zu früh. Hanadis Wunden haben sich entzündet, das Mädchen muss beatmet werden, ist aber transportfähig. Als der Flieger in der Nacht des 31. März in München landet, versagen Hanadi mehrere Organe. Die Ärzte haben wenig Hoffnung. Fünfzehn Mediziner des Haunerischen Krankenhauses operieren mehrere Tage lang. Ehrenamtlich. Danach ist sicher: Hanadi und Ahmed werden überleben. Acht Wochen lang bleiben sie im künstlichen Koma, bevor sie in einem fremden Land erwachen, umringt von fremden Menschen, die ihnen ein neues Leben geschenkt haben.

Die beiden Kinder waren vermutlich die ersten syrischen Kriegsflüchtlinge, die nach Deutschland kamen. Noch immer werden Hanadi und Ahmed mehrmals im Jahr operiert, schlucken Tabletten gegen die Schmerzen. Zu schwer waren ihre Verletzungen. Doch sie sind integriert, sprechen Deutsch, Hanadi geht zur Schule, Ahmed macht eine kaufmännische Ausbildung, singt in einem Flüchtlingschor und hat Bundespräsident Joachim Gauck die Hand geschüttelt. Amin, der Cousin, hat eine deutsche Frau geheiratet, ist Vater geworden und macht seinen Meister als Elektriker. Auf kaum jemanden bin ich so stolz wie auf diese jungen, starken, bewundernswerten Menschen.

Mein Beitrag war klein. Nur weil Abu Shadi auf einem Zwischenstopp in dieser Klinik bestanden hatte, durfte ich die Geschwister treffen. Danach einige Fotos ins Netz gestellt, das war's. Doch ohne die furchtbaren Bilder hätten die beiden nicht überlebt. Das eigentliche Wunder haben die Ärzte des Haunerischen Krankenhauses in München vollbracht.

Kaum zu glauben, dass Geschichten aus Syrien auch glücklich enden können. Aufgeschrieben habe ich sie bislang nicht. Zu nah war ich dran an diesen Ereignissen. Kollegen haben darüber berichtet. Doch dieser 18. März 2012 in Tripoli hat mein Leben verändert. Persönlich – weil es jetzt dieses unsichtbare Band gibt, das mich mit Hanadi und Ahmed verbindet. Aber auch als Journalist. Bei einer winzigen Episode dieser großen Tragödie konnte ich mehr tun, als nur über die Gräuel zu berichten. Wenn mich bei all dem Leid auf dieser Welt der Zynismus packt, dann denke ich an Hanadi, Ahmed und die vielen Menschen, die ihnen geholfen haben. Nicht, weil sie sich davon einen Vorteil versprachen. Sondern, weil es in diesem Moment das Richtige war.

Kapitel 5: Der Kommandeur von Azaz

Anfang Juli 2012 sitze ich auf einer Bank im Busbahnhof der südtürkischen Stadt Kilis, nur wenige Kilometer entfernt von der syrischen Grenze. Mein Kontaktmann in Syrien hatte mich über Skype angewiesen, hier auf ihn zu warten. Der offizielle Grenzübergang nach Syrien ist geschlossen, deshalb soll mich ein Schmuggler ins Land schleusen. Also warte ich seit Stunden am Busbahnhof auf einen Unbekannten, der mich illegal in ein Kriegsgebiet bringen soll, wo ein weiterer Mann wartet, dessen Stimme ich nur vom Telefon her kenne. Ich erwische mich bei dem Gedanken: Was zum Teufel mache ich hier? Je länger ich nachdenke, desto schlechter erscheint mir mein Plan.

Am späten Nachmittag rumpelt ein verbeultes gelbes Taxi in den Innenhof der Busstation. Ein junger Schlaks steigt aus, nimmt wortlos meinen Rucksack, den er in den Kofferraum seines Wagens schmeißt, und bedeutet mir, auf dem Beifahrersitz Platz zu nehmen. Wir verlassen die Stadt; irgendwann biegt der Fahrer auf einen Feldweg ein, fährt noch ein paar Hundert Meter durch eine Obstbaumplantage und stoppt. Dann, immer noch wortlos, zeigt er an, dass ich aussteigen soll. Etwa hundert Meter vor uns ist ein Zaun, links und rechts erkenne ich Wachtürme. Wir befinden uns im türkisch-syrischen Grenzgebiet. Mein Führer beginnt zu rennen, ich sprinte hinterher. Kurz darauf krieche ich hinter dem Schmuggler durch ein Loch im Zaun. Der Mann dreht sich um und sagt: »Welcome to Syria.« Unter Pfirsichbäumen sitzt eine Gruppe Bewaffneter, die mir Fladenbrot und Wasser aus einer Plastikflasche reichen. In der Ferne höre ich das Martinshorn einer Ambulanz, die schnell näher kommt. Der

Krankenwagen hält neben uns, die Sanitäter heben eine verletzte Frau aus dem Wagen und schieben sie auf einer Bahre durch das Loch im Zaun. Auf der anderen Seite fährt ein weißer Toyota vor, die Frau wird auf die Rückbank gelegt, der Wagen braust davon.

Der schweigsame Schleuser klopft mir zum Abschied auf die Schulter und übergibt mich seinem Kompagnon, der mich nach Marea fährt. Dort wartet schon Yassir al-Haj, ein ehemaliger Journalist und Aktivist, der seit Ausbruch des Krieges mit Journalisten aus aller Welt als Mittelsmann und Übersetzer zusammenarbeitet. Yassir hat am Rande der Kleinstadt Marea das Vereinshaus eines Fußballplatzes zu einer Art Medienbüro umfunktioniert. Von hier aus informiert er internationale Medien über die Lage in Syrien.

»Die Stadt Azaz steht kurz vor ihrer Befreiung«, erzählt mir Yassir mit leuchtenden Augen. »Wenn du möchtest, bringe ich dich dorthin.« Natürlich möchte ich. Es ist nur ein kurzer Ritt von zwanzig Minuten auf dem Rücksitz von Yassirs Motorrad. Und so erlebe ich die letzten Tage der Schlacht um Azaz.

Ich verbringe die Nacht bei Medienaktivisten am Stadtrand von Azaz. Sie führen mich am darauffolgenden Morgen durch die Stadt. Und als ein Kampfhubschrauber am Himmel auftaucht, verstecken wir uns in einem verstaubten Klassenraum einer verlassenen Schule, die jetzt als eine Art Kaserne für eine Einheit Rebellen dient. Durch ein zerborstenes Fenster beobachte ich den Kampfhubschrauber. Ein Dutzend Rebellen mit Kalaschnikows presst sich an eine Wand des Klassenzimmers. Das Peitschen der Rotorblätter über uns lässt die Zeit gefrieren. Eine gefühlte Unendlichkeit lang visiert der Pilot sein Ziel an, beobachtet, wartet. Wie ein riesiges, in der Sonne funkelndes angriffslustiges Insekt schwebt der Helikopter am Himmel. Dann die Explosion wie aus dem Nichts. Staub und Steine rieseln herab. Eine Rakete hat die Schule nur um wenige Meter verfehlt und schlägt im Nachbarhaus ein. Irgendwo feuert ein Kämpfer auf den Helikopter, der langsam abdreht und davonfliegt.

Der Kommandeur der Rebellen in der Kleinstadt Azaz ist ein schmaler 24-jähriger Mann mit müden Augen, dessen Haar bis auf seine Schultern fällt. Ein Kamerad hilft ihm, sich ein schwarzes Tuch um seine Locken zu binden. Abu Anas' rechte Hand ist eingegipst, seit er vor vier Tagen bei einem Angriff auf einen Armeeposten verletzt wurde. Lange war es ruhig geblieben in diesem Teil Syriens, nur wenige Kilometer entfernt von der türkischen Grenze. Die Rebellenhochburgen Homs, Hama, Damaskus und Dara'a schienen weit weg, wie ein schlechter Traum. Die Truppen des Regimes ignorierten lange Zeit die Dörfer und Städte des Nordens. Erst spät rebellierten auch in der 60 000-Einwohner-Stadt Azaz die Menschen. Wie überall begann es auch hier mit Demonstrationen gegen das Regime, gegen die seit Jahrzehnten andauernde Entrechtung und die sich ausbreitende Armut. Erst gingen ein paar Dutzend auf die Straße, dann Hunderte, zum Schluss waren es Tausende, die mehr Freiheit und Reformen verlangten. Nach und nach verjagten die Einwohner von Azaz die Handlanger des Regimes; den Bürgermeister, die Polizisten und die Schabiha, die Milizen des Regimes. Immer ganz vorne dabei: Abu Anas.

Im Juli 2012 hat die syrische Regierung hier die Kontrolle verloren, nördlich der Stadt Aleppo werden inzwischen fast alle Regionen von der FSA kontrolliert. Doch das Regime wehrt sich: Azaz ist die letzte Stadt vor der Provinzhauptstadt Aleppo, der zweitgrößten Stadt Syriens. Fällt dieser Außenposten, haben die Regierungssoldaten den strategisch wichtigen Zugang zur türkischen Grenze verloren und die Aufständischen einen Schutzkorridor gewonnen; ein sicheres Rückzugsgebiet für Zivilisten und Kämpfer zugleich.

Es wäre eine folgenschwere Niederlage für Syriens Präsident Bashar al-Assad und der größte Erfolg der Rebellen seit dem Beginn der Revolution im März 2011.

Die Geschütze rings um die Stadt haben die Menschen in die Dörfer und in das Nachbarland Türkei gescheucht. Dort ist es relativ sicher. Fast alle Einwohner sind inzwischen geflohen. Azaz ist eine Geisterstadt; menschenleere Straßen, in denen sich der Müll türmt und wo es seit Wochen weder Strom noch Wasser gibt. Ausgebrannte Panzerwracks und Lastwagen versperren die Zufahrtsstraßen. Die letzten verbliebenen Zivilisten packen ihre Habseligkeiten auf Lastwagen oder in Minibusse und verlassen in den Gefechtspausen die Stadt. Vor ein paar Wochen demonstrierten hier noch Hunderte gegen das Regime, bis die Truppen das Bombardement so sehr verstärkten, dass es unmöglich wurde, hier zu leben.

Abu Anas' Leute wehren sich mit Maschinengewehren, Panzerfäusten und selbst gebastelten Bomben gegen die Regierungstruppen. Die Regierung versäumte es, die Stadt zu befestigen, Truppen und Material zu schicken. Sie hatte wohl nicht damit gerechnet, dass die Aufständischen ihren bewaffneten Vertretern tatsächlich gefährlich werden könnten. Von diesem Fehler profitieren nun Abu Anas' Leute. Seit Anfang Juli belagern sie den letzten verbliebenen Militärstützpunkt der Stadt, konnten den Nachschub an Waffen, Munition, Lebensmitteln und frischen Truppen für die Soldaten abschneiden. Nicht mehr als sechzig Mann und ein paar Offiziere sollen sich in der Haj-Fader-Moschee im Stadtzentrum von Azaz verschanzt halten, schätzt Abu Anas, unter erbärmlichen Bedingungen. »Allmählich gehen denen das Wasser, Verpflegung und Munition aus. Lange können die nicht mehr durchhalten«, sagt der junge Kommandeur. Aber noch immer sitzen Scharfschützen der Regierungstruppen in den Minaretten der Moschee und schießen auf alles, was sich bewegt. Die Haj-Fader-Moschee ist der letzte Strohhalm, an den sich die Regierungtruppen klammern. Alle anderen Stellungen musste die Armee in den letzten Wochen räumen, sofern sie nicht von der FSA überrannt wurden.

Die FSA rennt unaufhörlich gegen die letzte Bastion der Regierung in Azaz an. Siebzehn seiner Kämpfer seien in den vergangenen zwei Wochen getötet worden, viele seien schwer verwundet und würden in Krankenhäusern in der Türkei behandelt, erzählt mir Abu Anas. In Azaz gibt es kein funktionierendes Krankenhaus mehr, die meisten Ärzte haben die Stadt längst verlassen. Die staatliche Klinik am Stadtrand von Azaz, an der Straße, die nach Aleppo führt, wurde mit Granaten beschossen und zerstört.

Im Medienzentrum von Azaz dokumentieren zwölf junge Männer den Kampf der Aufständischen und die Zerstörungen der Assad-Truppen und der Rebellen gleichermaßen. In diesen kahlen Räumen tobt der digitale Krieg um Syrien; geht es doch darum, die Herrschaft des Regimes auf allen Ebenen zu erschüttern. Um die Deutungshoheit der Bilder. Seine Videos stellt das Dutzend Medienkrieger auf YouTube, Facebook und Twitter, oder sie landen in den Nachrichtensendungen der mit den Rebellen sympathisierenden Fernsehsender Al Jazeera oder Orient. An der Wand hängt die Flagge der Revolution: ein grüner, ein schwarzer und ein weißer Streifen mit drei roten Sternen in der Mitte. Am Boden liegen ein paar schmierige Matratzen, auf denen erschöpfte Aktivisten dösen. Sie sind alle ehemalige Studenten, deren Studium vom Krieg unterbrochen wurde, und arbeiten jetzt im Schichtdienst rund um die Uhr in ihrem digitalen Gefechtsstand. Einer von ihnen ist Jamal, der vor der Revolution englische Literatur studierte. Ein quirliger junger Mann in schusssicherer Weste und kariertem Hemd. Auf seinem Kopf wackelt ein zu großer Schutzhelm, der ihm ständig ins Gesicht rutscht. Gerade kommt er von der Front zurück. Jetzt hüpft er aufgeregt zwischen den Computern herum und streckt triumphierend seine Kamera in die Luft. Abu Anas' Kämpfer haben zwei Panzer zerstört, die in die Stadt eindringen wollten. Jamal hat alles gefilmt. Freunde und Kollegen rufen »Allahu Akbar«, klopfen ihm auf die Schulter und starren auf den Bildschirm eines Laptops. Auf wackeligen Bildern ist zu sehen, wie ein Panzer auf eine Mine fährt und ausbrennt, kurz darauf wird ein zweiter Panzer von einer Panzerfaust getroffen.

In diesem Moment betritt Abu Anas den Raum. Die Aktivisten springen von ihren Stühlen hoch, salutieren. Abu Anas lächelt. »Mir tut es leid, wenn die Soldaten sterben«, sagt der Kommandeur, als er sich die Videos ansieht. Er wisse, dass viele von ihnen Wehrpflichtige seien, die nicht auf der Seite des Regimes kämpfen wollten, aber dazu gezwungen würden. Sunniten wie er selbst. »Viele wollen desertieren, ich helfe ihnen dabei. Aber sie müssen sich entscheiden. Wenn sie bleiben, werden wir sie töten.«

Die Armee des syrischen Präsidenten befindet sich im Sommer 2012 im Nordosten Syriens in Auflösung. Viele Beobachter glauben, dass es nur noch eine Frage von Wochen sei, bis die Rebellen den Krieg gewännen, Aleppo und Damaskus einnähmen und das Regime von Bashar al-Assad vertrieben sei. Denn im sunnitischen Kernland im Norden Syriens eilen die Rebellen von Sieg zu Sieg, nehmen Dorf um Dorf ein, immer mehr Menschen schließen sich dem bewaffneten Kampf an. Und jetzt stehen die ersten Rebellenverbände keine zwanzig Kilometer vor der Wirtschaftsmetropole Aleppo.

Nicht die schlecht ausgerüstete FSA oder die Demonstranten stellen die größte Gefahr für das Regime dar, sondern die Massendesertionen syrischer Soldaten und Wehrpflichtiger, die sich weigern, auf das eigene Volk zu schießen. Zehntausende waren es in den vergangenen Monaten. Und ein Ende des Aderlasses der syrischen Armee ist nicht in Sicht. Viele Soldaten und Offiziere sympathisieren mit den Rebellen oder gehören der religiösen Mehrheit der Sunniten an. Hubschrauberpiloten oder Grenadiere feuerten oft absichtlich daneben, behauptet Abu Anas. Nur so lasse sich erklären, dass sie so oft danebenschössen. »Obwohl sie genau wissen, wo wir uns versteckt halten.« Regierungsoffiziere stünden telefonisch mit Aufständischen in Verbindung, verrieten Positionen und Angriffspläne. Und wer kann, laufe über.

»Ich habe fast alle Telefonnummern der Soldaten, die in Azaz stationiert sind«, sagt der junge Kommandeur. Ständig stehe er mit ihnen in Kontakt, versuche sie zu überreden, ihre Einheiten zu verlassen, schmiede Pläne, damit sie sich seinen Kämpfern anschlössen. »Manchmal führen wir Scheinangriffe aus. Zur Ablenkung, damit die Soldaten abhauen können.« In der Woche zuvor, erzählt er, seien fünfundzwanzig Soldaten aus der Kaserne in Azaz geflohen. Mehr als vierzig Deserteure kämpften inzwischen mit Abu Anas gegen ihre ehemaligen Kameraden. Zwei davon treffe ich in Abu Anas' Gefechtsstand: die Gefreiten Fawaz, 21, und Faris, 20. Wochenlang standen sie mit dem Rebellenführer in Kontakt, sprachen heimlich über ihre Mobiltelefone, die in Kasernen eigentlich verboten sind, und bereiteten ihre Flucht vor. Der erste Versuch misslang. Beim zweiten Anlauf spazierten sie morgens ungehindert aus dem Stützpunkt. Die Wachen waren nach einem stundenlangen Gefecht vor Erschöpfung eingeschlafen. Hinter der Kaserne wartete Abu Anas in einem Auto und fuhr sie ins Hauptquartier der FSA.

Während die Deserteure erzählen, rollt von draußen das Echo der Detonationen heran. Seit zwei Stunden beschießt die syrische Artillerie von Aleppo aus Azaz und die umliegenden Dörfer. Am späten Nachmittag schießt ein Scharfschütze von einem der Minarette einem FSA-Kämpfer in den Kopf. Der Mann ist sofort tot. Und als die Schlacht um Azaz in die Endphase geht, die Rebellen im Häuserkampf Straßenzug um Straßenzug erobern, wirft Abu Anas mich und die paar anderen Journalisten aus der Stadt. »Zu gefährlich«, behauptet der Kommandeur. Die Medienaktivisten erzählen eine andere Version. Zu brutal werde der Kampf um die Stadt geführt. Abu Anas möchte nicht, dass es Zeugen gibt, falls die FSA Kriegsverbrechen begeht. Das Bild der guten Rebellen soll nicht befleckt werden. Nur Triumphe sind medial erwünscht.

Eine Woche lang sitze ich in Yassirs Büro in der Nachbarstadt Marea fest und erfahre nur aus zweiter Hand, was sich in Azaz zuträgt. Dann überrennen FSA-Einheiten die letzten verbliebenen Regierungssoldaten, die noch in der Haj-Fader-Moschee ausharren. Die syrische Regierung scheint die Stadt aufgegeben zu haben, schickt keine Verstärkung, fliegt keine Angriffe aus der Luft. Sie überlässt die eingeschlossenen Soldaten ihrem Schicksal. Es ist ein brutaler Häuserkampf. Tagelang schlagen Abu Anas' Männer Löcher in Hauswände, kämpfen sich vor, Zimmer um Zimmer, Haus um Haus, Straße um Straße. Sie zerstörten dabei sechs Panzer, und Abu Anas verliert drei seiner Männer. Ein paar wenige Regierungssoldaten können fliehen, andere ergeben sich und schließen sich den Rebellen an. Doch mehr als vierzig Soldaten und Offiziere sterben. Ihre Leichen verbrennen die Rebellen im Keller der ehemaligen Geheimdienstzentrale, einen Block von der Moschee entfernt, in der sie sich wochenlang verschanzten.

Die verhassten Scharfschützen in den Minaretten der Moschee weigern sich, sich zu ergeben. Daraufhin lässt Abu Anas die Minarette sprengen. Die Heckenschützen finden in den Trümmern den Tod. Mit der Sprengung der Moschee ist die Schlacht um Azaz beendet. Am Morgen danach schickt Abu Anas einen Boten zu Yassir in Marea. Journalisten dürfen die Stadt nun wieder betreten, berichtet der Mann.

»Die Opfer meiner Männer haben sich gelohnt. Insch'allah«,

sagt Abu Anas, als ich ihn im Keller einer ehemaligen Schule im Zentrum von Azaz treffe. Neben ihm türmen sich Munitionskisten, Panzergranaten, Mörser, Handgranaten, Kalaschnikows, Panzerfäuste, Patronengürtel. »Die haben wir von den Soldaten erbeutet. Auch einen Panzer, aber leider ohne Treibstoff. Jetzt ist der Weg frei, um in Aleppo einzurücken. Allahu Akbar.«

Ich wandere durch die zerstörte Stadt. Es ist gespenstisch still. Kein Jubel, keine Explosionen, keine Schüsse. Noch immer hängen schwarze Rauchschwaden über Azaz. Ich klettere über ausgebrannte Panzer. Aus dem Keller, in dem Abu Anas die Leichen der Regierungssoldaten verbrennen ließ, weht mir der Gestank verbrannten Fleisches entgegen. Ich laufe durch die zerstörte Haj-Fader-Moschee, in deren Räumen sich die syrischen Regierungssoldaten wochenlang gegen die Belagerung durch Abu Anas' Leute stemmten. Ich steige über Blutlachen am Boden, menschliche Exkremente, verfaulte Essensreste. An den Wänden hängen Poster von Präsident Assad. Es stinkt nach Pisse, Scheiße, Verwesung, Schimmel. Ich versuche mir vorzustellen, wie diese verzweifelten Männer in ihren letzten Tagen gehaust haben müssen. Es muss ein surrealer Albtraum gewesen sein. Ohne Nachschub, ohne Hoffnung, mit kaum etwas zu essen und in der Gewissheit, hier nicht lebend rauszukommen. Ich steige auf das Dach der Moschee. Im Staub finde ich den Dienstausweis eines Soldaten. Ein junger Mann in Uniform und mit einem schmalen Schnurrbart blickt mir entgegen. Ich frage mich, ob er diesen Irrsinn überlebt hat.

Ein heißer Wind weht über Azaz und treibt schwarzen Rauch über die Ruinen, während ich auf dem Dach der Moschee sitze und eine Zigarette rauche. Von hier oben hat man einen guten Blick auf die zerstörten Straßenzüge und Häuserfassaden, stumme Zeugen der Kampfhandlungen der vergangenen Wochen. Der Asphalt von Granateneinschlägen aufgerissen. Ausgebrannte Panzer säumen das Gassengewirr.

Ein junger Kämpfer folgt mir auf das Dach der Moschee. Er grinst mich an und ruft unaufhörlich »Allahu Akbar«, Gott ist groß. Dann kramt er ein schwarzes Tuch aus seiner Uniformjacke. Es ist die schwarze Flagge, die auch al-Qaida verwendet, mit dem islamischen Glaubensbekenntnis in der Mitte. »Es gibt nur einen Gott, und Mohammed ist sein Gesandter« steht in weißen Lettern auf der Fahne. Der junge Kämpfer bindet die Flagge an den Stiel eines Besens. Azaz, das letzte Hindernis vor der Wirtschaftsmetropole Aleppo, Syriens zweitgrößter und reichster Stadt, ist gefallen, und über der Stadt weht nun die Flagge al-Qaidas. Ein schlechtes, bedrückendes Omen, wie ich finde. Irgendwo in der Stadt explodiert eine Granate.

In den Trümmern von Azaz treffe ich einen hochgewachsenen, freundlichen Amerikaner. Sein Name: James Foley.

Kapitel 6: Jim

Der Mann ist das wandelnde Klischee eines Kriegsbericht-erstatters. Er trägt Pilotenbrille, um den Hals ein Palästi-nensertuch und dreckige Jeans. Die schusssichere Weste baumelt lose an seiner Schulter. »Dude! Schön, dich zu se-hen. Ich heiße Jim«, sagt er, umarmt mich und wirft seine schusssichere Weste in eine Ecke. Ich sitze noch im Medien-büro von Yassir al-Haj im syrischen Marea. Diesen Jim habe ich noch nie zuvor gesehen. Aber ich weiß, wer vor mir steht. Die Nachricht, dass der amerikanische Journalist gemeinsam mit zwei Kollegen in Libyen von Gaddafis Soldaten gefangen genommen wurde und drei Monate lang im Gefängnis saß, ging um die Welt.

Er sitzt vor seinem Laptop und zeigt den Rebellen im Büro Filmaufnahmen aus anderen Teilen Syriens, die er in den vergangenen Wochen besucht hat: Kämpfe in Rastan, in Id-lib. Vororte von Damaskus. Aufnahmen von Panzern, Gra-nateneinschläge, schießende Rebellen. Innerhalb von Mi-nuten sind die jungen Kämpfer beste Freunde und schießen Selfies mit ihren Smartphones. Jim, der eigentlich James Fo-ley heißt, war früher Lehrer, er weiß, wie er Menschen für sich gewinnen kann. Eines seiner Tattoos ist ein Zitat Oscar Wildes: »Wir alle liegen in der Gosse, aber einige von uns be-trachten die Sterne.«

Während wir darauf warten, dass Abu Anas uns wieder nach Azaz lässt, verbringen wir die Zeit im Medienbüro und werden Freunde. Nachts schlafen wir auf dünnen Matratzen oder auf dem Dach von Yassirs Büro. Dort sitzen wir dann bis spät in die Nacht, trinken heimlich Scotch aus Zahnputz-bechern, erzählen uns Geschichten, schmieden Pläne für gemeinsame Geschichten, lachen. Die natürliche Distanz zwischen Fremden durchbricht James Foley mit einem Lächeln, einem Witz oder einer Anekdote. Lässig, cool, smart, charmant, immer freundlich und hilfsbereit. Er nennt jeden »Dude« – was man mit »Hey, Alter« übersetzen könnte – oder »Bruder«. Konkurrenzdenken ist ihm fremd. James Foley teilt Informationen, vermittelt Kontakte. Dort kennt er einen Vermittler, hier einen Übersetzer. Er verteilt Telefonnummern, nennt Rebellengruppen, denen er vertraut. Gibt Tipps für gute Geschichten. »Fuck the scoop«, sagt er, scheiß auf den Exklusivbericht. Sein Credo: »Wir müssen uns gegenseitig helfen.«

Knapp eine Woche verbringen wir gemeinsam in Marea. Auf dem Dach von Yassirs Büro ist es sicher, reden wir uns ein, weil dort die Sommerhitze erträglicher ist als in den stickigen Räumen. Wenn neben uns Granaten einschlagen, klettern wir eilig die Leiter herunter, rennen in einen Pfirsichhain und verstecken uns dort, Gesichter in den Acker gepresst. »Duuuude«, sagt James Foley immer dann, wenn eine Granate über unsere Köpfe hinwegpfeift, und lacht die Angst weg. So wird der Krieg erträglicher.

Aber er fordert auch jeden Tag neue Opfer. Auf dem Friedhof von Marea heben Totengräber ein Grab für Habib Atta Hassan Akramah aus, einen jungen Mann, der bei Aleppo gefallen ist. Der geschundene Leichnam des 26-Jährigen liegt im Erdgeschoss eines Hauses am Stadtrand. Vor wenigen Minuten brachte ein weißer Minibus den Toten nach Marea. Bewaffnete Kämpfer stützen sich auf ihre Gewehre, trauern leise oder liegen sich weinend in den Armen. Kinder kühlen den Körper mit Eisblöcken, damit er in der Hitze nicht verwest. Habib Atta Hassan Akramah starb ein paar Stunden zuvor bei den Gefechten in Aleppo. Schabiha-Milizionäre hatten ihn gefangen genommen. Bevor sie ihn töteten, folterten sie ihn. An seinem Hals klafft eine Wunde bis zum Halswirbel wie von einem Axthieb, sein Oberkörper ist übersät mit Stich- und Brandwunden. Platzwunden am Kopf. Ein blauer Opel hält vor dem Haus, eine schwere Frau mit Kopftuch steigt aus, die Augen weit aufgerissen, Panik und Schmerz im Blick.

»Wo ist mein Sohn? Bei Gott, wo ist mein Sohn?«, ruft sie und trommelt dabei mit ihren kleinen, zu Fäusten geballten Händen auf die Männer ein, die sie stützen. »Er ist da drin«, sagt einer leise und zeigt auf das Haus. »Er ist tot.« Ihre Knie sacken weg, Männer müssen sie stützen. Die Mutter kniet neben ihrem Sohn nieder, streicht über das blutgetränkte Tuch, das seinen Körper umhüllt, starrt auf die Wunden und Löcher auf seinem Körper. Dann bricht sie ohnmächtig zusammen. Hunderte Menschen erweisen dem Toten die letzte Ehre, schwören Rache. Während der Trauerfeier taucht ein Hubschrauber am Himmel auf, und die Menschen rennen in Häuser, suchen Schutz.

Kurz vor der Beerdigung warnt der Muezzin die Einwohner über Lautsprecher, heute in den Häusern zu bleiben, weil Beerdigungen häufig bombardiert werden. In der Nacht, kurz bevor Akramahs Leichnam in die Erde gelassen werden soll, erhellt Leuchtspurmunition der syrischen Armee den Himmel. James Foley, weitere Journalisten und ich springen in das frisch ausgehobene Grab, reißen Witze, um die Angst zu vergessen, rauchen Zigaretten – und warten. Kurz darauf explodieren fünf Raketen in der Stadtmitte. Erst Stunden später trauen wir uns aus dem Grab heraus. Marea wirkt wie ausgestorben. Kein Mensch verirrt sich auf die Straße. Wir haben Angst, dass der Beschuss erneut einsetzt, und laufen durch die leeren Straßen dieser syrischen Kleinstadt zurück zu Yassirs Büro.

James Foley und ich erleben, wie die Trennlinie zwischen »guten« Rebellen und »böser« Regierung immer mehr verwischt. Der syrische Bürgerkrieg verwandelt Spielplätze in Friedhöfe, Moscheen in Leichenhallen, Keller in Operationssäle und Schulen in Gefängnisse. In einem Klassenzimmer, in dem schon lange nicht mehr unterrichtet wird, sitzt ein übergewichtiger Riese, in dessen Hinterkopf eine Gewehrkugel steckt, die nicht entfernt werden kann. Sein linker Arm hängt schlaff herab. Drei Kugeln haben ihm vor zwei Monaten die Schulter zertrümmert. Er nennt sich »Jambo«, seinen richtigen Namen möchte er nicht nennen. Vor ihm auf dem Schreibtisch liegen Gegenstände, die er seinen Gefangenen abgenommen hat: Messer, Mobiltelefone, Regierungs-Ausweise. Jambo ist Herr über sechsundsechzig Gefangene: zwölf Diebe, der Rest ist angeklagt, den Schabiha-Milizen anzugehören oder die Regierung zu unterstützen.

Zwei Männer mit nackten Oberkörpern werden hereingeführt. Sie wurden am Morgen nach einer Schießerei an einer Straßensperre verhaftet. Ihre Hände sind mit Kabelbindern auf den Rücken gefesselt, Angst im Blick. Sie zittern und keuchen. Ein Mann mit einer Kalaschnikow steht Wache. Als die Gefangenen Jambo gegenübertreten, weichen sie einen Schritt zurück und ducken sich. Einer von ihnen hat eine Platzwunde über der linken Augenbraue. »Ich bin gefallen«, sagt er und blickt dabei auf seine Zehen. Sein Leidensgenosse ist am ganzen Körper tätowiert, unter anderem mit Porträts der Assad-Familie. Sein nackter Oberkörper ist mit blauen Flecken und roten Striemen übersät. Er wisse nicht genau, wie das geschehen sei.

Was mit den Gefangenen passiert? »Die werden vor ein Revolutionsgericht gestellt. Und wenn sie schuldig sind, werden sie für ihre Taten bestraft!«, sagt Jambo. Werden sie hingerichtet? »Das entscheidet der Richter.« Dann befiehlt Jambo, die Gefangenen abzuführen. Der Tätowierte wehrt sich. »Ich bin unschuldig, ich stehe aufseiten der Opposition, lang lebe die FSA, nieder mit Assad«, ruft er immer wieder, seine Augen suchen Kontakt zu Jambos Blick. Jambo macht eine abwehrende Handbewegung. Dann steht er auf, steckt einen Revolver in seinen Hosenbund und steigt in einen weißen Schulbus. »Ich muss nach Aleppo«, sagt er. Weitere Gefangene abholen und die Leichen der FSA-Kämpfer, die am Morgen in der Stadt gefallen sind. Kurz darauf verabschieden wir uns. Ich will weiter nach Aleppo und von dort nach Hama. James Foley und seine enge Freundin, die amerikanische Fotografin Nicole Tung, wollen sich in die Stadt Deir Ezzor durchschlagen. Wir wünschen uns Glück, umarmen uns, dann geht jeder seiner Wege.

Vier Wochen bleibe ich in Syrien. Dann habe ich das Gefühl, mein Glück ein wenig herauszufordern. Am Abend vor meiner Abreise gerät Marea unter heftigen Mörserbeschuss. Zwei Geschosse schlagen unmittelbar neben Yassirs Büro ein. Zwei Granaten haben ein Wohnhaus in Marea getroffen. Ich fahre mit dem Motorrad in das Feldlazarett der Stadt. Im Operationsraum liegt ein Verletzter, daneben unter einem Laken ein Toter. Ich versuche meine Frau Gianna zu erreichen und bekomme keine Verbindung. Also schicke ich eine SMS, schreibe, dass es einen Angriff gegeben habe. »Es geht mir gut, ich bin in Sicherheit«, schreibe ich in einer zweiten SMS. Doch das Netz ist mittlerweile zusammengebrochen. Ich kann nichts mehr tun und lege mich schlafen. Erst am Vormittag des nächsten Tages erreiche ich meine Frau. Sie ist wütend. Nur die Textnachricht über den Angriff kam bei ihr an. Danach hat sie versucht, mich zu erreichen, lag die ganze Nacht wach, in Sorge, dass ihr Mann irgendwo in Syrien tot oder verwundet ist. Was tust du deiner Frau an?, frage ich mich nach dem Gespräch.

Am selben Tag organisiert Yassir einen Schmuggler, der mich über die Grenze schleusen soll. Nachmittags sitze ich in einem Minibus, voll mit syrischen Flüchtlingen; junge Männer, die den Krieg bei ihren Familien in der Türkei aussitzen wollen. Als wir die Grenze erreichen, schneidet der Schleuser mit einer Drahtschere ein Loch in den Zaun. »Hier könnt ihr durch«, sagt er. Dahinter befindet sich eine Obstbaumplantage, türkisches Territorium, Sicherheit, Frieden. Einer der syrischen Jungs bietet mir an, meinen Rucksack zu tragen, damit ich schneller laufen kann, falls wir entdeckt werden. Ich nehme das Angebot dankend an und behalte nur mein Kameraequipment auf dem Rücken. Als die ersten Männer sich durch das Loch gequetscht haben, beginnen sie in verschiedene Richtungen zu laufen. »Nicht dort entlang!«, brüllt der Schmuggler und gestikuliert dabei wild mit den Armen. Die jungen Flüchtlinge ignorieren sein Geschrei, woraufhin der Schmuggler noch lauter brüllt, dass sie warten sollen.

Der Tumult lockt eine türkische Grenzpatrouille an. Ich sehe sie kommen, als ich durch das Loch im Zaun krieche. Mit Maschinengewehren im Anschlag rennen drei türkische Soldaten auf uns zu. Der Junge, der mein Gepäck trägt, rennt so schnell, wie er kann, und ich sehe noch, wie er den Rucksack abwirft, um schneller laufen zu können. Ich sprinte in die Plantage, stapfe keuchend durch die lockere Erde des Ackers, bis ich mich außer Atem hinter einem Busch verstecke. Ich bin mir sicher, dass die Grenzer mich gesehen haben und gleich festnehmen werden. Ich drücke mich auf den Boden, versuche, nicht aufzufallen. Ein Grenzer rennt an meinem Versteck vorbei, keine zwanzig Meter von mir entfernt. Er muss mich gesehen haben, aber als er an mir vorbeigeht, schaut er demonstrativ in Richtung Syrien. Zwei Stunden später erreiche ich erschöpft und verdreckt den Busbahnhof von Kilis. Ich habe nur noch meine Kameraausrüstung, meinen Pass, ein bisschen Bargeld und das, was ich am Leib trage. Schusssichere Weste, Objektive, Kleidung zum Wechseln, mein restliches Geld, Flugticket waren im Rucksack. Aber immer noch besser, als die Nacht in einer türkischen Arrestzelle zu verbringen. Wäre ich erwischt worden, hätte ich nicht nur eine heftige Geldstrafe zahlen müssen, sondern wohl auch ein längeres Einreiseverbot in die Türkei bekommen.

James Foley und ich bleiben in den kommenden Monaten regelmäßig in Kontakt. Wir sprechen viel darüber, wie sehr uns die Erlebnisse in diesem Krieg belasten, wie schwer es ist, das Gesehene zu verarbeiten, nicht Partei zu ergreifen. Wir teilen die Auffassung, dass es wichtig ist, aus diesem Krieg zu berichten. Nicht, weil wir naiv genug wären zu glauben, dass wir damit irgendetwas ändern könnten. Wir sehen uns vielmehr als Chronisten. Was wäre auch die Alternative? Gleichgültig mit den Schultern zu zucken? James Foley und ich wollen den Syrern eine Stimme geben. Wir wissen, dass es Themen gibt, die besser bezahlt werden als ein Bericht aus Aleppo. Keine Redaktion schickt freiberufliche Journalisten in diese gefährlichen Gebiete. Wer Geld verdienen möchte, der fährt nicht auf eigene Kosten, auf eigenes Risiko nach Syrien. Am Ende zahlen Zeitschriftenverlage etwa 1200 Euro für eine Reportage. 1200 Euro für einen Monat Arbeit im Kriegsgebiet. Nur wenige Redaktionen übernehmen die Kosten für freie Journalisten, meistens trägt der Reporter auch die finanziellen Risiken.

James Foley nimmt die schlechte Bezahlung in Kauf, manchmal zahlt er sogar drauf. »Ich will meine eigenen Geschichten erzählen und mein Weltbild nicht am Schreibtisch zusammenzimmern«, hat er mal gesagt. Nur so könne er verstehen, was vor Ort tatsächlich passiert. Für James Foley standen immer die Menschen im Vordergrund. Mit den Syrern verband ihn eine tiefe Zuneigung. Zu Hause in den USA tingelte er durch Schulen und erzählte vom Leid der Syrer. Er sammelte Geld für einen Krankenwagen, der Wochen später die Verletzten in das Dar-al-Shifa-Krankenhaus in Aleppo transportierte. James Foleys Engagement erschöpfte sich nicht mit einem Bericht.

Unsere Freundschaft endet, bevor sie sich richtig entfalten kann. Es ist die Zeit, in der immer radikalere Islamisten und Dschihadisten aus dem Irak, Afghanistan, Europa, dem Kosovo oder Tschetschenien über die türkische Grenze nach Syrien einsickern, um gegen das säkulare Assad-Regime zu kämpfen, und somit das Gesicht des Krieges verändern.

Am 22. November 2012 tauschen James Foley und ich Nachrichten auf Facebook aus. Wir planen eine gemeinsame Reise nach Syrien, wollen einen Film über die Menschen in Aleppo drehen. Er sitze gerade in einem Internetcafé in Maarat al Naman, einer schwer umkämpften Stadt in der Provinz Idlib, erzählt er. »Bin auf dem Weg zurück in die Türkei, an der Grenze treffe ich Nicole Tung.« James Foley freut sich, weil er von der ARD-Weltspiegel-Redaktion einen Auftrag erhalten hat. Ein paar Tage in der Türkei ausspannen, dann mit Fotografin Tung zurück nach Syrien. Ich freue mich für ihn. Wir versprechen uns, dass wir die nächste Geschichte gemeinsam machen, im Dezember oder im Januar. »Heavy shit here. Talk soon, brother. Cheers from Idlib.« Ich wünsche ihm eine gute und sichere Reise. See you soon. Es sind die letzten Worte, die ich mit meinem Freund Jim wechsele. Wenige Minuten später steigt er in ein Taxi, das ihn an die türkische Grenze bringen soll. Unterwegs wird das Fahrzeug von Bewaffneten gestoppt. James Foley und der Brite John Cantlie werden aus dem Auto gezerrt und entführt.

Auch Wochen später gibt es kein Lebenszeichen. Niemand weiß, wer Foley und Cantlie verschleppt hat. Es gibt Gerüchte, dass sie in einem syrischen Gefängnis sitzen. Dann heißt es, Foley sei Islamisten in die Hände gefallen. Doch niemand fordert Lösegeld, kein Bekennerschreiben, kein Video. Diese Ungewissheit ist am schlimmsten. Kollegen berichten von einer veränderten Stimmung in der syrischen Bevölkerung und von Entführungsversuchen. Immer mehr Islamisten und Dschihadisten kämen über die offene Grenze zur

Türkei. Der Aufstand gegen ein brutales Regime droht sich in einen Konfessionskrieg zu verwandeln; Sunniten gegen Alawiten, Rebellen gegen das Regime, Rebellen gegen Rebellen. Das Land versinkt in Chaos und Gewalt. Westliche Journalisten geraten zwischen die Fronten. Das nächste Mal sehe ich James Foley zwei Jahre später in den ersten Sequenzen eines Enthauptungsvideos des Islamischen Staates. Er trägt einen orangenen Overall und kniet in der syrischen Wüste. Hinter ihm steht ein vermummter, schwarz gekleideter Mann, der ihm ein Messer an die Kehle drückt.

Kapitel 7: Die sterbende Stadt

Im Juli 2012 besuche ich die syrische Wirtschaftsmetropole Aleppo zum ersten Mal. Wochenlang haben die Rebellen den Angriff auf Aleppo geplant und vorbereitet. Hunderte Kämpfer aus dem gesamten Norden wurden in den vergangenen Wochen heimlich in die Stadt geschleust. Nachts, auf Feld- und Schleichwegen, vorbei an den Checkpoints und Straßensperren der syrischen Armee, in kleinen Gruppen von dreißig, vierzig Männern tröpfeln sie in die Stadtviertel, verstecken sich in Kellern und Wohnungen von Sympathisanten und Aktivisten. Täglich werden es mehr. Oppositionelle in der Hauptstadt Damaskus stehen in ständigem Kontakt mit den Rebellen in den umliegenden Provinzen, besorgen Essen und Wohnungen, koordinieren Waffenlieferungen; brandneue Scharfschützengewehre, belgische Sturmgewehre, Munition, Nachtsichtgeräte, Panzerfäuste, Uniformen. Im toten Winkel der syrischen Armee sickert Nachschub an Kämpfern und Material in die von den Rebellen gehaltenen Stadtviertel Aleppos ein. Kein reißender Strom, eher ein stetig fließendes Rinnsal, das sich in den Stadtteilen Aleppos staut.

Im Innenhof eines Hauses in einer Vorstadt Aleppos erlebe ich, wie sich an einem Sommernachmittag Männer in Tarnanzügen versammeln. Sturmgewehre baumeln ihnen von der Schulter und Handgranaten am Gürtel. In Inventurlisten tragen sie penibel ein, was sich in den Säcken vor ihnen stapelt: brandneue Scharfschützengewehre, Unmengen an Munition, Panzerfäuste, belgische Sturmgewehre und Dutzende Nachtsichtgeräte, noch in Plastikfolien verschweißt. Die Männer erzählen nicht, wie all das beschafft wurde. Vielleicht haben Rebellen die Waffen im Libanon oder in der Türkei gekauft, mit Geld aus Katar und Saudi-Arabien.

Als der Kommandeur eines dieser Nachtsichtgeräte in die Luft hält, jubeln seine Männer und beginnen zu tanzen. »Allahu Akbar! Allahu Akbar!«, rufen sie und recken die Kalaschnikows über ihre Köpfe. Dann packen sie alles wieder in die Jutesäcke, verschnüren sie und verfrachten die Waffen in Kofferräume von Privatwagen, Taxis und Kleinbussen. Die Tarnanzüge tauschen sie gegen Zivilkleider, schlüpfen in Jeans und Hemden. Etwa dreißig Kämpfer quetschen sich in ein halbes Dutzend Fahrzeuge. Im Schutze der Nacht fahren sie los, auf Schleichwegen umfahren sie die Checkpoints der syrischen Armee. Späher auf Motorrädern kundschaften die Gegend aus, kontrollieren, ob die Armee Straßensperren errichtet hat, stehen ständig per Funk in Kontakt mit den Kämpfern, die im Abstand von einigen Kilometern folgen. Das Ziel: die Stadt Aleppo.

Yassir schleust mich im Kofferraum eines Taxis nach Aleppo. Im syrischen Bürgerkrieg teilen sich die Anhänger und Gegner des Regimes Straßen und Wohnhäuser. Gerade in der Zwei-Millionen-Einwohnerstadt Aleppo wohnen viele Assad-Anhänger, darunter reiche Kaufleute, die vom Regierungsapparat profitieren. Überall in der Stadt sind Polizei- und Armee-Checkpoints, die gefürchteten Schabiha-Milizen durchstreifen die Straßen. Im Zickzack fahren mich die Rebellen von Versteck zu Versteck, nehmen kilometerlange Umwege in Kauf, wechseln mehrfach die Autos.

Yassirs Freunde, Oppositionelle und Rebellen, bereiten zu dieser Zeit in konspirativen Wohnungen das Ende des Regimes vor. Bis Ende Juli 2012 war die Stadt von Kämpfen weitestgehend verschont geblieben. Nur in manchen Stadtteilen, wie Salaheddine, kommt es täglich zu Massendemonstrationen und Zusammenstößen zwischen Regierungsanhängern und Opposition. Es ist eine seltsame Mischung aus Anwälten,

Journalisten, Studenten, Kaufleuten und Rebellen, die ich auf der Dachterrasse eines unscheinbaren Mietshauses an einer Ausfallstraße das Stadtteils Salaheddine treffe. Die Männer versammeln sich hier nur nachts und immer unter größtmöglicher Geheimhaltung. Tagsüber schlafen sie, die Nacht gehört der Revolution. Die meisten dieser Männer werden von der Polizei gesucht, stehen auf Fahndungslisten des Geheimdienstes, können sich nie länger als wenige Stunden an einem Ort aufhalten, meiden ihr Zuhause, um ihre Familie nicht zu gefährden, und wechseln täglich den Schlafplatz.

»Wir werden Aleppo bald befreien«, sagt Abu Hamid, ein 36-jähriger Anwalt mit Stirnglatze und rotblondem Kraushaar, in dessen Hosenbund eine Pistole steckt. Wie alle hier hat auch er viele Freunde verloren. Polizisten und Schabiha-Milizen haben sie während Demonstrationen erschossen. Manche starben nach Folter in Gefängnissen. Mobiltelefone wandern von Hand zu Hand, darin die Bilder der Getöteten. Abu Kassim, ein 19-jähriger FSA-Kämpfer, zeigt einen Clip, in dem Rebellen zwei jungen Männern bei lebendigem Leib die Köpfe abschneiden und sie wie Trophäen einer Großwildjagd auf die Körper der Toten legen. Die Opfer sollen der Schabiha angehört haben und mehrere Menschen getötet haben. Der Richter der Männer ist gleichzeitig ihr Henker. Ein anderes Video zeigt die entstellten Leichen von fünfundzwanzig Männern. Auch sie sollen der Schabiha-Miliz angehört haben. »Wir haben sie getötet. Ich war dabei. Sie haben den Tod verdient«, sagt Abu Kassim und zündet sich eine Zigarette an. »Aber wir sollten ihnen nicht die Köpfe abschneiden. Das macht nur al-Qaida, und mit diesen Leuten wollen wir nichts zu tun haben.« Ein Kämpfer, der neben Abu Kassim sitzt, schüttelt den Kopf. »Patronen kosten Geld, das wir nicht haben. Köpfen ist billig. Solange uns niemand hilft, sind alle Methoden gerechtfertigt.«

Stundenlang diskutiert die Gruppe darüber, wie sie am

besten Waffen in die Stadt schaffen kann, welche Viertel zuerst befreit werden sollen. Ob man Assad und seine Anhänger töten oder vor ein Gericht stellen soll. »Kurzer Prozess«, sagen die einen. »Wir müssen den Hass eindämmen«, entgegnen die anderen. »Wir haben immer mit Christen und Alawiten zusammengelebt. Sie gehören zu Syrien. Diejenigen, die Verbrechen begangen haben, stellen wir vor Gericht, und sie erhalten ihre Strafe. Insch'allah«, sagt ein Anwalt mit dem Kriegsnamen Abu Harb. Während sie diskutieren, rauchen und mit viel Kaffee ihre Müdigkeit verscheuchen, ertönt von den Kasernen Aleppos das dumpfe Dröhnen der Artillerie, die Panzergranaten auf die Umgebung abfeuert. Die Männer zucken zusammen. »Die Angst ist unser ständiger Begleiter«, sagt Abu Hamid.

Kurz nach Mitternacht fallen Schüsse in der Nähe unseres Hauses. Die Oppositionellen postieren sich mit ihren Kalaschnikows an der Balustrade der Dachterrasse. Der Besitzer der Wohnung bringt seine fünf Kinder und seine Frau bei Nachbarn in Sicherheit. Abu Hamid, der Anwalt, entsichert seine Pistole und stellt sich neben die Eingangstüre, um gewappnet zu sein, falls Armee oder Polizei die Wohnung stürmen. Erst in den frühen Morgenstunden schlafen die Männer erschöpft ein.

Ende Oktober 2012 besuche ich Aleppo zum zweiten Mal. Der Krieg hat sich längst festgebissen wie ein Pitbull. Seit die Rebellen den Krieg nach Aleppo getragen haben, hat sich die Stadt in eine Hochburg des Widerstands verwandelt, und die Regierungstruppen belegen die von den Rebellen gehaltenen Viertel ununterbrochenen mit Beschuss aus Artillerie, Panzern, Kampfflugzeugen und Hubschraubern. In den verwinkelten Gassen der historischen Altstadt tobt jetzt ein grausamer Häuserkampf, der die Menschen einschließt in einem Kokon aus verirrten Kugeln, Raketen und Granaten. Seitdem sich Aleppo im Belagerungszustand befindet, ist Brot knapp geworden. Die Rebellen haben eigens zum Backen ausgebildete Einheiten abgestellt, um die Menschen mit Fladenbroten zu versorgen. Doch davon werden nicht alle satt. Täglich bilden sich lange Schlangen vor den wenigen noch geöffneten Bäckereien.

Wie jeden Tag laufe ich stundenlang durch die Stadt, besuche Krankenhäuser oder Leichenhallen, werde von wildfremden Menschen auf eine Tasse Tee eingeladen und höre mir ihre Geschichten an. In vielen Häusern haben sich Rebellen verschanzt. In einem Versteck muss ich mitansehen, wie ein Scharfschütze der Rebellen an einem Kopfschuss stirbt, den ein Scharfschütze der Regierungstruppen abgefeuert hat. Als ich eines Nachmittags durch das Schaar-Viertel laufe, donnert ein Kampfflugzeug über den Straßenzug und feuert zwei Raketen auf ein Wohnhaus ab. Die Welt versinkt in Dunkelheit. Dann sickert die Sonne wieder langsam hindurch. Ein fahler Strahl, der sich durch die Wolke aus Staub und Schutt einen Weg sucht. Mauerstücke und Möbel fallen vom Himmel. Eine schwere Stille hängt über der Straße. Gestalten entsteigen diesem Inferno, wankende und hustende Schatten.

Die Bewohner dieses Straßenzuges werden binnen eines Wimpernschlags aus dem Leben gerissen, mit der Wucht von zwei Raketen, abgefeuert aus einem Kampfflugzeug der syrischen Armee. Die Geschosse treffen das oberste Stockwerk eines Mietshauses, aus dem fünften Stock tänzeln Flammen. Die Explosion hat Balkone abgerissen, Fensterscheiben zerspringen lassen, Mauern geknackt.

Als sich der Staub legt und sich das Ausmaß der Zerstörung aus dem Dunst schält, beginnen die Menschen, ihr Leben im Schutt zu sortieren. Sie blicken aus Löchern, die herumfliegende Trümmer in die Wände getrieben haben, schütteln Staub aus ihren Haaren. Sie rufen sich gegenseitig zu, ob jemand verletzt oder getötet wurde, schreien um Hilfe, werfen kaputten Hausrat nach unten auf die Straße. Ein einbeiniger Mann hüpft über Schuttberge, lehnt sich an den Kotflügel eines Autos, das unter Mauerresten begraben ist. »Ja, es gab Tote«, sagt ein Mann und zeigt auf eine Wohnung, aus der Rauch aufsteigt.

Ibrahim stand im Flur, als die Rakete das Wohnzimmer traf, in dem seine Eltern vor dem Fernseher saßen. Die Explosion schleuderte ihn gegen die Wand, doch er blieb unverletzt. Er steht im fünften Stock des brennenden Hauses, Rauch quillt durch das Treppenhaus, Freunde und Nachbarn hetzen die Treppe rauf und runter, in den Händen Eimer und Behälter, gefüllt mit Wasser, in dem vergeblichen Versuch, die Flammen zu löschen. Deckenbalken glimmen, Hitze springt ins Gesicht, versengt Haare und Haut. Nebenan im Wohnzimmer sind Ibrahims Vater und Mutter gefangen, der Geruch von verbranntem Fleisch hängt in der Wohnung. Ein junger Mann übergibt sich im Treppenhaus. »War mein Vater ein Terrorist? War meine Mutter eine Terroristin?«, ruft Ibrahim und beginnt zu weinen. »Bashar al-Assad hat meine Eltern getötet! Wofür? Wofür?«

Nach einer Stunde ist das Feuer so weit unter Kontrolle, dass ein paar Männer über die Reste des Balkonsimses in das Wohnzimmer klettern können. Sie ziehen einen verkohlten Körper unter einem Tisch hervor, wickeln ihn in eine Plüschdecke und rufen: »Allahu Akbar! Allahu Akbar!«. Rauch quillt vom kokelnden Leichnam unter der Decke hervor. Ibrahim soll den Körper identifizieren, aber der ist so entstellt, dass er nicht sagen kann, ob er zur Mutter, ob er zum Vater gehört. »Baba? Mama?«, flüstert er fassungslos.

Selbst die Würde der Toten hat in diesem Krieg keinen Platz. Die verbrannten Leichen von Ibrahims Eltern liegen keine zwei Stunden nach dem Angriff auf der Ladefläche eines weißen Kleinlasters, der hupend durch die Straßen Aleppos rast. Am Märtyrer-Friedhof, am Stadtrand, bereiten Totengräber in Schichtarbeit neue Gräber vor. Es muss schnell gehen, zu oft schon wurden Beerdigungen mit Granaten belegt. In der Ferne fliegen Hubschrauber und Kampfflugzeuge, schwarze Rauchsäulen steigen in den Himmel, als man Ibrahims Eltern in einem namenlosen Grab aus Baustoffziegeln ablegt. Ein Verwandter spricht ein kurzes Gebet.»Ich habe die Hoffnung aufgegeben, dass uns jemand zu Hilfe kommt. Amerika, Europa, die Türkei, die Arabische Liga, die sehen alle zu und tun nichts«, sagt Ibrahim, als er sich von seinen Eltern verabschiedet hat.

Die Opfer dieses Krieges werden in ein ausgebombtes Krankenhaus ein paar Hundert Meter von der Front entfernt gebracht. Im Dar-al-Shifa-Krankenhaus hetzt Doktor Othman zwischen Leben und Tod hin und her. Er ist einer von sechs Ärzten, die nicht geflohen sind, obwohl zweihundert Meter entfernt die Panzer von Präsident Bashar al-Assad stehen. Die Verletzten kommen im Minutentakt, transportiert auf Rückbänken, Ladeflächen und in Kofferräumen. Helfer bringen verwundete Zivilisten und Rebellen in den Warteraum, schleppen Tote, die eine breite Blutspur auf den Fliesen hinterlassen. In einer Ecke im Erdgeschoss operiert ein Arzt einem Mädchen Schrapnellsplitter aus der Hüfte, die Kleine kreischt vor Schmerzen. Daneben steht ihr Vater, hält ihre Hand in seiner, den Blick an den Deckenventilator geheftet, damit die Tochter seine Tränen nicht sieht. Ein Pfleger massiert das Herz einer alten Frau, die man unter den Trümmern ihrer Wohnung hervorgezogen hat. Ein kleiner Junge steht schockstarr in einer Blutlache und ruft nach seinem Vater, der bewusstlos auf einer Sonnenliege liegt, weil es nicht genügend Betten und Bahren gibt. Vor dem Eingang des Krankenhauses liegen die Toten mit zusammengebundenen Händen und Füßen unter weißen Laken.

Inmitten des Chaos eilt Doktor Othman von Körper zu Körper, um seinen Hals baumelt ein Stethoskop, der Kittel ist blutverschmiert. Er geht zu einem Mann in Uniform, der auf einer Bahre liegt, unter der sich Blut am Boden zu einer großen Pfütze sammelt. Es ist ein Regierungssoldat. Aus einer Schusswunde am Oberschenkel sickert schwarzes Blut. Doktor Othman zieht eine Spritze mit Adrenalin auf, legt Kanülen, ein anderer Arzt pult die Kugel aus der Einschusswunde. Dann eilt er zum nächsten Patienten, eine Frau. Ein Schrapnell hat ihr einen Teil des Hinterkopfes weggerissen. Sie ist tot. Doktor Othman schließt ihr die Augen, dann tragen Pfleger die Tote auf die Straße, bis sie von Verwandten abgeholt wird. »Es ist erstaunlich, wie viel Elend die menschliche Seele ertragen kann«, sagt Othman. Vor drei Monaten, als die ersten Bomben die Opfer in die Intensivstation spülten, zitterten seine Hände so stark, dass er das Skalpell nicht halten konnte. Seitdem erklimmt er jeden Tag den Gipfel des Erträglichen, und in den wenigen Ruhepausen versucht er, die Bilder zu vertreiben, die sich in seinem Kopf eingenistet haben und die ihn nachts nicht schlafen lassen. Das dumpfe Krachen der Panzergranaten ist zum Soundtrack seines Lebens geworden.

Sechsmal ist das Krankenhaus direktes Ziel von Luftangriffen gewesen, mehr als zwanzigmal schlugen Granaten in unmittelbarer Nähe ein. Die obersten Stockwerke sind zerstört, niemand wagt sich mehr dorthin, die Patientenzimmer sind leer, die Babystation mit den Brutkästen: zerstört. Die Einrichtung und Gerätschaften: zertrümmert. Für die syrische Regierung sind auch Krankenhäuser legitime Ziele.

Doktor Othman ist ein schmaler Mann, der in einem grünen Arztkittel steckt; das Neonlicht der Deckenbeleuchtung zeichnet dunkle Ringe unter seine müden Augen. Seine Haut wirkt fahl wie Milch. Seit Tagen hat er kaum geschlafen. Nur ein paar Stunden im Keller der Klinik, neben sterbenden, schreienden und stöhnenden Patienten. »Wir haben hier täglich bis zu hundertfünfzig Patienten. Etwa achtzig Prozent sind Zivilisten. Der Rest FSA-Kämpfer oder Regierungssoldaten.«

Erschöpft lehnt er sich gegen eine Wand, das Sprechen bereitet ihm Mühe, die Augen flackern vor Müdigkeit. Es dauert lange, bis er das Grauen in Worte fasst. »Die meisten Verwundeten benötigen Amputationen. Wir brauchen mehr Personal«, sagt er und reibt sich die Augen. »Gestern hatten wir viele tote Kinder«, weil ein Kampfflugzeug eine Bäckerei in einem Vorort von Aleppo angegriffen habe, vor der Hunderte Menschen für Brot anstanden. »Ich bin ausgelaugt vom Krieg. So viel Leid, so viele Tote. Wir werden beschossen, bombardiert und getötet, aber wir werden durchhalten bis zum Ende, bis Bashar al-Assad vertrieben ist.« Er zuckt mit den Schultern, als draußen auf der Straße Maschinengewehre knattern. Rebellen versuchen einen Hubschrauber abzuschießen, der über dem Krankenhaus kreist. Kurz darauf schlagen Granaten ein, die nächste Welle von Verwundeten schwappt in Doktor Othmans improvisierte Operationssäle.

Drei Wochen war ich in Aleppo und anderen Teilen Syriens. Manchmal fehlen mir die Worte, um meine Erlebnisse aufzuschreiben. Aber aufschreiben muss ich es. Weil die Internetverbindungen zusammengebrochen sind, verlasse ich Aleppo, fahre nach Istanbul. Die ARD-Tagesthemen wollen mein Material des Raketenangriffs senden, *Spiegel TV* auch. Ein paar Magazine wollen Reportagen drucken. Ich muss schreiben, Bilder bearbeiten, Filmschnipsel verschicken. Ich bin dankbar dafür. Die Arbeit ist mein Schutzschild. In den Pausen gucke ich CNN, BBC, Al-Jazeera, sauge jeden Bericht auf. Oder ich skype mit Freunden in Aleppo oder Idlib. Mein Leben scheint sich nur noch um Syrien zu drehen. Immer wieder erhalte ich Leserbriefe. Darin steht, dass die Rebellen doch auch Verbrecher seien, nicht besser als das Regime, gegen das sie kämpften. Wen interessiere Syrien, das seien doch nur Moslems, die sich gegenseitig abschlachteten. Die Diktatorenversteher sagen, dass Assad doch gar nicht so schlimm sei. Andere meinen, er sei wohl besser als das, was nach ihm komme, ohne genau zu wissen, was dies genau sein könnte. Die Frage nach der richtigen Strategie ist legitim. Die Bundeswehr hockt seit Jahren in Afghanistan, und trotzdem hat sich nicht viel verbessert. Die Taliban verüben weiter Bombenanschläge in dem Land. Was wäre die Alternative? Würde sich Assad an eine Flugverbotszone und einen geschützten Korridor halten? Kann man dem gesamten Westen Tatenlosigkeit vorwerfen? Ist es nicht alles viel komplizierter? Die UNO schickt einen Sonderberater nach dem anderen zu Friedensgesprächen. Jeder von ihnen scheitert, kapituliert vor den leeren Versprechungen beider Seiten; Lakhdar Brahimi, Kofi Annan, Steffan de Mistura. Außerdem, so heißt es, habe man ja an Libyen gesehen, was dabei rauskommt, wenn man sich einmischt. Doch auch die Politik des Nichteinmischens bewirkt nur, dass der Krieg von Monat zu Monat brutaler geführt wird. Zehntausende Tote, Millionen auf der Flucht, ein Diktator, der Wohnviertel bombardieren lässt, wobei immer mehr Zivilisten als Rebellen ums Leben kommen. Menschen, deren einziges Verbrechen darin besteht, in den von Rebellen gehaltenen Wohnvierteln zu leben. Kaum ein Tag vergeht, an dem nicht an irgendeinem Ort in Syrien Kriegsverbrechen geschehen: zwanzig Tote bei einem Angriff auf eine Bäckerei, in der hungrige Menschen stundenlang anstanden, um ein paar Fladenbrote zu ergattern. Raketen auf Krankenhäuser. Familien, die auf der Flucht von Scharfschützen beschossen werden. Massenexekutionen. Alltag in Syrien. So weit weg von Deutschland.

Dabei wäre es mit ein bisschen politischem Willen und internationalem Druck vermutlich relativ einfach gewesen, eine Flugverbotszone einzurichten. Die Gefahr einer direkten militärischen Konfrontation des Westens mit Russland gab es damals noch nicht. Wladimir Putin hatte noch nicht in den Krieg eingegriffen, die russische Luftwaffe flog keine Angriffe. Es wäre wohl möglich gewesen, einen geschützten Korridor für Flüchtlinge zu schaffen. Uneingeschränkten Zugang für UN- und Hilfsorganisationen zu erzwingen, um Flüchtlinge zu versorgen und Zivilisten vor dem wahllosen Bombardement der syrischen Luftwaffe zu schützen. Die paar Patriot-Raketen, die von gelangweilten deutschen Soldaten auf türkischem Boden bewacht werden, sind reine Augenwischerei, ein Feigenblatt für das Gewissen der Welt. Assad ist brutal, aber nicht dumm. Ein NATO-Mitglied hätte er mit Sicherheit nicht angegriffen. Allein die Drohung, etwas zu unternehmen, hätte wahrscheinlich ausgereicht. Man weiß es nicht. Die Chance wurde vertan. Mal wieder.

Syrien wird als weiterer Massenmord in die Geschichte eingehen, bei dem die Welt zusah und sich hinterher schwor: Nie wieder! Not on our watch. Die früheren Massenmorde? Vergessen. Wieder sucht die Weltgemeinschaft nach Ausreden, schickt Plattitüden und Mitleidsbekundungen nach Syrien, dreht den Syrern den Rücken zu. Die Fiaskos im Irak und in Afghanistan haben die Courage der Weltöffentlichkeit schrumpfen lassen. Keine Abenteuer mehr. Lieber wegsehen, ausblenden, Kopf in den Sand stecken.

Kapitel 8: Der Scheich von Aleppo

Ich stehe im Dar-al-Shifa-Krankenhaus von Aleppo in einer Blutlache und sehe den Bewohnern Aleppos beim Sterben zu, als mir ein großer, dicker Mann auf die Schulter klopft. Ein dichter Bart umrahmt sein Gesicht, auf dem Kopf sitzt ein Turban. Will er mich aus der Klinik scheuchen? Vielleicht stört ihn meine Anwesenheit, vielleicht will er, dass seine Freunde und Nachbarn unbeobachtet um ihre Angehörigen trauern können. Ohne dass ein Fremder filmt. Aber der Mann lächelt. Er nimmt meine Hand, schüttelt sie kräftig. »Danke, dass Sie sich für das Leid meines Volkes interessieren«, sagt er. Er spricht gutes Englisch. »Wo schlafen Sie heute?«, fragt er. Eigentlich hatte ich vor, im Keller des Krankenhauses zu schlafen. »Das ist nicht sicher, mein Freund. Du wohnst bei meiner Familie. Keine Widerrede!«

So lerne ich Scheich Abu Yazan kennen. Die nächsten Wochen lebe ich in seiner kleinen Wohnung in Tarik al-Bab, einer ärmlichen, konservativen, hauptsächlich von Sunniten bewohnten Gegend Aleppos. In dieser Zeit wird Abu Yazan zu meinem Beschützer, Vertrauten, Freund. Die Menschen in seinem Viertel nennen ihn einfach: Scheich. Weil er studiert hat. Weil er Mekka besucht hat. Weil er den Ausnahmezustand des Krieges nicht hinnehmen möchte. Er ist eine Autorität. Die kommenden Wochen begleite ich Abu Yazan bei seinem Versuch, das Chaos zu ordnen.

Wie jede Woche verteilt er Lebensmittelpakete an die Bedürftigen seines Viertels. Er steht inmitten einer Menschentraube. Eine schwarz verschleierte Frau küsst ihm die rechte Hand. Wie sie den Beutel an sich drückt. Das schwarze Plastik umklammert, als hielte sie sich an der Tüte fest. »La ilaha illa

Allah«, flüstert die Frau im schwarzen Mantel und Hijab. Es gibt keinen Gott außer Gott; aber Neider gibt es. Sechs Hände greifen gleichzeitig nach der Tüte, reißen an ihr. Denn darin ist ein Schatz: ein Kilo Reis, Speiseöl, Bohnen, Zucker, Salz, zwei Dosen Thunfisch, trockenes Fladenbrot, Kekse. Hier im Zentrum Aleppos sichert das einen weiteren Tag des Überlebens.

Die Frau tritt einen Schritt zurück, schüttelt sich frei und rennt los. Zurück bleibt Abu Yazan, umringt von Dutzenden verschleierter Frauen. Was soll ich denn machen?, sagen seine hilflosen Gesten. Den ganzen Vormittag hat er in der schwarzen Galabija und dem Vollbart, der an den Rändern grau ausfranst, in der ausgebombten Schule über Tabellen und Bestandslisten gebrütet. 223 Hilfspakete für 654 Bedürftige. Jetzt drängen ihn Frauen gegen die Wand seiner kleinen Lagerhalle, sie fordern, betteln, bitten. »Wir haben Hunger!«, schreien sie. Eine Frau hebt ihre Tochter hoch, drückt sie Abu Yazan gegen die Brust: »Hier, bitte nimm meine Tochter bei dir auf.« Da zischt eine Kugel über seinen Kopf hinweg, abgefeuert irgendwo von einer der vielen Fronten in Aleppo. War es nur eine verirrte Kugel oder ein Scharfschütze, der gezielt in die Menge schießt? Panik. Alle werfen sich auf den Boden.

Abu Yazan nutzt die Gelegenheit, springt hinaus, läuft links in eine Seitengasse, dann ist er zu Hause. Mit hängenden Schultern, als würde ein unsichtbares Gewicht sie nach unten ziehen, steigt er die Treppen zu seiner Wohnung hinauf, in der es seit Wochen weder Strom noch fließend Wasser gibt.

Abu Yazan ist einer jener Revolutionäre, die ohne Waffe gegen das syrische Regime kämpfen. Anstatt auf Menschen zu schießen, organisiert der 46-Jährige das Gemeinwesen, baut mit am Syrien von morgen, während das Regime Anfang des Jahres 2013 zwar wankt, aber noch längst nicht fällt. Der

Staat führt Krieg gegen seine Bürger, zieht sich zurück und hinterlässt Löcher. Menschen wie Abu Yazan versuchen diese Lücken zu füllen.

»Ich bin Elektroingenieur, kein Politiker«, sagt Abu Yazan, als er die Tür zur Wohnung aufschließt. »Ich hatte einen kleinen Laden, wo ich Computer und Radios reparierte.« Es klingt, als spräche er von einem anderen Zeitalter. Er benetzt Gesicht und Nacken mit braunem Wasser aus einem Eimer. »Anfangs, als noch nicht die Waffen sprachen und wir uns erstmals mit Demonstrationen auf die Straße trauten, trafen wir uns in konspirativen Wohnungen.« Nachbarschaftsvertreter, ehemalige Regierungsbeamte, Islamgelehrte, Lehrer, Ärzte, Studenten, Moslembrüder, Akademiker, die im Frühling 2012 darüber diskutierten, wie eine moderate islamische Republik aussehen könnte, wie Wahlen zu organisieren seien oder welche Strafen gerecht wären für die Schergen des Diktators. »Damals hat kaum jemand daran geglaubt, dass wir unser Ziel erreichen könnten.«

Doch im Sommer 2012 kam der Krieg schließlich auch nach Aleppo. Die Müllabfuhr fuhr plötzlich nicht mehr, die Geschäfte schlossen. Du musst etwas unternehmen, habe er damals gedacht. So wurde Abu Yazan ein Führer ohne Amt.

Er sammelt Geld, Lebensmittel und Medikamente bei reichen syrischen Geschäftsleuten, Freunden und islamischen Hilfsorganisationen. Stellt Freiwilligenkommandos zusammen, die den zuweilen meterhohen Müll wegräumen, besorgt Feuerholz und Petroleum gegen die Kälte, beerdigt die, deren Namen keiner kennt, schlichtet Streitigkeiten unter Nachbarn. In anderen Stadtteilen gibt es auch Männer wie ihn. Manchmal eröffnen sie zusammen Schulen und Gerichte, die ein Mindestmaß an Recht herstellen. Als Nächstes ist der Aufbau einer Polizei geplant, um die Plünderungen zu stoppen und den Einwohnern Aleppos ein Gefühl der Ordnung und Sicherheit zu vermitteln. Sie schaffen es trotz allem, eine funktionierende Verwaltung aufzubauen. Es gibt Schulen, Gerichte, Amtsstuben. Eine Art Parallelstruktur.

Ich frage mich, wie aus dem Radiotüftler Abu Yazan ein ziviler Held im syrischen Krieg wurde. »Vielleicht hängt das mit meiner Herkunft zusammen«, sagt Abu Yazan und beginnt zu erzählen.

Jahrzehntelang lebten die Menschen in Syrien in Frieden. Gemordet und gefoltert wurde auch damals, aber nur hinter dicken Mauern, und es traf nur jene, die nicht schwiegen. Einen Mittelweg zu finden zwischen totaler Unterordnung und Tod oder Exil – das fiel schwer. Abu Yazans Vater gelang es.

Der engagierte sich in Aleppo als Vorsitzender der Bauerngewerkschaft in den Achtzigerjahren für bessere Preise und die Belange der Bauern. Er hätte Karriere machen können. Doch das war ihm nicht wichtig. Bestechlich war er auch nicht. Vor allem aber bemühte er sich nicht um eine Mitgliedschaft in der Baath-Partei Hafiz al-Assads, des Vaters des jetzigen Präsidenten. Seine Kollegen lachten ihn wegen seiner Einstellung aus. So lebte er. Bescheiden, aber respektiert. Als Abu Yazans Vater starb, nahmen dreitausend Menschen Abschied von ihm. Denselben Respekt zollen sie nun seinem ältesten Sohn.

Eine Stunde lang hat Abu Yazan erzählt. Jetzt gähnt er, zuckt plötzlich wie ertappt zusammen und springt auf. Er muss wieder los. Es ist 14 Uhr, als Yazan in einem klapprigen Toyota zu einem unscheinbaren Wohnblock im Hanano-Viertel Aleppos fährt. Hier befindet sich das Hauptquartier der »Islamischen Front zur Befreiung Syriens«. Eine Art Zivilrat aus moderaten Muslimen, Salafisten, Islamisten und Säkularen, die sich zusammengeschlossen haben, um in der Stadt für Ordnung zu sorgen. Mehrfach wurde das Gebäude bombardiert, ein Krater im Hinterhof und Narben im Beton zeugen davon. Am schmiedeeisernen Eingangstor stehen bewaffnete Rebellen, die Hunderte von Bedürftigen, hauptsächlich Frauen mit Kindern, davon abhalten, das Gebäude zu stürmen. »Geduld! Wartet, bis ihr an der Reihe seid!«, ruft ein Wächter und versperrt einer alten Frau den Zugang mit seiner Kalaschnikow. »Bitte, lasst uns ein«, sagt die Alte. »Wir haben Angst vor den Flugzeugen.«

Abu Yazan schiebt sich durch die Menge, wimmelt Menschen ab. »Wir haben eine Ladung Mehl aus der Türkei bekommen.« Die Spenden müssen nun gerecht verteilt, Streit und Missbrauch vermieden werden. Im Hauptflur füllt ein junger Mann Milchpulver in Plastiktüten.

Abu Yazan ist gekommen, um heute ein Urteil zu fällen. Als Islamgelehrtem steht es ihm zu, Recht auf der Basis der Scharia zu sprechen; die offiziellen Gerichte arbeiten ja auch nicht mehr. In einem Nebenraum stehen zwei Jungen, 18 und 19 Jahre alt. Sie zittern am ganzen Körper. Abu Yazan mustert sie, setzt sich an ein Pult, blättert in einer Akte, mustert die Jungs wieder. »Aha, was haben wir hier? Diebe also. Hmm«, murmelt er, ohne die Angeklagten eines Blickes zu würdigen. »Hat man euch also erwischt.«

»Scheich, bitte lass es mich erklären«, bettelt einer der beiden. Abu Yazan hebt die Hand, dass er schweigen soll. Der Junge verstummt sofort.

»Was soll ich denn jetzt mit euch machen?« Abu Yazan legt eine Kunstpause ein. »Ich weiß es. Ich übergebe euch Jabhat al-Nusra, die hacken euch die Hand ab. Wie findet ihr das?«, sagt er und zwinkert seinem Protokollschreiber zu, der leise in sich hineinkichert.

»Scheich, bitte, bitte nicht. Es wird nie wieder vorkommen. Es tut uns leid. Bitte«, flehen die Angeklagten.

»Und Waffen hat man bei euch auch gefunden«, erwidert Abu Yazan und fuchtelt mit einem Taschenmesser vor den beiden herum. »Eindeutig ein Fall für al-Nusra. Verabschiedet euch von euren Händen.«

Daraufhin beginnen die beiden Jugendlichen zu weinen. Bis Abu Yazan dem bösen Spiel ein Ende bereitet. Er hält noch einen zwanzigminütigen Monolog darüber, dass Diebstahl die Revolution untergrabe, die Seele vergifte und gegen die Lehren des Koran verstoße. Dann fällt er sein Urteil: »Dreißig Stunden Arbeitsdienst hier im islamischen Zentrum, und ich spreche mit euren Eltern. Morgen um zehn Uhr meldet ihr euch zum Dienst. Und jetzt verschwindet!« Mit vor Scham gesenkten Häuptern schlurfen die beiden aus dem Zimmer. Als die Tür zufällt, schlägt er sich vor Lachen auf die Schenkel. »Ich hätte sie natürlich niemals den Islamisten übergeben.«

Auf dem Heimweg möchte Abu Yazan noch eine Familie besuchen, um ein paar Hilfsgüter abzuliefern: eine Plastiktüte mit Reis, ein bisschen Fladenbrot, einen Apfel, Speiseöl und Seife. In einer Seitengasse führt eine Treppe nach unten in den dunklen Keller eines Mietshauses; neun verängstigte Menschen leben hier. In der Dunkelheit hocken vier Kinder auf feuchtem Beton, gespenstische, schemenhafte Gestalten. Wie kleine, knochige Kobolde, die Arme gegen die Kälte um ihre ausgemergelten Körper geschlungen. Ein Junge hat einen rasselnden Husten. Ein Mädchen weint. Keine Kerze, nur vom Treppenhaus dringt schummriges Licht herab. Von der Decke ihres Verlieses tropft Wasser.

Die Mutter, die ihren Namen und den ihrer Kinder aus Angst nicht nennen möchte, sitzt daneben, das Gesicht hinter einem schwarzen Gesichtsschleier versteckt, aus dem traurige Augen blitzen. Der Vater kämpft an irgendeiner Front. Vielleicht ist er auch schon gefallen. Die Frau hat seit Wochen nichts mehr von ihm gehört, und die Kinder haben ihr Gefängnis seit Monaten nicht verlassen, keinen einzigen Tag das Sonnenlicht gesehen. »Ich mache mir Sorgen wegen der Angriffe. Ich lasse die Kinder nicht raus«, sagt die Mutter. Kein Tag vergeht, ohne dass ihr Viertel mit Granaten belegt wird, und so ist dieser kalte, nasse und dunkle Keller zu einer Art Zufluchtsstätte vor dem Krieg geworden, der ein paar Meter über ihnen tobt. Seit fünf Monaten verstecken sie sich hier unten. »Wir haben kaum etwas zu essen gehabt. Wir bekommen Reis, aber den habe ich verkauft, weil wir kein Gas zum Kochen haben. Seht her, wir haben nichts. Es fehlt an allem. Nicht mal Kleider, keine Schuhe! Meine Kinder frieren und hungern. Und die Zähne der Kleinen gehen kaputt, weil sie keine Milch bekommt«, ruft die Mutter empört, und ihre Stimme überschlägt sich, bis nur noch ein ersticktes Schluchzen zu hören ist. Dann dringt das dumpfe Krachen explodierender Panzergranaten in das Kellergewölbe. Die Kinder kriechen in die hinterste Ecke des Gewölbes. Dort verschluckt sie die Dunkelheit. Abu Yazan und ich verabschieden uns.

Viele Kollegen sagen, die Kamera sei wie ein Schutzschild, um das Grauen fernzuhalten. Ich sehe das anders. All die Erlebnisse, Begegnungen, der Horror, prallen ungefiltert auf mich ein wie Kometeneinschläge. Die Kamera, mein Notizbuch, mein Beruf sind nur die Legitimation, um an diesem Ort zu sein. Nur weil ich weiß, dass Menschen in Deutschland meine Berichte lesen, meine Filme sehen werden, fühle ich mich berechtigt, in das Leben der Syrer einzudringen. In ihren Wunden zu wühlen. Ihre Toten zu filmen. Ihnen beim Verrecken zuzuschauen. Es gibt Tage, da fühle ich mich nur taub, abgestumpft. Wie viel fremdes Leid kann ich noch ertragen? Nach den Wochen in Aleppo zucke ich kaum noch zusammen, wenn eine Granate oder die Kugel eines Scharfschützen neben mir einschlägt. Es wird normal, dass ich den Tag mit der Frage beginne, wie viele Menschen ich heute sterben sehe. Es ist erschreckend: Aber man gewöhnt sich an alles. Der Mensch ist ein seltsames Wesen. Er zerstört seine Lebensgrundlage und findet dann Wege, in dieser zerstörten Welt zu überleben. Und meine Aufgabe ist, das zu dokumentieren.

Abu Yazan lernte schon als Kind, sich nicht zu verstecken. Begeisterte sich erst für die Kampfsportart Kung-Fu und später für die Lehren des Koran. »Kampfsport und Religion haben meinen Verstand geschärft«, sagt er und erzählt, wie er sich wie Bruce Lee kleidete und so auch in die Moschee ging. Er folgte dem Gebot des Propheten, ständig den Geist zu schulen. Lernen, ein Leben lang, um das Wissen weiterzugeben. So studierte er erst Biologie und Elektroingenieurwissenschaften, später schulte er seinen Glauben an den Universitäten von Damaskus, Aleppo und Tripoli, studierte dort den Koran und lernte ihn auswendig, machte einen Abschluss in Islamwissenschaften. Er war jetzt ganz nah bei seinem Gott, und die Menschen begannen, ihn Scheich zu nennen. Die Kinder seines Viertels unterrichtete er in Kung-Fu und gab Nachhilfe in Biologie, Englisch und Physik. Kostenlos, weil »der Koran es verbietet, für Unterricht bezahlt zu werden«. Freitags predigte er in der Moschee. »Es ist meine Pflicht, Gutes zu tun. So steht es im Koran, so will es Allah.« Vor der Revolution hielt er seine Familie mit einem kleinen Reparaturladen im Erdgeschoss unter seiner Wohnung über Wasser. Es reichte für eine kleine Wohnung und eine Reise nach Mekka. »Es war ein einfaches, gutes Leben.« Seine neue Rolle nahm er an, weil er ein Vorbild sein wollte. Übernahm Verantwortung und hoffte, weder an ihr zu zerbrechen noch sie zu missbrauchen.

Das mit dem Zerbrechen ist indes so eine Sache. Abu Yazan setzt sich am frühen Abend erschöpft in sein Wohnzimmer. Der Tag war lang. Er wirft die letzten Holzscheite in einen Ofen. Seitdem es keinen Strom mehr gibt, schlagen Anwohner die Bäume Aleppos zu Brennholz. Sein Sohn Mustafa begrüßt den Vater, küsst ihm die Hand, nimmt ihm die Jacke ab und berichtet die neuesten Schreckensmeldungen: Eine Rakete traf ein Wohnviertel im benachbarten Stadtteil Hanano, eine Granate tötete neun Kinder in einer Gasse, und in Bustan al-Qasr haben Anwohner die Leichen von 110 Männern aus dem Fluss Queiq gezogen. »Allen wurde in den Kopf geschossen, und ihre Hände waren auf den Rücken gefesselt, Baba«, berichtet Mustafa. Wie ein irrwitziger Kontrast dringt von der Straße Kinderlachen in die Wohnung. Yazans jüngster Sohn Qusai spielt mit Nachbarskindern eine Art Murmeln. Nur dass sie keine Murmeln haben, sondern leere Patronenhülsen, die auf die Straße prasselten, als ein Regierungshubschrauber das Viertel beschoss. Ein Kampfjet donnert im Tiefflug über Tarik al-Bab; Qusai kommt weinend in die Wohnung gelaufen und schmiegt sich an das Bein seines Vaters.

Abu Yazan ist ein großer, massiger Mann mit gütigen Augen, die ihn zerbrechlich wirken lassen. Ein frommer Moslem, gemäßigt, aber traditionell konservativ in seiner Glaubensinterpretation; ein Mann, der sich ständig die Frage stellt, wie er Lehren und Werte aus dem 7. Jahrhundert in eine moderne Gesellschaft integrieren, Glaube und Vernunft vereinen kann. Nach dem Krieg, natürlich. Aber: »Allah hat mir darauf noch keine Antwort gegeben«, sagt er und legt den Kopf in den Nacken, schließt die Augen, schläft ein und schreckt hoch, als der vierjährige Qusai mit einem Satz auf seinen Bauch hüpft und »Assad ist ein Esel« und »Gott ist groß!« ruft. Der Vater lächelt müde.

Früher beschäftigten ihn Fragen, die weniger existenziell waren. Angestaubt liegen jetzt seine Romane in einem Umzugskarton im Schlafzimmer: *Der Graf von Monte Christo*, *Les Misérables*, *Krieg und Frieden*, Dostojewski, Hemingway, Agatha Christie, Sir Arthur Conan Doyle – Luxus aus vergangenen Tagen. Heute fallen Bomben vom Himmel, und Kugeln zischen über seinen Kopf. Seine Familie ist vom Dauerbeschuss traumatisiert, die Söhne wachen nachts schreiend auf, die Tochter schläft manchmal tagelang nicht, und seine Frau traut sich nicht mehr auf die Straße. Ist Versöhnung unter diesen Umständen überhaupt möglich? »Wir haben keine

Alternative, wenn wir Syrien retten wollen«, erwidert Abu Yazan.

Am nächsten Morgen vertreibt er mit dem zweiten Aufguss schwarzen Tees seine Müdigkeit für einen Moment. Schlecht schläft er seit Langem – so viele Pläne im Kopf und so viele Gespenster in der Nacht. Wie genau Versöhnung erreichbar wäre und was nach Assad kommt, weiß auch er nicht. Demokratische Wahlen? Ein gemäßigter islamischer Staat nach türkischem Vorbild? Scharia? Wer weiß.»Im Augenblick sind die Menschen damit beschäftigt zu überleben. Aber auf keinen Fall dürfen wir es zulassen, dass die Diktatur Assads von einer islamischen Diktatur abgelöst wird, wie es die Islamisten wollen.« Um ihn herum knallt und kracht es. Abu Yazan lächelt zuversichtlich in den Morgen.

»Gott hat einen Plan für mich. Und ich muss ihn erfüllen«, sagt er. Doch dieser Plan lastet schwer auf seinen Schultern. Besonders wenn wie heute Kriegswitwen vor seiner Haustür stehen und er sie nach Hause schicken muss, weil er nichts mehr zu geben hat. Hat er Angst? Pause. Nachdenken. Dann ein schwaches Nicken. Um gleich darauf in den Toyota zu steigen, der ihn an die Front bringt; drei seiner vier Brüder kämpfen dort. Sein Fahrer ist geübt darin, den Tod zu umfahren, weiß, wo die Heckenschützen lauern, wo gerade gekämpft wird. Auf der Rückbank sitzt Abu Yazans Leibwächter Yusuf, der Sohn eines Verwandten, ein schmächtiger 22-Jähriger, der seine Kalaschnikow so fest umklammert, dass seine Knöchel weiß hervortreten. Doch zuerst fahren wir in ein geheimes Krankenhaus von Aleppo, das auf dem Weg zur Front liegt. Ich will Blut spenden. Die Konserven gehen in Aleppo zu Ende.

Das Dar-al-Shifa-Krankenhaus, im dem ich im Juli Doktor Othman traf, wurde im November von einer Rakete zerstört. Nur ein paar Schritte von der Ruine entfernt befindet sich nun das Ersatzkrankenhaus in einem ehemaligen Einkaufszentrum. Dort steht Doktor Abdul vor einer Bahre, auf der ein toter Junge liegt. »Warum hilft uns niemand«, fragt er verzweifelt, beschimpft das Regime, klagt Europa und Amerika an. »Indem die Welt zusieht, hilft sie dem Regime, uns zu töten!« Dann schimpft er auf Dschihadisten und Islamisten, die immer mehr an Einfluss gewännen, weil sie die Lücke, die andere offen ließen, mit Waffen und Kämpfern füllten. »Das sind Verrückte, die die Revolution und den Islam verraten. Wir teilen deren Auffassung des Islam nicht, aber wir können es uns nicht leisten, wählerisch zu sein. Wir müssen die akzeptieren, die uns helfen wollen, weil es sonst niemand tut«, sagt er und fügt hinzu, dass das syrische Volk nicht die Diktatur Assads gegen eine islamistische austauschen möchte. Zur gleichen Zeit explodiert eine Granate im Viertel Hanano. Kurz darauf werden noch mehr Menschen mit abgetrennten Gliedmaßen und klaffenden Wunden in die Einkaufspassage gebracht.

Eine Schwester führt mich in ein Nebenzimmer und zieht den Vorhang zu. Als der Arzt mir die Kanüle in die Vene sticht, fragt Yusuf besorgt, ob das Blut eines Ungläubigen einen Moslem retten könne. Abu Yazan gibt ihm einen freundschaftlichen Klaps auf die Stirn und erklärt Yusuf, dass er sich um mein Blut keine Gedanken machen müsse, auch das Blut von Ungläubigen könne Moslems retten. Daraufhin umarmt mich der Leibwächter und schwört, dass er mich von jetzt ab mit seinem Leben beschützen werde.

Abu Yazans Brüder und Cousins kämpfen im Viertel Karm el-Jabal, unweit der historischen Altstadt. Der Familienbesuch ist gefährlich, drei Straßenzüge muss Abu Yazan überqueren, die von feindlichen Heckenschützen gehalten werden. »Wir sehen uns auf der anderen Seite, insch'allah«, sagt er, und wir rennen geduckt hinüber. Wann immer es geht, besucht er seine Brüder, die eine andere Form des Widerstands gewählt haben als er. Zwei von ihnen arbeiten als Läufer und Kuriere, rennen von Einheit zu Einheit, die sich in den zerschossenen Wohnungen verschanzt haben, und versorgen sie mit Munition. Der andere ist Kommandeur eines kleinen Trupps, der Stellungen und Checkpoints der Regierung angreift, Hinterhalte plant oder Panzer beschießt. »Salam aleikum«, begrüßen sich die Brüder, Friede sei mit dir.

Sie sitzen in einem Eckhaus, das im toten Winkel der Scharfschützen liegt, um einen Ofen herum. Draußen peitschen Schüsse und explodieren Granaten. Drinnen trinken sie gezuckerten Tee, beten gemeinsam und reden über die Toten der vergangenen Tage. Dass den Kämpfern langsam die Munition ausgeht. Seine Brüder glauben, der Sieg sei nah. Aber das tun sie schon seit Monaten. Seit einigen Wochen setzt das Regime auch Scud-Raketen ein, um den Willen der Aufständischen zu brechen. Senkrecht aufgestellt ist diese Waffe so hoch wie ein Reihenhaus und kann ganze Wohnviertel zerstören. Hunderte Menschen sind durch sie in den vergangenen Wochen ums Leben gekommen. Immer mehr Väter beweinen ihre Söhne, Frauen ihre Ehemänner. 70 000 Tote in zwei Jahren, wie soll ein Land das verkraften? Schweigen. Ratloses Schulterzucken. Zum Abschied schreibt Abu Yazan mit einem Filzstift »Allahu Akbar« an die Wand, Gott ist groß. »Es soll meine Brüder beschützen. Insch'allah«, sagt er. »Insch'allah«, murmeln die Brüder. Es klingt hilflos.

Karm el-Jabal ist nach sechs Monaten Häuserkampf eine Ruinenlandschaft, in der die Scharfschützen auf beiden Seiten den Tagesrhythmus bestimmen. Eingestürzte Stockwerke, Schuttberge, ausgebrannte Geschäfte, entmenschtes Niemandsland. Ständig explodieren Granaten, in den ausgebombten Straßenzügen rosten Panzerwracks und liegen Tote, die niemand bergen kann, und noch immer desertieren Regierungssoldaten und schließen sich der Freien Syrischen Armee an. Als ein junger Mann in Uniform über eine Straße läuft, durchschlägt eine Kugel seine Wade. Er krümmt sich am Boden, ein Rebell zieht ihn aus der Schusslinie. »Hätte er mich doch nur im Kopf getroffen. Dann wäre alles vorbei«, ruft der Mann im Schock.

»Ich sehe, wie unsere jungen Männer kämpfen, aber ich sehe nicht, wie sie den Armen helfen«, flüstert er auf dem Rücksitz des alten Toyotas wie zu sich selbst. »Eine Kugel tötet schnell. Aber die Situation, in der wir uns befinden, foltert den Verstand, tötet von innen und vergiftet uns mit Angst und Hass.« Es ist auch die Zeit, in der sich immer mehr ausländische Kämpfer den syrischen Rebellen anschließen. In einem Stützpunkt werde ich von Dschihadisten aus Aserbaidschan verhört, die wissen wollen, was ich in Aleppo mache. Als Ungläubiger hätte ich hier nichts zu suchen. Sie schauen böse, tragen lange schwarze Bärte und zeigen immer wieder erst auf ihre Gewehre und dann auf mich. Es ist das erste Mal, dass ich mich als unerwünschte Person fühle. Erst als Abu Yazan für mich bürgt, lassen sie von mir ab. Ein anderes Mal hält ein Auto neben mir. Ein junger, europäisch aussehender Mann ruft mich herbei. Wo ich herkomme, fragt er mich auf Englisch. Deutschland, antworte ich. Daraufhin ruft er erfreut und auf Deutsch, dass er lange in Kassel gelebt habe, aber eigentlich aus dem Kosovo stamme. Jetzt sei er hier, um den Märtyrertod zu sterben. Dann wünscht er mir einen guten Tag und fährt davon. Und als ich einmal eine Gruppe Rebellen filmen will, hält mich ein Bekannter davon ab. Das seien Kämpfer aus Tschetschenien, die solle ich besser nicht filmen.

Der Krieg hat sich verändert, und er hat Abu Yazan verändert. Er hat gelernt, seine Angst zu unterdrücken, das Grauen auf Distanz zu halten. Handlungsfähig zu bleiben und die Töne des Krieges zu unterscheiden. Am Klang kann er abschätzen, wie weit entfernt eine Granate explodiert, wie eine Rakete oder ein Panzer klingt. Der Kriegslärm ist zu seinem ständigen Begleiter geworden, Gefechte bestimmen seinen Tagesrhythmus. Seine Anzüge hat er gegen das schwarze Gewand der Galabija getauscht. Er kleidet sich jetzt so wie der Prophet vor 1400 Jahren. Und er hat sich einen Bart wachsen lassen, wie es der Koran vorschreibt. Religion als Schutzschild gegen den Irrsinn. Traditionelle Kleidung als Ausdruck des Widerstands gegen die Diktatur der säkularen Herrscher in Damaskus. Und trotzdem, zum ersten Mal in seinem Leben fühle er sich frei, sagt er auf dem Rückweg von der Front. »Ich muss nicht mehr im Stillen rebellieren.« So wie er denken viele.

Die Anzüge hängen nun vakuumverpackt in einem Kleiderschrank. Das alte Leben versinkt im Dunstschleier der Erinnerung. Er kann es sich nicht leisten, an ihnen festzuhalten. Mit dem Krieg wachsen seine Aufgaben. Warum tut er sich das alles an? »Weil ich andere zum Nachahmen anregen möchte. Nur so können wir als Gesellschaft überleben.« Und die nächste Aufgabe wartet schon.

In einem Zimmer ohne Fenster im Shaar-Distrikt von Aleppo dämmert am Nachmittag Hussein, ein junger Mann Anfang zwanzig, in einem winzigen Zimmer auf einer schimmeligen Matratze vor sich hin, stöhnt hin und wieder unter Schmerzen. Ein ausgemergelter Körper mit bandagierten Beinen, die dick wie Baumstämme sind, weil in ihnen Infektionen toben. Aus den schmutzigen Verbänden sickert Eiter. Rücken, Arme und Schultern sind wund gelegen, die Matratze hat sich in den Monaten der Bewegungslosigkeit in Haut und Fleisch gefressen.

Im September 2012 trafen ihn die Splitter einer Granate in beide Beine; stecken im Knie fest, im Oberschenkel, in den Füßen. Er wollte Gemüse für seine Mutter einkaufen. Ein ganz normaler junger Mann, kein Kämpfer, kein Rebell. Die Ärzte im einzigen Krankenhaus von Aleppo sagten seiner Mutter, dass sie nichts für ihn tun könnten, weil der auf diese Art von Verletzungen spezialisierte Arzt geflohen sei. Er müsse in die Türkei gebracht werden oder an einen anderen Ort in Syrien, an dem es noch Ärzte gebe. Doch für den Transport hatte die Mutter kein Geld. Seitdem liegt er hier in diesem dunklen Loch.

Ein Nachbar erzählte Abu Yazan vor einigen Tagen vom Schicksal des jungen Mannes, seitdem hängt er an seinem Mobiltelefon, schimpft, wenn die Verbindung mal wieder für Stunden lahmgelegt ist. Drei Tage später hat er einen befreundeten Arzt in der Provinz Idlib in der Leitung und einen Krankenwagen organisiert.

Mit Martinshorn braust die Ambulanz durch das Gassengewirr Aleppos und dann hinaus aus der Stadt. Es ist eine lange und gefährliche Reise in die umkämpfte Provinz Idlib, auf Straßen, die von Scharfschützen beschossen und mit Granaten belegt werden. Zweimal schlagen Geschosse in der Nähe ein. Der Wagen rast mit 120 Stundenkilometern durch das syrische Flachland, um den Kugeln zu entkommen, umkurvt auf Schleichwegen Checkpoints der Regierung. Bei jedem Schlagloch schleudert es Hussein im Fonds von der Trage, er brüllt vor Schmerzen. Er hat den Kopf im Schoß seiner Mutter vergraben, die beruhigend ihre Finger durch sein Haar gleiten lässt und ihm warme Cola einflößt, während Tränen über ihr Gesicht laufen.

Bei Einbruch der Dunkelheit erreicht der Rettungstransport das geheime, namenlose Krankenhaus, umgeben von Olivenhainen und weit weg von Assads Armee. Ein Chirurg sieht sich Husseins offene Wunden an und schüttelt den Kopf. Hier könne man nicht mehr viel tun, außer zu amputieren. Husseins Mutter bricht zusammen. Der Arzt verspricht ihr, den Sohn in einigen Tagen in ein Krankenhaus in der Türkei zu bringen. Erst spätnachts macht sich Abu Yazan auf den Rückweg nach Aleppo. Statt eines Verwundeten sitzen nun bewaffnete Kämpfer im Wagen, zum Schutz, falls sie in eine Kontrolle der Regierungstruppen geraten. »Gott steh uns bei«, flüstert er. Der Tod kommt meistens nachts.

In der Nacht fliegt die syrische Luftwaffe wieder Angriff um Angriff. Die Rebellen schießen mit Mörsern auf Stellungen der Regierung und versuchen Flugzeuge mit schweren Maschinengewehren vom Nachthimmel zu holen. Ein Zwiegespräch der Waffen, stundenlang. Abu Yazan hat die ganze Nacht kein Auge zugetan. Aus müden Augen blickt er auf sein Frühstück, schaufelt Fladenbrot und Hummus in sich hinein, lächelt seine Söhne an. Plötzlich ein Zischen, gefolgt von einer Explosion. Staub und Gesteinsbrocken dringen durch das geöffnete Fenster. Abu Yazan wirft sich schützend vor seine Kinder. Eine Granate hat das Nachbarhaus getroffen, keine fünf Meter entfernt, und das oberste Stockwerk weggerissen. »La ilaha illa Allah«, flüstert er. Es gibt keinen Gott außer Gott. Kurz darauf verlässt er seine Wohnung. Sein Lächeln ist verschwunden.

Es wird Zeit, Aleppo zu verlassen. Zum Abschied umarmt mich Abu Yazan. »Gott schütze dich, Bruder.« Obwohl er den Schutz seines Gottes mehr benötigt als ich. Doch bevor ich in einen klapprigen Opel steige, der mich an die türkische Grenze bringen soll, muss ich mich verkleiden. Der gefährlichste Teil meiner Reise liegt vor mir: der Rückweg aus Syrien in die Türkei. Die Straßen, die aus Aleppo hinausführen, sind gespickt mit Checkpoints islamistischer Gotteskrieger. In den vergangenen Wochen wurden mehrere Kollegen hier entführt. Ich trage Kufiya, das Kopftuch arabischer Männer, Bart und eine Galabija. Die Verkleidung soll mich davor schützen, sofort als Ausländer und potenzielles Entführungsopfer erkannt zu werden. Neben mir sitzen fünf bewaffnete Leibwächter, die Abu Yazan zu meinem Schutz mitschickt. Kurz darauf geraten wir in die erste Straßensperre.

Schwarz vermummte Islamisten blockieren den Weg. Wortlos richten sie ihre Waffen auf unser Fahrzeug, in dem ich mit meinen Leibwächtern sitze. Meine Begleiter entsichern ihre Kalaschnikows. Einer zieht den Stift aus einer Handgranate. »Sag kein Wort! Das sind Verrückte«, flüstert mir ein Rebell zu, während ein Mann mit Skimaske den Kofferraum durchsucht. Die Vermummten und meine Begleiter wechseln ein paar Worte, die ich nicht verstehe. Mir klopft das Herz bis zum Hals. Ich habe Glück, sie winken uns durch. Eine Stunde und zwei weitere Straßensperren später laufe ich über die türkische Grenze. Erleichtert.

Nach drei Wochen in Aleppo bin ich wieder in Sicherheit. Die Anspannung fällt erst ein wenig von mir ab, als ich im Flugzeug nach Hause sitze. Stundenlang starre ich auf die Lehne meines Vordersitzes. Vieles in Syrien hat sich verändert. Die Islamisten aus dem Dunstkreis von al-Qaida füllen immer mehr das Vakuum, das die Tatenlosigkeit und Gleichgültigkeit des Westens hinterlassen hat. Von Anfang an vermieden es Europa oder die USA, die gemäßigten und säkularen Kräfte innerhalb der syrischen Opposition zu stützen. Bei all meinen Reisen nach Syrien konnte ich eine allmähliche Radikalisierung unter den Rebellen beobachten. Die radikalste Gruppe nennt sich Islamischer Staat in Irak und Syrien (ISIS), eine relativ kleine, aber brutale Kampftruppe, der sich immer mehr Leute anschließen, darunter angeblich auch Tausende Ausländer aus allen Teilen der Welt. Selbst aus Europa. Diese Gruppe ließ Dutzende lokaler Aktivisten, aber auch Zivilisten, die anderen Religionen angehören, hinrichten und Journalisten entführen. Dazu kommt die Jabhat al-Nusra, der syrische Al-Qaida-Ableger. In Aleppo bin ich einigen der Nusra-Leute begegnet. Meistens waren sie recht freundlich. Viele von ihnen gehörten einst anderen Rebellengruppen an, bevor sie sich der stärksten Miliz anschlossen. Aber es war immer ein sonderbares Gefühl, dass ich fast

Erleichterung verspürte, al-Qaida gegenüberzustehen und nicht ISIS.

Der Enthusiasmus des Jahres 2011, als die Menschen für mehr Rechte, mehr Demokratie und politische Reformen demonstrierten, ist blanker Hoffnungslosigkeit, Frustration und Wut auf den Westen gewichen. »Die Extremisten haben uns unsere Revolution geklaut«, sagte Abu Yazan zu mir, als ich Aleppo verließ. Die brutalen Methoden des Islamischen Staates und seine radikale Weltsicht haben einen offenen Machtkampf innerhalb der bewaffneten Opposition entfacht. Seit Monaten bekämpfen Rebellen der FSA, al-Nusra und etwas weniger radikale Islamistengruppen die Gotteskrieger der Islamischen Staates. Salafisten gegen Dschihadisten. Ein Krieg innerhalb des Krieges. Längst geht es nicht mehr um Demokratie oder Menschenrechte, sondern um Macht und Weltanschauung.

Ausländische Journalisten geraten in diesem Ideologie-Wirrwarr zwischen die Fronten. Die Wahrscheinlichkeit, im Norden Syriens entführt zu werden, wo sich al-Qaida festgebissen hat, ist heute höher, als das Land heil zu verlassen.

Kapitel 9: Unter Islamisten

Für Journalisten wird Nordsyrien immer mehr zur No-go-Area. Bis Mitte des Jahres 2013 hatten Islamisten Dutzende Kollegen entführt. Spanier, Franzosen, Engländer, US-Amerikaner, Japaner, ein Russe. Sie waren auf dem Weg nach Aleppo, recherchierten dort oder in der Gegend rund um die Stadt Rakka. Spitzel von Entführungssyndikaten und islamistischen Gruppen beobachten ausländische Journalisten oft schon beim Grenzübertritt. Kurz darauf schnappt die Falle zu. Dennoch wagen sich noch immer einige Leichtsinnige in das Kriegsgebiet Nordsyriens.

Häufig bitten mich junge Journalisten, die sich in Syrien erste berufliche Meriten verdienen wollen, um Rat und Kontakt. So als wäre ein Schlachtfeld das Sprungbrett für eine Medienkarriere. Meist reagiere ich sehr zurückhaltend auf solche Anfragen. Ich will nicht verantwortlich für den Tod eines Anfängers sein. Inzwischen ist es schlicht zu gefährlich geworden, nach Aleppo zu reisen, die Risiken unkalkulierbar. Abu Yazan hat mich gewarnt. »Komm nicht her, mein Freund. ISIS kontrolliert alle Zufahrtswege nach Aleppo. Ich kann dich nicht mehr beschützen.« Es gibt andere Möglichkeiten, nach Syrien zu gelangen.

Ich will vom Libanon aus in den Süden Syriens reisen, in die Vorstädte von Damaskus. Auch dort kämpfen Rebellen gegen Regierungstruppen. Einfach wird das nicht. Vor mir liegt eine Odyssee, die mich von Beirut in die alte römische Stadt Baalbek führt und weiter auf Schleichwegen bis zur libanesisch-syrischen Grenze. Dort treffe ich Verbindungsleute, die mich nach Syrien schleusen, illegal und ohne Visum. So weit die Theorie. Was ich nicht weiß: Die syrische Armee ist gerade dabei, einen Belagerungsring um die Hauptstadt zu ziehen, und belegt die Verstecke der Rebellen ununterbrochen mit Artilleriebeschuss und Luftangriffen. Ständig wechselnde Checkpoints blockieren die Zugangswege. Niemand kommt rein, niemand raus. Den Rebellen sind seit Tagen alle Flucht- und Nachschubwege abgeschnitten.

»Komm nach Baalbek«, schreibt mir der Kontaktmann eines syrischen Untergrundnetzwerkes im Libanon. Im Schatten römischer Säulen treffe ich die Männer, die mich nach Damaskus schmuggeln sollen. In einem alten Mercedes umkurven wir die Straßensperren des libanesischen Militärs, durchfahren das Bekaatal und erreichen schließlich das Städtchen Arsal. Fast genau ein Jahr zuvor habe ich hier die ersten syrischen Flüchtlinge getroffen, die aus Homs, Damaskus und Qusayr in den Libanon flohen. Ich erinnere mich noch gut an die verstörten und schreienden Kinder, die von verängstigten Eltern von der Ladefläche eines LKWs gehoben wurden. Inzwischen leben in Arsal Tausende syrischer Flüchtlinge; in Ställen, in Rohbauten, in Zelten, bei Verwandten. Und noch immer helfen die Libanesen, wo sie können. Ein Bewohner erzählt mir, dass er es als seine Pflicht betrachte, die heimatlosen Nachbarn bei sich aufzunehmen. So hätten es die Syrer getan, als der Libanon im Bürgerkrieg versank und Zehntausende sich nach Syrien retteten.

In Arsal wechseln wir das Fahrzeug. Ich steige in einen Minibus. Hinterm Steuer hockt ein bekiffter Mann, in seinem Schoß liegt eine Handgranate. Während er fährt, zieht er an seinem Joint, bietet mir einen Zug an. In diesem Moment zweifle ich an meinem Verstand und meiner Berufswahl. Wird schon gut gehen, tröste ich mich. Müde und angespannt zugleich lasse ich mich auf die Rückbank fallen. Bei Einbruch der Dunkelheit ruckeln wir auf einem Feldweg über die Grenze. Ein paar Stunden später erreichen wir die Stadt Yabroud, essen in einem Restaurant Kababs, die wir mit Ayran, einem köstlichen Yoghurt-Getränk, runterspülen. »Beeilt euch, nachts bombardiert die syrische Luftwaffe die Stadt«, warnt uns der Restaurantbesitzer. Nach dem Essen fahren wir, begleitet von einer bewaffneten Eskorte, weiter, bis der Wagen vor einem kleinen Gehöft irgendwo im Nirgendwo der syrischen Provinz Qualamoun hält – Ende der Fahrt, bedeutet mir mein Chauffeur.

Ich befinde mich auf einem Acker dreißig Kilometer vor Damaskus.

Um mich herum nur Felder, Obstbaumplantagen und Berge. Postkartenidylle, 1400 Meter über dem Meeresspiegel. Ich teile mir das einzige Zimmer eines winzigen Gehöftes am Stadtrand mit fünf Islamisten. Drei von ihnen heißen Muhammad, was ich schön finde, da ich mir Namen schlecht merken kann. Außerdem wären da noch der 22-jährige Amir, mein Fahrer und Übersetzer, der den Bürgerkrieg mit einem Videospiel verwechselt, sowie Abu Ahmad, der Prediger, der den Koran auswendig kann und der mich ständig zum Islam bekehren will. Kampferprobte Veteranen der Schlachten um Homs, Kusair und Hama.

Mein Kontaktmann in Beirut hatte mich gewarnt. Eine Einheit islamistischer Rebellen werde sich um mich kümmern und nach Damaskus bringen, insch'allah. So Gott will. Aber ich solle mir keine Sorgen machen. »Das sind ganz nette Leute!« In meinem Kopf spulen sich Bilder Kalaschnikowschwingender Extremisten ab.

Aus meiner Reise nach Damaskus wird eine Reise in die Köpfe islamistischer Rebellen. Keiner von ihnen ist älter als 25, alle tragen schwarze Rauschebärte und die Haare kurz geschoren. Nette Jungs eigentlich, lustig drauf, wir albern herum und verstehen uns gut. Keine geifernden, intoleranten Extremisten, die alles hassen, was gegen ihre Weltsicht geht. Ich hatte mir das anders vorgestellt. Natürlich nehmen sie Anstoß an Alkohol und Drogen, Nachtclubs und Sex. Geschlechtsverkehr? Nur mit der Ehefrau, meint Abu Ahmad. Und da sie alle unverheiratet sind, gehen sie unbefleckt und unbefriedigt durchs Leben. Was vielleicht erklärt, warum sie ihre Kalaschnikows streicheln und liebkosen, als hielten sie ein Mädchen im Arm.

Es ist oft von DEN Rebellen die Rede, wenn es um die bewaffnete Opposition in Syrien geht. Aber DIE Rebellen gibt es nicht. Es sind heterogene Gruppierungen mit unterschiedlichen Zielen, oft zerstritten. Darunter Säkulare, Studenten, Anwälte, Ärzte, Deserteure der syrischen Armee, Bauernsöhne. Inzwischen übernehmen immer mehr radikale Islamisten aus dem Dunstkreis von al-Qaida das Ruder im syrischen Bürgerkrieg. Wie Jabhat al-Nusra oder Ahrar al-Scham. Eines haben sie alle gemeinsam: Sie wollen den Diktator Bashar al-Assad stürzen. Nur darüber, wie dieses Ziel erreicht werden kann und was danach kommen soll, sind sie uneins. Freie Wahlen und eine islamische Demokratie nach türkischem Vorbild? Oder ein islamistisches Kalifat mit dem Koran als Grundgesetz und der Scharia als Rechtsprechung?

»Bist du Muslim?«, fragt mich einer der Muhammads bei unserer ersten Begegnung mit stechenden Augen. Dies wäre der Zeitpunkt für eine kleine Lüge gewesen, die man in diesem Teil der Welt auch als Selbstverteidigung rechtfertigen könnte. Denn ich bin Atheist, und nur eine Sache ist für einen gläubigen Muslim verwerflicher, als den falschen Gott anzubeten: nämlich gar keinen. Ich schüttele also den Kopf. »Christ?« Auch nicht. Er fängt an zu grübeln, zupft sich am Bart, seine Augen verengen sich zu Schlitzen, und er tritt ganz nah an mich heran, sodass ich seinen Atem auf meinem Gesicht spüren kann: »Etwa Jude?« Mein Adamsapfel beginnt zu tanzen, und ich krächze: »Keine Religion, kein Gott.« Worauf alle erstaunt die Augen aufreißen und in eine lautstarke Diskussion verfallen, die sich anhört, als würden meine Gastgeber besprechen, wie sie diesen ungläubigen Sohn einer räudigen Hündin am besten ins Jenseits befördern könnten. Ich gehe vor die Türe und rauche zur Beruhigung eine Zigarette. Irgendwann gesellt sich Amir zu mir und pafft schweigend Rauchringe in den Nachthimmel. Meine Hände zittern ein bisschen. Drinnen im Zimmer wird das Gezanke immer lauter, und Amir, meine fragenden Blicke deutend, übersetzt: »Die streiten sich gerade, ob sie dir Hühnchen oder Lamm kochen sollen.«

Die erste Hürde habe ich überwunden. In den kommenden Tagen erlebe ich den Alltag meiner Gastgeber. In unserem Gemeinschaftszimmer gehen die Besucher ein und aus. Eine Gruppe Kämpfer kommt zum gemeinsamen Beten vorbei; später liefert ein Mann eine Ladung aus dem Libanon geschmuggelter Gewehre und Munitionskisten ab. Irgendwann zieht ein Esel einen Wagen auf den Hof; ein Islamist springt vom Kutschbock, packt eine riesige Satellitenschüssel von der Ladefläche und montiert sie mit viel Trara auf dem Dach des Hauses.

Endlich Internet. Einerseits. Andererseits ist die in der Sonne glitzernde Parabolantenne auch ein leichtes Ziel für Hubschrauber und Kampfflugzeuge der syrischen Armee. Amir, die Muhammads und den Prediger scheint dies nicht zu stören. Facebook und Skype bieten eine willkommene Ablenkung zu Beten und Waffenstreicheln. Tage später folgt die nächste Lieferung – eine Lastwagenladung mit medizinischem Gerät. Denn Horsh Arab erfährt zwar ständig Angriffe der Armee, aber es gibt hier kein Krankenhaus, um die Verletzten zu behandeln. Hin und wieder schaut Mo vorbei, ein syrischstämmiger US-Amerikaner, der aus der Bronx gekommen ist, um sich der Revolution anzuschließen, und der mit einem ausgeklügelten Fitnessprogramm die Rebellen fit halten und so das Regime in die Knie zwingen will. Aber wie genau das Trimm-dich aussehen soll, verrät er nicht. Denn eigentlich sei er ja Pizzabäcker, sagt Mo. Und täglich, pünktlich zum Abendessen, schaut Abdul vorbei, ein Polizist im Dienste der syrischen Regierung, der die Rebellen mit Informationen versorgt. Eigentlich mag ich Besuch. Aber jeder von ihnen hat das dringende Bedürfnis, dem deutschen Gast seine seltsame Faszination für Adolf Hitler mitzuteilen: Adolf Hitler, strong man. Adolf Hitler, very good man. Ah, Germany! Adolf Hitler. Do you like Adolf Hitler?

Anfangs zeige ich noch demonstrative Gelassenheit, diskutiere, versuche zu überzeugen. Nein, nein. Hitler bad man. Very bad. Leider spreche ich kein Arabisch, unser Gespräch holpert dahin; ich vergleiche Hitler mit Bashar al-Assad, was ein bisschen Wirkung zeigt, aber nie lange anhält. »Hitler not good?«, fragen sie dann mit enttäuschten Gesichtern. Ein Bärtiger, der uns besucht und den ich noch nie gesehen habe, lässt mich meine Beherrschung verlieren: »Salam aleikum, magst du Adolf H...« Ich lasse ihn nicht ausreden, verstoße stattdessen gegen sämtliche Gebote syrischer Gastetikette. Meine Schimpftirade trifft, wie sich schnell herausstellt, den denkbar Falschen: Es ist mein Gastgeber, der Chef der Islamisten-WG, der Anführer der Rebellen dieser Gegend, der unbekannte Drahtzieher, der Oberislamist, der mich nach Syrien schleusen ließ, der mir kostenlos Autos zur Verfügung stellt, samt Leibwache und Übersetzer. Der einzige Mensch hier, den ich auf überhaupt keinen Fall anmotzen sollte. Ein gewisses Maß an Distanziertheit war das Mindeste, mit dem ich rechnete. Aber der Mann lächelt mich nur milde an und entschuldigt sich, dass er mich offensichtlich gekränkt habe. Als Wiedergutmachung will er mir seine Pistole schenken, zum Zeichen der Freundschaft. Und schon stecke ich im nächsten Dilemma. Auch diese Geste der Gastfreundschaft lehne ich ab. Immerhin ist das Thema Adolf Hitler seitdem vom Tisch.

Eines Nachts, Amir und ich stehen rauchend in einer sternenklaren Nacht, rauscht ein Feuerball am Himmel über unsere Köpfe hinweg. »Scud«, sagt Amir trocken. Die Abschussrampe der Raketen liegt nur ein paar Kilometer von meinem Versteck entfernt. Täglich fliegen sie in Richtung der befreiten Gebiete des Nordens; nach Aleppo, Azaz, Marea, Deir ez-Zor, Idlib. Hunderte Menschen sind durch sie ums Leben gekommen.

Abends, wenn mal wieder der Strom und somit auch Facebook und Skype ausfallen, sitzen wir in Decken gehüllt um einen glühenden Ofen herum, trinken gesüßten Tee und führen lange Gespräche über den Krieg und die Zukunft Syriens. Auch hier höre ich immer wieder die Frage, die mir auf all meinen Reisen in Syrien gestellt wurde: Warum hilft uns niemand? Warum schaut die Welt dem Töten zu? Selbst Abu Ahmad, der Prediger, legt seinen Koran beiseite und beteiligt sich am Gespräch. »Vielleicht«, antworte ich, »hat das mit dem schlechten Image zu tun, das die Rebellen haben, seitdem sich immer mehr Fanatiker in Syrien tummeln, die eine Welt ohne Zwischentöne schaffen wollen und das Land aufteilen möchten in ›halal‹ und ›haram‹ – in erlaubt oder verboten, Freund oder Feind, Paradies oder Hölle.«

Radikale Islamisten und Salafisten, die aus Saudi-Arabien, Ägypten oder Katar einsickern, auch aus Deutschland, England oder Australien, um in Syrien einen Heiligen Krieg zu führen. Viele von ihnen haben sich zur Al-Nusra-Front vereinigt, dem verlängerten Arm der irakischen al-Qaida. »Nusra« – das heißt eigentlich Rettung, Beistand. Seit Kurzem verbreiten nun auch die Kämpfer des Islamischen Staates Angst und Terror. Ihre Krieger verachten jeden, der den Islam anders interpretiert als sie.

Das vom untätigen Westen in Kauf genommene Vakuum füllen die Radikalen, die neben Waffen auch Brot und Geld im Gepäck haben und so der verarmten und schlecht ausgerüsteten Freiwilligen Syrischen Armee (FSA) den Rang ablaufen. Heute weht in Städten wie Aleppo, Idlib oder Rakka nicht mehr die säkulare Fahne der Rebellenarmee, sondern die schwarze Flagge der Islamisten mit dem islamischen Glaubensbekenntnis. In den befreiten Gebieten des Nordens sichert der IS inzwischen fast vollständig die Grundversorgung der Bevölkerung, verteilt neben Essen, Medikamenten, Decken und Heizöl auch die eigene Weltsicht. Gut und Böse verwischen in diesem Krieg. Assad bekommt Hilfe vom Iran und der libanesischen Hisbollah, von irakischen Milizen, im Iran gestrandeten afghanischen Flüchtlingen, die gezwungen werden, in den Krieg zu ziehen. Die Extremisten werden unterstützt von Katar, den Arabischen Emiraten und islamischen Wohlfahrtsorganisationen in Saudi-Arabien. Nur diejenigen, die demokratischen Werten am nächsten stehen und die Revolution vor über zwei Jahren für mehr Gleichheit und Rechte begonnen haben, erhalten keinerlei Hilfe und geraten zwischen die Fronten.

»Ja, wir sind Islamisten, weil wir an den Islam glauben. Aber wir lehnen den Islam der Extremisten ab! Das sind Verrückte«, sagt Abu Ahmad. Und schiebt nach einem Moment hinterher:»Doch sie sind auch die Einzigen, die uns helfen.« Zustimmendes Nicken.»Ich will ein Syrien, in dem alle gemeinsam friedlich leben, Sunniten, Schiiten, Alawiten, Kurden, Drusen, Christen. Und wir wollen Assad nicht gegen eine andere Diktatur eintauschen. Dafür haben wir nicht die Revolution begonnen«, sagt Amir.»Allahu Akbar!«, murmeln Muhammad eins, zwei und drei.

Gott ist groß. Fußball ist manchmal größer. Eines Nachmittags steht Amir aufgeregt im Zimmer. Mir ist längst jedes Zeitgefühl verloren gegangen. Er trägt ein Barcelona-Trikot. Selbst einer der Muhammads hat seine Galabija gegen ein Madrid-Trikot getauscht. Es ist Dienstag. Champions League,

Rückspiel im Viertelfinale.»Magst du Fußball?«, fragt er. Ich nicke eifrig.»Toll«, ruft Amir und klatscht in die Hände. »Real oder Barcelona?«, fragt er.»Bayern und ausnahmsweise Dortmund«, sage ich. Amir wirkt enttäuscht.»Na gut, dann schauen wir eben heute Dortmund und morgen Bayern. Du bist unser Gast.« Den ganzen Nachmittag herrscht rege Betriebsamkeit. Amir muss den Besitzer eines Fernsehers überreden, Dortmund statt Madrid zu zeigen und die Schranke eines Bezahlsenders zu hacken. Einen Generator brauchen wir auch. Den finden wir in einem Nachbardorf. Allerdings gebe es da ein kleines Problem, sagt Amir. Wir müssten auf Schleichwegen einen Checkpoint der Armee umfahren.»Mafi muschkillah«, sagt Muhammad eins. Kein Problem. Na dann.»Allahu Akbar«, ruft der Rest, dann quetschen sich fünf Männer in Fußballtrikots, bewaffnet mit Kalaschnikows und Koran, in das Auto. Als ich mit meiner schusssicheren Weste dazukomme, klopfen sich die fünf vor Lachen auf die Schenkel und zeigen mit dem Finger zum Himmel. Allah wird dich schützen, heißt das. Dann brausen wir ohne Licht in die Nacht.

Zwanzig Minuten später sitzen wir im Wohnzimmer eines befreundeten Rebellen-Kommandeurs. Das ist vollgepackt mit Kette rauchenden Málaga-Fans. An der Wand hängt die Fahne der Revolution: grün, weiß und schwarz, mit drei Sternen. Statt Bier gibt es Tee, statt Pizza Pistazien, religiöser Singsang statt Olé Olé. Auf Matratzen liegen ein paar verwundete Kämpfer. Einer hebt sein Hemd und zeigt stolz eine Wunde, die ihm die Kugel eines Scharfschützen zugefügt hat. Glatter Durchschuss. In der Halbzeit wird gebetet, und jedes Tor wird mit einem Allahu Akbar begrüßt.

Dortmund gewinnt in letzter Sekunde mit drei zu zwei, und ich tanze vor Freude mit Amir und einem Muhammad im Wohnzimmer des Gastgebers.

Am nächsten Morgen weckt mich Amir wie jeden Tag mit der Frage, ob ich heute mit ihm sterben möchte. »Ich kann dich nach Damaskus bringen. Aber das überleben wir nicht. Dann gehen wir gemeinsam zu Allah, du und ich, als Märtyrer«, sagt er mit einem freundlichen Grinsen, als gäbe es nichts Schöneres, als möglichst schnell ins Gras zu beißen. »Nö, lass mal, Amir«, sage ich. Es war eine lange Fußballnacht. Ich schüttele meinen Kopf und den Schlaf und die Kälte aus meinen Gliedern. »Heute nicht!«

Ich will nach Damaskus, aber lebend. Amir kann nicht ruhig sitzen bleiben, will ständig etwas unternehmen. Einen Checkpoint der syrischen Armee angreifen, zum Beispiel. Oder einfach nur die Gegend auskundschaften. So wie heute. Wir verstehen uns gut. »Ich will dir etwas zeigen«, sagt er und hüpft unruhig von einem Bein aufs andere. »Mach schon, mach schon!« Ein Ausflug? Warum nicht? Alles besser, als einen weiteren Tag auf meiner fleckigen Matratze zu vergeuden. Es ist ein kalter Aprilmorgen. Manche Bergkuppen schimmern noch weiß vom Schnee. Aber die Sonne scheint, und die Obstbäume tragen zarte Blüten. Ein schöner Tag. Für einen Augenblick vergesse ich, dass hier seit zwei Jahren ein Bürgerkrieg mit über 100 000 Toten tobt.

Amir drückt noch schnell ein paar Patronen in das Magazin seiner Kalaschnikow, bevor er sich das Gewehr über die Schulter wirft und ins Auto springt. Zwei seiner Kumpels begleiten uns. Wir fahren einen Berg hinauf, immer höher und höher, über Geröll und Schutt. Kein Baum wächst hier, kein Strauch, kein Grashalm. Nur ein eisiger Wind bläst über die kahlen Hänge. »Schau, dahinten liegt der Flughafen von Damaskus. Den werden wir bald einnehmen«, sagt Amir und zeigt mit ausgestrecktem Arm nach Süden in den Dunst. Ich gebe mir Mühe, kann aber nichts erkennen.

In diesem Moment taucht ein Hubschrauber am Himmel auf.

Ich stehe starr wie ein Grabstein auf dem Gipfel des Berges, den Kopf in den Nacken gelegt. Luftangriffe und Artilleriebeschuss drohen ständig in Syrien. Es kann immer und überall geschehen. Mal liegt die Front vor einem, dann dahinter, am nächsten Tag links oder rechts. Anscheinend kundschaftet der Pilot nur die Gegend aus, zieht über uns seine Kreise, sackt tiefer, beobachtet uns. Wir sind wandelnde Zielscheiben und nirgendwo auf diesem verdammten Berg ein Flecken, hinter dem wir uns verstecken könnten. Amir und Muhammad stört das alles nicht. Sie hüpfen im Kreis, preisen Allah, zielen mit ihren Gewehren auf den Hubschrauber, der langsam davonfliegt, und rufen hinterher, dass Assad ein Esel sei.

»Hört auf mit dem Scheiß«, rufe ich genervt und ziehe meine schusssichere Weste über.

»Hast du Angst, Sahafi?«, fragt Amir.

»Ja, verdammt. Ich habe Angst«, sage ich und zeige auf den Hubschrauber.

»Brauchst du nicht. Allah wird dich beschützen, oder wir kommen zusammen als Märtyrer ins Paradies.«

Super, Amir, ganz tolle Antwort. Ich erinnere ihn daran, dass ich kein Moslem bin, auch heute Abend gerne wieder Fußball sehen würde und dass mein Paradies ein sehr weltliches ist.

Amir sieht, dass ich langsam wütend werde, und hat ein Einsehen. Wir fahren zurück nach Horsh Arab. Er will eine befreundete Familie besuchen, und während wir im Vorgarten sitzen und Kaffee trinken, schlägt die erste Granate ein. Mit einem Pfeifen durchschneidet sie die Luft, explodiert ganz nah. Dann noch eine und noch eine. Ich schütte vor Schreck den Kaffee über meine Hose, Frauen mit weit aufgerissenen Augen laufen aus ihren Häusern, schleifen weinende Kinder hinter sich her und suchen Schutz in Kellergewölben und in der nahe gelegenen Moschee. Das hehre

Ziel, als Märtyrer direkt ins Paradies katapultiert zu werden, verschwindet beim Geräusch heranpfeifender Granaten und erweckt selbst in Amir den Reflex, sich am Leben festzukrallen. »Allah!«, ruft Amir, und wir stürzen panisch in den Frisörladen gegenüber. Dort quetsche ich mich mit drei anderen Männern in die winzige Toilette, während draußen die Welt unterzugehen scheint. Die Einschläge kommen näher, in immer kürzeren Abständen. Eine Granate trifft ein Nachbarhaus, Staubwolken und Gesteinssplitter dringen durch die offene Tür herein. Wir husten, klammern uns aneinander, zucken bei jeder Detonation zusammen. Pfeifen. Bumm. Pfeifen. Bumm. Fünf, sechs, sieben Granaten, keine zwanzig Meter von uns entfernt. Die Wände des Barbiers zittern, meine Knie auch. Sonderbare Gedanken rasen durch mein Hirn: wegrennen oder bleiben? Ist der sicherste Ort vielleicht hier, wo eben ein Geschoss einschlug? Oder kommt die nächste Granate genau an der Stelle herunter wie die letzte? Aberwitzige Momente, erfüllt mit der Angst, diesen Tag nicht zu überleben.

Plötzlich ist es still. Amirs Hand kommt wie aus dem Nichts, packt mich am Arm, zieht mich aus der Toilette zum Auto. Schnell weg. Wir rasen aus der Stadt, und hinter uns hören wir das erneute Bombardement von Horsh Arab durch die syrische Armee. Wir verstecken uns in einem Geräteschuppen auf einem Feld außerhalb der Stadt. Eine Stunde dauert der Beschuss. Wie durch ein Wunder wird niemand verletzt oder getötet. »Al-hamdu li-lah«, Gott sei Dank, sagt Amir und schickt ein Stoßgebet zum Himmel.

Am Abend putzen die Bayern Barcelona weg. Nach der Übertragung zappt Amir noch auf die Nachrichten des syrischen Staatsfernsehens. Gruselige Bilder von verstümmelten und toten Menschen, meist junge Männer, manche haben die Hände auf dem Rücken gefesselt. Zerstörte Häuser. Jubelnde Soldaten. Eine Stimme aus dem Off erzählt, dass die glorreiche syrische Armee heute in Horsh Arab viele Terroristen getötet habe. Dann geht dem Generator der Sprit aus. Es ist die Propaganda des Regimes. Kein Mensch wurde bei dem Angriff auf Horsh Arab getötet. Ein Krieg der Bilder.

Zwei Tage später breche ich meine Reise ab. Gerüchte, dass Hisbollah-Kämpfer aus dem Libanon in den Krieg eingreifen, machen die Runde. Von Straßensperren ist die Rede – und dass der Rückweg versperrt sein könnte, wenn ich länger warte. Ich haue ab. Besser so.

Nach Damaskus zu kommen ist ohnehin aussichtslos. Also fahren mich meine Islamisten zurück in den Libanon. Ich bin noch nicht bereit aufzugeben. Es ärgert mich, dass ich meinen Plan nicht verwirklichen konnte. In der historischen libanesischen Stadt Baalbek treffe ich mich mit den syrischen Aktivisten, die die Reise nach Horsh Arab organisiert haben. Statt nach Damaskus will ich nun versuchen, in die belagerte Stadt Zabadani zu gelangen, die gleich hinter den Bergen liegt, die den Libanon von Syrien trennen. Zabadani ist ein ehemaliger Luftkurort für reiche Damaszener, die die heißen Sommer bei frischer Bergluft in ihren Villen verbrachten, vor dem Krieg. Seit zwei Jahren ist der Ort von der syrischen Armee eingekesselt. Als ich Baalbek erreiche, beginnt es erst zu regnen, dann zu schneien. Unmöglich, bei diesem Wetter die Berge zu überqueren. Und als ein paar Tage später endlich wieder die Sonne scheint, spielt der Schmuggler verrückt, der mich über die Grenze bringen soll. Kaum einigen wir uns auf einen Preis, will er mehr Geld. Im Stundentakt verdoppelt sich seine Gebühr; zweihundert Dollar, dann vierhundert, bald sind es tausend. Am Ende verlangt er gar zweitausend Dollar für die Strecke, hin und zurück. Je höher er pokert, desto geringer wird mein Vertrauen in diesen Menschen, dem ich mein Leben anvertrauen soll. Ich verab-

schiede mich schließlich auch von der Idee, nach Zabadani
zu wandern. Frustriert, mit dem schalen Geschmack des
Scheiterns und um einige Tausend Euro ärmer fahre ich zurück nach Hause.

Kapitel 10: Zabadani

Im Juli 2013 starte ich einen neuen Versuch, die Vorstädte von Damaskus zu erreichen. Drei Monate hatte ich diese Reise geplant, vorbereitet, mit Aktivisten der syrischen Untergrundbewegung geskypt, Routen gecheckt, verhandelt, umgeplant, Übersetzer gesucht. Ich will darüber schreiben, wie die Menschen in einer Stadt leben, die seit zwei Jahren eingekesselt ist, in der sie täglich sterben können. Wie wird diese Stadt versorgt? Wie verwaltet? Wer sorgt für Recht und Ordnung? Wovon leben die Menschen? Wie überleben sie? Das ist wichtig, dachte ich. Wenn ich geahnt hätte, auf was ich mich einlasse, hätte ich diese Reise niemals angetreten.

Alles scheint gut vorbereitet zu sein: Das Handgeld des Schmugglers ist ausgehandelt, die Sonne lacht. Im einzigen Café eines staubigen Nests, zwei Stunden von der libanesischen Hauptstadt Beirut entfernt, treffe ich meine Kontaktperson – einen dürren Mann mit Sonnenbrille, der sich auffällig unauffällig bewegt. Er setzt sich neben mich, zündet eine Zigarette an, bläst mir Rauch ins Gesicht, nimmt die Sonnenbrille ab, schaut mir in die Augen – und sagt kein Wort. Es ist wie in einem zweitklassigen Agentenfilm, und ich muss lachen, setze meine Sonnenbrille auf und zünde mir eine Zigarette an. Jetzt lachen wir beide.

Das Briefing ist kurz. »Pass auf«, sagt Fadi, wie sich mein Schleuser nennt, »in einer halben Stunde kommt mein Cousin Aiman und bringt dich an die Grenze; dort wartet ein Auto, das mit dir nach Zabadani fährt.« Der Weg sei sicher, beteuert der 22-Jährige, der aus Zabadani geflüchtet ist. »Nur zwei Stunden, heute Abend bist du da«, versichert Fadi. Ganz sicher.

Zwei Stunden im Auto? Ungläubig schaue ich Fadi an. »Was ist mit den Checkpoints der Armee? Ich dachte, die Straßen sind gesperrt, und wir müssen nach Zabadani wandern«, frage ich ihn und freue mich gleichzeitig still darüber, dass ich mein Gepäck nicht über die Berge schleppen muss.

»Journalist, vertraust du mir etwa nicht?«, schmollt Fadi.

»Hmm...«, erwidere ich.

»Keine Checkpoints, keine Armee, die Route ist sicher. Versprochen«, sagt Fadi und lächelt freundlich.

Zum Abschied gibt er mir noch eine Warnung auf den Weg: »Sag niemandem, dass du Journalist bist, hier gibt es Spione«, flüstert er mir ins Ohr. Dann bestellt er noch einen Espresso und lässt mich mit der Rechnung allein zurück.

Drei Stunden später hält ein schwarzer Mercedes mit getönten Scheiben und quietschenden Reifen vor dem Café. Aus den offenen Fenstern wummert libanesische Popmusik. Ein Kopf schaut hervor, der genauso aussieht wie Fadi. »Hey! Journalist! Steig ein!«, brüllt er gegen die Musik an. So viel zum Thema Geheimhaltung.

Kurz darauf sitze ich in einem Schutzhaus an der syrisch-libanesischen Grenze, einem kleinen Schmugglernest, tief in den Bergen. Von hier aus transportieren Schieber Waffen, Lebensmittel, Medikamente und Journalisten in die eine Richtung, Flüchtlinge in die andere. Das Haus ist von hohen Mauern umgeben. Im Hof parken zwei klapprige Motorräder, im Gebäude warten zwei gut gelaunte Männer. Sie sollen mich nach Zabadani bringen. Aiman begrüßt sie, Dollarscheine wechseln die Besitzer. Die Geschäfte gehen gut, es herrscht Goldgräberstimmung. Auch bei meinen Schleusern, zwei Brüdern, die ihre Namen nicht nennen wollen. Der eine ist groß und dünn, der andere klein und füllig. Sie tragen Tarnhosen und Patronengürtel, Kalaschnikows und lange Bärte.

Und sie sprechen kein Englisch. Was die Kommunikation erschwert, da ich kein Arabisch spreche.

»Wo ist mein Übersetzer?«, frage ich Aiman, worauf der große Dünne in schallendes Gelächter ausbricht. Der Dolmetscher könne leider nicht kommen, seine Mutter habe ihm verboten, nach Zabadani zu reisen, erklärt er mir, nachdem er sich etwas beruhigt hat. »Zu gefährlich«, sagt der Dicke, nimmt seine Kalaschnikow und fügt hinzu: »Zabadani. Bumm, bumm!«

Sorgen solle ich mir aber nicht machen, ich sei bei ihnen in guten Händen. So richtig beruhigend ist das nicht.

»Wann werden wir Zabadani erreichen?«, frage ich.

»In zwei Stunden, insch'allah«, antwortet der kleine Dicke. So Gott will.

»Mit dem Auto?«, hake ich nach.

Jetzt klopfen sich beide lachend auf die Schenkel. »Auto? Welches Auto? Hier gibt es nicht mal Straßen, mein Freund.«

Aiman blickt betreten zu Boden und verabschiedet sich.

Wir trinken Tee, warten, rauchen, trinken noch mehr Tee, warten weiter, lächeln uns an, schweigen. So vergehen die Stunden, lost in translation. Irgendwann schnappen sich die Schmuggler mein Gepäck und verstauen es auf den Motorrädern draußen im Hof. Ein Sack mit Munition hat auch noch Platz. Und los geht es. Wir fahren durch bergiges Niemandsland, auf Feldwegen und Schmugglerpfaden, passieren ausgebrannte Autowracks, die von Granaten und Raketen der Armee getroffen wurden. Nach einigen Kilometern halten die Brüder an und sagen: »Welcome to Syria!«

Für meine zwei Schmuggler ist der Grenzübertritt anscheinend ein freudiges Ereignis. Wie wild fangen sie an, mit ihren Kalaschnikows auf imaginäre Ziele an einem Berghang zu ballern. Ein verängstigter Schafhirte geht vorsichtshalber in Deckung. Die Brüder finden das urkomisch. Ich nicht. Ich denke an Armeepatrouillen, Hubschrauber und Kampfflugzeuge, die von dem Lärm angelockt werden könnten. Zielschießen in dieser Gegend erscheint mir nicht besonders klug. Dick und Dünn sehen das gelassener.

Erst als sie ihren Spieltrieb befriedigt haben, fahren wir weiter. Kurz darauf gibt das erste Motorrad den Geist auf. Benzin alle. Dick und Dünn schieben die Motorräder unter einen Felsvorsprung und tarnen sie mit ein paar ausgerissenen Büschen. Warum wir nicht das Gepäck und die Munition mit dem zweiten Moped transportieren, ich weiß es nicht. Von jetzt an heißt es laufen, über zweitausend Meter hohe Gipfel, mit dreißig Kilo Gepäck auf dem Buckel.

Bei Einbruch der Dunkelheit erreichen wir die erste größere syrische Stadt. Sie wird von der Armee gehalten. In einer Obstbaumplantage wartet ein Geländewagen. »Schneller, schneller!«, ruft der Fahrer, ein nervöses Bürschlein, kaum älter als sechzehn Jahre. Wir springen auf die Ladefläche, meine Begleiter tauschen ihre Uniformen gegen Jogginghosen und T-Shirts, werfen eine Plane über mich und mein Gepäck und bringen mich in die Wohnung eines Untergrundaktivisten. Dort verstecken wir uns bis spät in die Nacht.

Ich werde einer anderen Gruppe von Schmugglern und vier Rebellen, die uns Geleitschutz aus der Stadt geben sollen, übergeben. Die Aufständischen halten es für keine gute Idee, in einer wolkenlosen Nacht und bei Vollmond weiterzulaufen. Doch die Schmuggler wollen möglichst schnell nach Zabadani – und an ihr Geld.

»Es ist zu gefährlich, besser, wir warten eine Nacht«, sagt der Rebellenchef. »Mafi mushkillah«, antwortet ein Schmuggler. Kein Problem. Vorsichtshalber wird ein Kundschafter losgeschickt. Nach einigen Stunden kehrt er zurück. »Der Weg ist ein bisschen sicher und ein bisschen gefährlich«, berichtet der Späher. Alles klar. Ich beschließe, sein kryptisches Urteil einfach zu ignorieren. Um elf Uhr nachts brechen wir auf.

Wenig später weiß ich, dass der Rebellenchef richtiglag. Spätestens seit ich bäuchlings im Uferschlamm liege, ist mir klar, dass ich ziemlich tief in der Scheiße stecke. Der Kerl links neben mir entsichert seine Kalaschnikow, der Typ an meiner rechten Seite steckt seinen Zeigefinger in den Abzugsring einer Handgranate. Meine Kleidung saugt sich voll mit kaltem Wasser. »Psst«, macht der Anführer der syrischen Rebellengruppe, legt seinen Finger an die Lippen. »Was ist los?«, flüstere ich. Mich rechtzeitig zu informieren ist nicht unbedingt die Stärke meiner Begleiter. Meistens erfahre ich Dinge erst, nachdem sie geschehen sind.

Der Vollmond wirft silbernes Licht auf die Aprikosenhaine und den Tümpel, in dem wir liegen. Jede kleinste Bewegung lässt die Wasseroberfläche vibrieren, als hätte jemand einen Kieselstein ins Wasser geworfen. Der Mond leuchtet uns aus wie ein großer Scheinwerfer. »Hinterhalt!«, wispert der Mann mit der Handgranate und zeigt in die Dunkelheit. Ich kann nichts erkennen. Eine Falle? Schon beim Gedanken daran wird mir übel, kriecht die Angst hoch, und meine Zähne schlagen so heftig aufeinander, dass ich mich sorge, das Geklapper könnte uns verraten.

Wie lange wir im Morast liegen – keine Ahnung. Vielleicht ein paar Minuten, vielleicht eine Stunde oder länger. Ich habe jedes Zeitgefühl verloren und überlege, wie meine Chancen stehen, dass ich die Nacht überlebe.

Im Unterholz raschelt es. Keine hundert Meter vor uns schälen sich Gestalten aus der Nacht. Drei, vier, sieben Personen zähle ich. Der Stahl ihrer Gewehre blitzt im Mondlicht. Sie kommen auf uns zu, ganz langsam. Die Rebellen legen ihre Kalaschnikows an, zielen, sind bereit zu schießen. Ich halte die Luft an, höre meinen Herzschlag in den Ohren, fühle mich elend, klein, verletzlich und vor allem hilflos. Was zum Teufel mache ich hier? Nach ein paar Metern drehen die syrischen Soldaten ab, und ich höre nur noch ihre Schritte.

Ein knackender Ast unter einem Militärstiefel, ein leises Fluchen. Dann sind sie fort. Erleichtert presse ich mein Gesicht in den Schlamm.

Um sicherzugehen, bleiben wir noch zwanzig Minuten unbeweglich liegen. Dann sondiert ein Späher die Lage. Nach einer weiteren halben Stunde kehrt er zurück. Die Luft sei rein. Erleichterung, Männer kichern und verscheuchen mit Witzen die Anspannung. »Na, Journalist, Angst gehabt?« Die alte Frage. Als wenn die Kerle keine Angst hätten. Ja, verdammt, sehr witzig, mir schlottern die Knie. Nachdem die syrischen Soldaten verschwunden sind und sich meine Begleiter genug über meine Angst amüsiert haben, gehen wir zu Fuß weiter.

Eine andere Möglichkeit, nach Zabadani zu kommen, gibt es nicht. Die Zufahrtswege sind, entgegen Fadis Versprechungen, abgeriegelt, kontrolliert von der syrischen Armee. Ich frage den Anführer der Rebellen, wie lange es noch dauert, bis wir unser Ziel erreichen. »Zwei Stunden, insch'allah«, flüstert er. Und für einen kurzen Moment habe ich das dringende Bedürfnis, ihm die Nase zu brechen.

Stunde um Stunde laufen wir durch Obstplantagen, entlang stillgelegter Gleise, robben an einem Checkpoint der Armee vorbei, so nahe, dass ich Soldaten lachen höre. Wir sprinten über eine Landstraße, dabei fällt ein Rebell in ein Abflussloch, schlägt sich die Nase blutig, wir hetzen bergauf, bergab. Zwischendurch verliert unser Führer die Orientierung. An einem zerstörten Haus auf einem Gipfel muss ich mich vor Erschöpfung übergeben. In der Ferne höre ich das dumpfe Knallen von Panzergranaten. »Zabadani!«, sagt einer der Schmuggler und deutet mit dem Finger nach Süden, wo die Explosionen den Nachthimmel wie zuckende Blitze erleuchten.

Um fünf Uhr morgens erreichen wir endlich die eingekesselte Stadt. Ich steige in das Tal von Zabadani wie in ein kaltes Bad. Am Stadtrand warten Rebellen auf Motorrädern. Der Morgen graut. Im Licht des anbrechenden Tages fahren wir durch eine Ruinenlandschaft. Links und rechts zerstörte Häuser, Panzerwracks, Schuttberge.

»Schnell. Komm rein. Granaten! Granaten!«, ruft jemand. Ich werfe meine Rucksäcke ab und stürme panisch in den Hauseingang vor mir, suche Schutz, presse meinen Helm auf den Kopf und warte auf den Einschlag. Mein Herz rast. »War nur ein Witz, mein Freund«, sagt der Mann und kichert. »Willkommen in Zabadani, Christ. Ich bin Fadis Onkel. Du wohnst bei mir.«

Der Witzbold heißt Abu Jaber. Er nimmt mir einen Rucksack ab und führt mich in seine Wohnung im Erdgeschoss. Die oberen Stockwerke sind völlig ausgebombt. In Abu Jabers kleinem Wohnzimmer schlafen sechs Rebellen auf der Couch und auf dem Boden. Es riecht nach Schweiß und Käsefüßen.

Ich bin so erschöpft, dass ich mich neben einen der Schlafenden lege und sofort wegdöse. Als ich erwache, blicke ich in das Gesicht von Abu Jaber, nur wenige Zentimeter neben mir. »Frühstück?«, fragt er.

Abu Jaber, 36 Jahre alt, vor dem Krieg Elektroinstallateur, trägt die Haare nach islamistischer Mode kurz geschoren und einen wallenden schwarzen Bart. Er ist Kommandeur von Ahrar al-Scham, Islamische Bewegung der freien Männer Syriens, einer islamistischen Splittergruppe der Freien Syrischen Armee. Er ist der Sohn eines Mannes, den er nie kennengelernt hat. Abu Jabers Vater verschwand 1982, nach den salafistischen Aufständen in der Stadt Hama, im Gefängnis. Wie so viele, die sich der Revolte anschlossen, verhaftet wurden und nie wieder auftauchten. Zehntausende sollen bei dem anschließenden Massaker ums Leben gekommen sein. »Mein Vater war ein kleiner Prediger, sonst nichts«, sagt Abu Jaber. »Ich weiß nicht, was mit ihm geschehen ist. Vielleicht lebt er noch. Aber das glaube ich nicht, denn wir haben nie etwas von ihm gehört.«

Wie der Vater saß auch der Sohn im Gefängnis. Dafür, dass er es wagte zu demonstrieren; für mehr Freiheit, für die Ausübung seines sunnitischen Glaubens. »So habe ich dafür bezahlt«, sagt er und zieht die Hosenbeine seiner Uniform hoch. Fußknöchel, Schienbein, Fußrücken, Wade sind übersät mit kleinen, schlecht verheilten Narben. »Da haben sie mir Zigaretten ausgedrückt, hier mit einem Handbohrer reingebohrt, dort haben sie mir Elektroschocks versetzt«, erzählt Abu Jaber. Und immer wieder hätten seine Peiniger gefragt: »Ist das die Freiheit, die du haben möchtest?« Als sich Ende 2011 die ersten bewaffneten Widerstandsgruppen formierten, schloss er sich sogleich der islamistisch geprägten Ahrar al-Scham an. Seitdem kämpft er. Ins Gefängnis wird er nicht noch einmal gehen, sagt er.

Ein Islamist sei er, keine Frage. Aber kein Terrorist. »Warum meint der Westen, dass wir Bombenleger sind, nur weil wir an Allah glauben?« Ich will es mir mit meinem Gastgeber nicht sofort verscherzen. Trotzdem kann ich die Klappe nicht halten. »Vielleicht, weil in den vergangenen Monaten unzählige Videos im Internet aufgetaucht sind, die zeigen, wie Islamisten toten Soldaten das Herz aus dem Leib schneiden oder Leute exekutieren«, entgegne ich. »Oder weil christliche Dörfer überfallen, gefangene Soldaten enthauptet werden.« Abu Jaber kratzt sich am Kopf. In der Tat, das sei ein Problem. »Aber das ist al-Qaida, mit denen haben wir nichts zu tun. Das sind Feinde des Islams.« Gut möglich, dass man diese Leute nach dem Sturz von Präsident Assad bekämpfen müsse. »Aber im Augenblick sind sie die Einzigen, die auf unserer Seite kämpfen.« Ein notwendiges Übel.

Wie fast überall in Syrien sind auch die Rebellengruppen Zabadanis heterogene Gruppierungen, mit unterschiedlichen Zielen, oft zerstritten. Was in den Hinterzimmern der

Weltpolitik ausgehandelt wird, interessiert Abu Jaber schon lange nicht mehr. Seine Welt hat sich auf die zerstörten Straßenzüge seiner Heimatstadt reduziert. Das trockene Knallen der Scharfschützengewehre begleitet ihn tagein, tagaus. »Komm, ich zeige dir die Stadt«, sagt Abu Jaber. Doch daraus wird nichts. »Qassaf! Qassaf! Qassaf!«, krächzt es aus dem Funkgerät, das Abu Jaber wie alle verbliebenen Einwohner Zabadanis immer bei sich trägt. Granaten! Die syrische Armee hat wieder damit begonnen, die Stadt von ihren Stellungen in den Bergen aus zu beschießen. Wir müssen die Stadtrundfahrt verschieben.

An den ersten zwei Tagen ist der Beschuss so heftig, dass wir Abu Jabers Haus nicht verlassen können. Zum Glück weiß mein freundlicher Islamist, wie man einen Satelliten anzapft. So haben wir zumindest Internet und können die Zeit mit Facebook und Skype totschlagen. Oder wir zocken auf dem Computer; Monopoly, Risiko. Zwischendurch beten meine Begleiter oder putzen ihre Waffen. Meistens wälze ich mich auf einer fleckigen Matratze hin und her. Auch Langeweile kann tödlich sein.

Einmal explodiert eine Granate so nahe am Haus, dass Splitter die Stromleitung kappen. Den Rest des Tages sitzen wir im Dunkeln und starren an die Decke. Abu Jaber füttert mit Essensresten eine traumatisierte, abgemagerte Katze, die sich zitternd in einem seiner Stiefel versteckt, krault ihr das Fell, versucht sie zu beruhigen, vergebens. Abends telefoniert er mit seinen beiden Kindern in einem Flüchtlingslager im Libanon. Ja, Baba geht es gut. Baba vermisst euch. Baba kommt euch bald besuchen. Und er lacht, wenn sein Sohn ihn darum bittet, den »Esel Bashar al-Assad zu fangen«, damit der Krieg endlich ein Ende nimmt. »Baba liebt euch, Salam aleikum«, sagt er dann, legt auf und dreht den Kopf zur Seite, damit ich seine Tränen nicht sehen kann.

Ich bin immer wieder aufs Neue überrascht, wozu die menschliche Psyche imstande ist. In den folgenden Tagen gewöhne ich mich tatsächlich an den Beschuss. Wenn draußen die Granaten explodieren und der Strom ausfällt, wenn wir deshalb abgeschnitten sind vom World Wide Web, dann sitzen wir in Abu Jabers Wohnzimmer, trinken gesüßten Tee und führen lange Gespräche über den Krieg und die Zukunft Syriens. Auch hier höre ich die Fragen, die mir auf all meinen Reisen in Syrien gestellt werden: Warum hilft uns niemand? Warum schaut die Welt dem Töten zu?

Ein neuer Morgen: Wie immer wecken uns Assads Granaten. »Beeil dich, Christ. Ich will dir etwas zeigen«, sagt Abu Jaber. Er steht aufgeregt vor meiner Matratze, zieht mir das Laken weg.

»Muss das unbedingt jetzt sein?«, stöhne ich.

»Die Granaten schlagen doch weit weg von hier ein, entspann dich.«

Ich versuche seinen Rat zu beherzigen, leider erfolglos. Wie immer, wenn wir das Haus verlassen, ziehe ich meine schusssichere Weste an und setze den Helm auf – was bei meinen Begleitern immer Lachkrämpfe auslöst. »Hast du Angst, Christ?«, fragen sie dann und zeigen zum Himmel. »Wenn Allah will, dass du stirbst, dann stirbst du. Wenn er möchte, dass du lebst, beschützt er dich. Allahu Akbar!« Gott ist groß. »Allahu Akbar!«, brüllen die Rebellen im Chor.

Gott mag groß sein, meine Angst ist größer. Im Gegensatz zu meinen Beschützern finde ich den Märtyrertod keinesfalls erstrebenswert. Und ich teile auch nicht die Weltanschauung meiner neuen Freunde. Wie schon in Horsh Arab habe ich anfangs ihre Fragen nur ausweichend beantwortet, um nicht gleich als dekadenter Ungläubiger zu gelten. Ob ich Alkohol trinke? Vorehelichen Sex hatte? Ob ich Schweinefleisch esse? Bars und Nachtclubs besuche? Erst nach ein paar Tagen traue ich mich, diese Fragen mit »Ja« zu beantworten. Die

Reaktion der Rebellen: betretenes Schweigen. Dann klopft mir einer der Männer auf die Schultern und sagt:»Na, dann kommst du eben in die Hölle, mein Freund.« Dort könne es auch nicht viel schlimmer sein als hier, antworte ich, um die Stimmung aufzulockern. Lachen, Schulterklopfen, Küsschen links, Küsschen rechts. Aber ich solle doch bitte mit dem Rauchen aufhören, meint Abu Jaber. Das sei ungesund. Als ob herumfliegende Granatsplitter gesünder wären.

Irgendwann haben die Soldaten in den Bergen ein Einsehen, legen eine Pause ein, und ich bin froh, aus dem Haus zu kommen. Wir rasen auf Abu Jabers Moped durch die Stadt, in der Hoffnung, schneller zu sein, als die Scharfschützen zielen können. Freiwillige räumen Mauerreste von der Straße, sammeln Schrapnellsplitter auf.»Wir müssen die Wege frei halten, damit wir fliehen können, falls wir angegriffen werden«, schreit mein bärtiger Freund gegen den Fahrtwind an. Wir halten am Hauptquartier seiner Einheit. Stolz zeigt er mir das Waffenarsenal: selbst gebaute Raketenwerfer, Mörser, Granaten, kistenweise Munition.»Wir haben gerade mal ausreichend Waffen und Patronen, um uns zu verteidigen, aber nicht, um anzugreifen.« Ein Nebenzimmer dient den Rebellen als provisorisches Gefängnis. Darin hocken zwei Regierungssoldaten. Keine Gitter, kein Schloss. Nur einen Halbstarken, der pausenlos pafft, als Wächter. Wohin sollten sie auch fliehen.»Film sie«, sagen die Rebellen und schieben mich in das Zimmer.»Mach schon! Mach schon!«, fordern sie mich auf wie Großwildjäger, die einen erlegten Löwen präsentieren. Ich lehne dankend ab, fasele etwas von Genfer Konventionen, dass man Kriegsgefangene nicht filmen dürfe, weil auch sie Rechte haben – und ernte verständnislose Blicke. Aber ein Interview würde ich gerne mit den Inhaftierten führen, allein. Allein? Nein, das sei auf gar keinen Fall möglich.

Auf dem Rückweg hält Abu Jaber vor einem fünfstöckigen

Gebäude im Stadtzentrum. Dies sei der ehemalige Polizeiposten Zabadanis, erklärt er. Auf dem Dach weht die Flagge des Regimes, an der Außenmauer hängt ein Bild von Hafiz al-Assad, dem Vater des Präsidenten. Ein Dutzend Polizisten befindet sich noch in der Wache. Am Eingang, hinter Sandsäcken und Stacheldraht, hockt ein Gendarm und winkt müde in die Kamera. Die Rebellen haben das Haus umstellt. Die Belagerten werden zu Belagerern. Es herrscht eine Art Nichtangriffspakt zwischen Widerständlern und Polizisten. »Sie tun uns nichts, wir tun ihnen nichts. Jeden Tag lassen wir sie einkaufen, damit sie nicht verhungern«, sagt Abu Jaber. Außerdem sei es hier sicherer, denn die Armee beschieße ihre eigenen Leute nur selten.

Am Morgen des dritten Tages treffe ich Nermin, Omar und Momin. Die 31-jährige Nermin ist Chefredakteurin, Reporterin und Karikaturistin von *Oxygen*, einem Revolutionsblatt. Momin und Omar sind Reporter und Fotografen. Nermin gründete *Oxygen*, 32 Seiten stark, zu Beginn des Aufstands gegen das syrische Regime zusammen mit vier Freundinnen. Damals, als plötzlich alles möglich schien und sie endlich das sagen und schreiben konnten, was ihnen auf der Seele brannte, ohne dass jemand es zensierte oder sie für ihre Gedanken ins Gefängnis warf. Als Menschen wie sie erst zu Hunderten, dann zu Tausenden und irgendwann zu Hunderttausenden auf die Straße gingen, um für mehr Chancen und Rechte zu demonstrieren. Als viele hofften, die vierzigjährige Diktatur abzuschütteln, von einem Neuanfang träumten: freie Gedanken in einer freien Presse. So etwas gab es bis dahin nicht in Syrien.

Zweieinhalb Jahre später und nachdem 110 000 Menschen sterben mussten, ist der Traum von Freiheit unter dem Schutt des Krieges fast begraben. Aber Nermin ist immer noch da. Züchtig, mit Kopftuch, wie es im konservativen Zabadani von Frauen erwartet wird. Ihren richtigen Namen will sie nicht nennen. Sie muss sich und ihre Familie schützen, vor der syrischen Armee, der Geheimpolizei, die sie suchen und ein Kopfgeld auf sie ausgesetzt haben. Seit einigen Monaten lebt Nermin bei Verwandten in einem Nachbarort, der nicht so häufig bombardiert wird. Nur für ihre Recherchen oder zum Redaktionsschluss kommt sie nach Zabadani. Und jedes Mal setzt sie dabei ihr Leben aufs Spiel. Am Morgen passierte sie zwei Checkpoints der Armee und betete zu Allah, dass die Soldaten ihre Angst nicht bemerkten. Denn in ihrer Handtasche schmuggelte sie eine Mappe mit selbst gemalten Anti-Assad-Karikaturen, die in die aktuelle Ausgabe sollen. »Wenn sie mich erwischt hätten, wäre ich jetzt tot oder im Gefängnis«, sagt sie mit zitternder Stimme und holt die Mappe aus ihrer Tasche: ein Dutzend Blätter, auf denen das Leid Syriens gezeichnet ist. Ihre Arbeit sei wichtig. »Für die Wahrheit.« Aber sie ist auch ein Drahtseilakt ohne Fangnetz. »Zum Glück kontrollieren die Soldaten Frauen so gut wie nie«, sagt sie, und ein Lächeln huscht über ihr Gesicht. Ein kleiner Sieg.

Wir laufen durch die Stadt, suchen nach Menschen, die uns ihre Geschichten erzählen, passieren einen ausgebrannten Panzer, steigen über Schuttberge. Nermin zeigt auf eine Ruine. »Das war das Haus meiner Eltern.« Kaum jemand wagt sich noch auf die Straßen, alles Leben ist verschwunden. Nermin, Omar, Momin und ich sind die Einzigen hier. Ich fühle mich wie ein Statist in einem Endzeitfilm. Wir laufen dicht gedrängt an Hausmauern entlang, um den Scharfschützen kein Ziel zu bieten, rennen über Kreuzungen.

Zabadani war die erste syrische Stadt, die »befreit« wurde, erzählt mir Momin. Das war im Januar 2012. Aber frei ist hier niemand. Denn seitdem ist Zabadani eingekesselt. Auf den Bergen rings um die Stadt stehen Panzer und Artilleriestellungen der Armee, die unaufhörlich die Stadt beschießen;

siebzig, achtzig Granaten täglich. Seit zwei Jahren zerstören die Geschosse Stockwerk für Stockwerk. Kaum ein Haus, dessen obere Etagen unbeschädigt sind. Zabadani ist zu achtzig Prozent verwüstet, und die wenigen verbliebenen Bewohner suchen Zuflucht in den Kellern und Erdgeschossen. Wir besuchen die ausgebrannte Moschee, dann die Kirche nebenan, deren Glockenturm von einer Granate getroffen wurde. Momin filmt, Omar fotografiert, Nermin macht sich Notizen. »Jahrhundertelang haben Christen und Moslems in Zabadani friedlich zusammengewohnt. Jetzt sind unsere Gotteshäuser zerstört«, sagt Momin, ein dürrer, freundlicher Mann mit Wuschelkopf, der meistens schweigt und an seiner Gebetskette nestelt. Neben der Kanzel steht eine Kiste mit Weihnachtsschmuck, Andenken an friedliche Tage. Omar kramt in Geschenkpapier eingewickelte Kartons hervor. »Merry Christmas«, sagt er und wischt sich eine Träne aus dem Gesicht, seine Stimme überschlägt sich, dann bricht er in Tränen aus. »Wir haben immer gemeinsam mit den Christen Weihnachten gefeiert. Ich vermisse das. Ich halte diesen Krieg nicht mehr aus.«

Wir ziehen weiter. An einem Fenster ohne Scheiben erscheint ein Mann, beobachtet uns und ruft herunter, dass wir besser verschwinden sollen. »Kanas!«, sagt er, Scharfschützen. Dann zieht er sich wieder ins Innere der Ruine zurück. Kurz darauf erfolgt ein Warnruf der Späher in den Bergen, die die Panzer beobachten. »Granate! Granate! Granate!«, krächzt es aus Omars Funkgerät. Wir rennen in einen offenen Hauseingang, warten den ersten Einschlag ab. Rennen anschließend weiter, reflexartig, geduckt, als ob wir uns so vor herumfliegenden Splittern schützen könnten. Wir flüchten in eine Wohnung. Zitternd lehnt Nermin sich gegen die Mauer, ringt nach Luft. »Wann hat das alles endlich ein Ende?«, fragt sie und schließt die Augen.

Still sitzt sie da, mit hängenden Schultern, ihr Schweigen

wird laut, als draußen die Waffen für einen Moment innehalten. Dann wieder das schrille Pfeifen der Panzergranaten, eine Detonation, ganz in der Nähe. Das Minarett der Moschee ist getroffen. Gestein und Schrapnellsplitter prasseln gegen die Hauswand. Eine Staubwolke weht durchs Fenster. Warum riskieren die drei Journalisten ihr Leben? Warum fliehen sie nicht in den Libanon oder in die Türkei? »Weil es meine Pflicht ist«, sagt Nermin, Glitzern in den Augen. »Deshalb«, sagt Momin und zieht sein Hosenbein hoch, Fußrücken, Wade und Oberschenkel sind mit Narben übersät. »Elektroschocks und Zigaretten. Eine Erinnerung ans Gefängnis. Weil ich demonstriert habe.«

Von der Euphorie des Anfangs ist heute nicht mehr viel übrig. Die Hoffnung auf einen Neuanfang ist der Hoffnungslosigkeit gewichen. Ratlosigkeit, was die Zukunft für sie bereithält. Nur der Zorn ist geblieben und der Trotz, unter dem ständigen Bombardement nicht einzuknicken. Und die Gewissheit, das Richtige zu tun. Das Leben, das sie einmal kannten, existiert nicht mehr. Und so schreiben die drei Woche für Woche, wie in einem Laufrad gefangen, gegen das Unrecht an.

»Wir kritisieren nicht nur das Regime, sondern auch die Freie Syrische Armee«, sagt Nermin. »Denn sie haben uns die Revolution geklaut und die Werte verraten, für die wir auf die Straße gegangen sind.« In fast jeder Ausgabe von *Oxygen* finden sich Artikel über Rebellen, die plündern, Menschen erschießen oder sich gegenseitig bekämpfen. Und am meisten sorgt sie sich über die schleichende Radikalisierung innerhalb der Freien Syrischen Armee. Leute wie Abu Jaber, mein freundlicher Islamist, der sich geweigert hat, uns zu begleiten, weil Nermin eine Frau ist. »Wie konnten wir es zulassen, al-Qaida in unsere Reihen aufzunehmen? Mit welchem Recht exekutieren manche Rebellengruppen Menschen? Das macht uns nicht besser als diejenigen, die wir bekämpfen.« Auf den Straßen Zabadanis und im Internet wird sie deshalb manchmal als Verräterin und Nestbeschmutzerin beschimpft. Die neuen Herren mögen keine Kritik.

Zwei Tage lang ziehe ich mit Nermin, Momin und Omar durch die Stadt. Wir besuchen die Gemeinschaftsküche, wo junge Männer, die noch nie am Herd standen, die wenigen Nahrungsmittel in einem großen Kochtopf zusammenrühren und an die Einwohner verteilen. Jeden Abend bildet sich davor eine lange Schlange mit hungrigen Menschen. Wir treffen uns mit einem Bauern auf dessen verkohlten Feldern am Stadtrand, die er nicht mehr bestellen kann, weil die Armee sie beschießt. »Assad will uns aushungern«, sagt der Bauer und schenkt mir einen verschrumpelten Pfirsich. Zwischendurch bittet uns Omar, einen Moment zu warten, verschwindet in einem Haus, kommt nach einer halben Stunde freudestrahlend wieder raus, hält einen Finger mit einer Drahtschlinge in die Höhe und sagt: »Ich habe gerade geheiratet.« Normalität und Wahnsinn liegen in Zabadani nah beieinander.

Oftmals verlieren wir uns in unseren eigenen Gedanken. Anspannung und Angst lenken mich ab. Mein Kopf hat auf Autopilot geschaltet. Der Instinkt, diese Reise zu überleben, überlappt meine Aufgabe, Fragen zu stellen. Ich bin plötzlich kein Beobachter mehr, sondern Teil des Geschehens, Betroffener, erlebe am eigenen Leib, was es heißt, in einer belagerten Stadt zu sein. Die Prioritäten verschieben sich. Oft sitzen wir einfach nur mit klopfenden Herzen still beieinander, halten uns an den Händen und zählen die Einschläge. In diesen Momenten sind wir uns ganz nah, und die Distanz zwischen Reporter und Protagonisten verwischt.

Jeden Abend besucht mich der schweigsame Momin bei Abu Jaber, um zu sehen, ob es mir gut geht. Mal bringt er eine Dose Mückenspray vorbei, mal einen Apfel oder eine eisgekühlte Cola. Irgendwo hat er ein Kebab aufgetrieben, das ich gierig verschlinge. Oder er leistet mir einfach Gesellschaft. »Ich will, dass du dich an mich erinnerst«, sagt er dann. Fast vergessene Gesten der Gastfreundschaft, für die Syrien einst berühmt war, und der Versuch, ein bisschen Normalität in den Irrsinn des Alltags zu bringen.

Eines Morgens rüttelt mich Momin schon um sechs Uhr morgens aus dem Schlaf. Er will mir jemanden vorstellen. Zabadani schläft noch und die Soldaten in ihren Panzern anscheinend auch. Es sei die sicherste Zeit des Tages, sagt er. Wir halten vor einem Haus in der Stadtmitte Zabadanis, um uns herum zerschossene Ruinen. Mariam und ihr Mann Khaled knien auf dem Fußboden ihres Wohnzimmers, breiten Transparente und Stifte vor sich aus. Ihren Nachnamen wollen sie aus Furcht nicht nennen. Sie entwerfen die Graffitis des nächsten Tages. Auf einem steht: »Wir wollen keinen Religionskrieg in Syrien.« Auf dem anderen: »Dies ist eine Revolution gegen ein Regime.« Es ist ihre Art, Widerstand zu leisten, friedlich, ohne Waffen wie Momin, »weil Worte und der Verstand langfristig mächtiger sind als ein Gewehr«, sagt Khaled. Tochter Shahed sitzt daneben und schaut zu, Sohn Yusef chattet mit Freunden auf Facebook, bis der Strom ausfällt. Von ihrem Wohnzimmerfenster aus können wir die Panzer der syrischen Armee an den Berghängen sehen.

Seit eine Granate ihre Wohnung getroffen hat, wohnt die Familie im Haus eines Bekannten, der aus Zabadani geflohen ist. Wie jeden Morgen geht Mariams Mann Khaled allein aus dem Haus, um Graffitis an Hauswände zu zeichnen. Seine Familie bleibt zu Hause, zu gefährlich ist es auf den Straßen. In seiner Hand hält er einen Eimer mit Holzkohle, mit der er die Slogans auf die Wände kritzelt. Khaled prüft die Batterien seines Funkgeräts, umarmt seine Frau, küsst die Kinder. Dann verlässt er das Haus, Momin und ich folgen ihm.

Auf der Straße zu laufen wäre zu gefährlich. Wir gehen Umwege, klettern über Mauern, huschen durch Gärten, laufen durch verlassene Wohnungen, in deren Wände Löcher geschlagen wurden, damit die Menschen sicher von Ort zu Ort gelangen können.

Khaled führt uns hinauf in den fünften Stock eines verlassenen Hauses. Hier war früher seine Wohnung. Die Tür hängt aus den Angeln, trotzdem hat er sie mit einem Vorhängeschloss gesichert. Das Innere gleicht einem Trümmerfeld. Momin hat sich getäuscht, die Armee ist heute früher als sonst aufgestanden. Als Khaled uns das Wohnzimmer zeigen will, fliegt eine Granate pfeifend am Haus vorbei und explodiert im Garten. »Al-hamdu li-lah«, flüstert Khaled. »Allahu Akbar«, murmelt Momin. Verdammter Mist, denke ich. Aus dem Funkgerät ertönt die Warnung, dass die Panzer wieder begonnen haben, die Stadt zu beschießen. Als wir die Wohnung verlassen, liegt auf der Straße ein alter Mann in einer Blutlache, Granatsplitter im Kopf. Er ist tot. Momin filmt.

Wir warten drei weitere Granaten im Haus eines Nachbarn ab. Khaled überlegt, welchen Platz er heute wählen wird. Einerseits möchte er, dass die syrische Armee sein Graffiti sehen kann, andererseits muss er darauf achten, nicht selbst zum Ziel zu werden. Dann beginnt er auf eine Hauswand zu zeichnen. Hin und wieder hört er auf, blickt auf die Berge, will erkunden, ob dort irgendetwas Verdächtiges passiert. Jederzeit bereit, in Deckung zu gehen. Meistens jedoch verlässt er sich auf die Späher, die versteckt in Häusern und an den Berghängen liegen und jede Bewegung der Armee per Funk weitergeben. Das Graffiti ist fertig. Unübersehbar, auf zwei mal zwei Meter und in arabischer Schrift fragt Khaled den Westen und die Vereinten Nationen, warum sie dem Morden in Syrien zusehen.

»Vom ersten Jahr an, als wir auf die Straßen gegangen sind, haben sie auf uns geschossen und uns getötet. Und die Welt denkt immer noch, dass wir terroristische Banden sind. Wir sind ein Volk, das sein Land verteidigt«, sagt Khaled und betrachtet sein Werk. Schnell noch ein Foto für die Web-seite und Facebook, dann beginnt er, das Graffiti mit einem Schwamm und Wasser abzuwaschen. »Wir löschen es gleich, damit nicht alle denken, dass wir der Grund dafür waren, falls diese Stelle bombardiert wird.«

Zwei Wochen verbringe ich in der belagerten Stadt, dann wird es höchste Zeit, Zabadani zu verlassen. In den letzten Tagen wurde der Beschuss aus den Bergen immer heftiger. Einmal donnerte ein Kampfflugzeug über die Stadt hinweg und feuerte drei Raketen in ein Wohngebiet. Unbekannte er-schossen den Vorsitzenden der provisorischen Stadtverwal-tung. Abu Jaber befürchtet, dass Assads Truppen die Stadt einnehmen möchten. »Besser, du verlässt uns, Habibi«, sagt er. Doch das ist schwieriger als gedacht. Einer der Schmugg-ler, die mich nach Zabadani brachten, wurde bei einer Razzia verhaftet. Gerüchte machen die Runde, dass seine Kumpels mich den Regierungstruppen zum Tausch anbieten wollen. Abu Jaber ist besorgt. »Du sollst entführt werden, Christ. Das ist ein Problem.« Von nun an darf ich seine Wohnung nicht mehr verlassen. Am Eingang stehen Bewaffnete, die mich beschützen sollen. »Aber, keine Sorge, wir bekommen dich heil aus der Stadt«, sagt Abu Jaber und lädt mich zum Abend-gebet ein.

Noch vor wenigen Monaten galten Journalisten als Ver-bündete und Freunde, ein Sprachrohr zur Welt, die sich im-mer weniger für Syrien interessierte. Das änderte sich, als die Islamisten die Macht in vielen Teilen Syriens übernahmen. In der kruden Weltanschauung von al-Qaida und Co. sind Journalisten Spione des Westens, ungläubig noch dazu. Ver-brecherbanden versprechen sich üppige Lösegelder. Oder sie müssen einfach nur als Sündenböcke für enttäuschte Rebel-lengruppen herhalten, die ihre Wut über die Tatenlosigkeit des Westens an Reportern auslassen. Im November 2013 exekutiert der Islamische Staat erstmals einen ausländischen Reporter, einen Iraker, vor laufender Kamera.

Drei Tage Warten. Drei Tage voller Angst und Ungewissheit. Immerhin: Momin beschützt mich, ist mein ständiger Begleiter. In der Zwischenzeit verhandelt Abu Jaber mit anderen Schmugglern. Doch kaum jemand will das Risiko eingehen, da die syrische Armee den Belagerungsring um die Stadt immer enger zieht. »Mafi mushkillah, mafi mushkillah«, kein Problem, wiederholt Abu Jaber wie ein Mantra. Es soll mich beruhigen und bewirkt doch nur das Gegenteil. In der Nacht des dritten Tages hält ein Pritschenwagen. »Schnell, schnell«, ruft Abu Jaber. »Steig ein, niemand darf dich sehen.« Auch Momin ist da, um sich zu verabschieden. Ich hole ein paar verknitterte Dollarscheine aus meiner Tasche, will sie Abu Jaber geben, als kleine Entschädigung dafür, dass er mich zwei Wochen lang in seinem Haus aufgenommen hat, mich beschützte und mir zu essen gab. »Du gehörst zur Familie, Christ. Ich will dein Geld nicht.« Basta. Wir umarmen uns. »In zwei Stunden, insch'allah, bist du in Sicherheit.« Inzwischen weiß auch ich, dass dies eine gut gemeinte Lüge ist.

Kapitel 11: Flucht aus Zabadani

Auf der Ladefläche des Pritschenwagens kauern bereits fünf Rebellen mit Kalaschnikows; die Eskorte, die uns auf der Flucht begleiten würde. Dazu kommen zwei Schmuggler, die mich auf Schleichwegen über die Berge in den Libanon bringen sollen, und fünf schweigsame junge Männer. Es sind Flüchtlinge, die zu ihren Familien in den Lagern des Libanon wollen. Ihre Namen werde ich nie erfahren, sie wollen anonym bleiben. Je weniger wir voneinander wissen, desto sicherer. Zwei von ihnen sprechen ein bisschen Englisch. Einer von ihnen war Student der Geschichte in Damaskus. Der andere führte in der Stadt Yabroud den Lebensmittelladen seiner Eltern weiter, die schon zu Beginn des Krieges geflohen waren. Als es nichts mehr zu verkaufen gab und die Granaten der Armee immer näher kamen, beschloss er, Syrien zu verlassen. Beide haben nur ein Ziel: die libanesischen Flüchtlingslager. Raus aus Syrien. Sicherheit. Was danach kommt, wissen sie nicht.

Wir fahren auf einem Feldweg durch die Nacht, teilen uns unterwegs Zigaretten. Nach etwa zehn Minuten Fahrt erreichen wir schließlich den Fuß eines Berges. Der Hang schimmert im Mondlicht. Von hier aus müssen wir laufen. Uns verbindet der Wunsch, die nächsten Tage zu überleben. Die Risiken dieser Flucht sind unkalkulierbar. Wir müssen Dutzende Checkpoints umlaufen, um die Belagerung zu durchbrechen. Erst zwei Tage zuvor war eine Gruppe von Flüchtlingen in einen Hinterhalt der Armee geraten; drei Menschen wurden dabei erschossen, der Rest gefangen genommen. Nur mit viel Überzeugungsarbeit und Geld ließen sich die Schmuggler von Abu Jaber überreden, mich aus der Stadt zu schleusen.

An die nächsten zwei Tage erinnere ich mich kaum. Nur an die Angst. Eine Angst, die jeden Gedanken überlagert. Den Alltag der Syrer zu recherchieren und zu dokumentieren habe ich längst aufgegeben. Ich bin kein distanzierter Beobachter mehr, der darüber schreibt, wie Hunderttausende Menschen vor Bomben und Fanatikern fliehen. Ich bin selbst ein Flüchtling. Ohne Orientierung, ohne Plan, ständig schwankend zwischen Zweifel und Zuversicht.

In der ersten Nacht laufen wir neun Stunden. Kurz hinter Zabadani verlassen wir die Feldwege und klettern steile Berghänge empor. Einmal erfasst uns ein Suchscheinwerfer, und wir verstecken uns hinter einem Felsen. Sekunden später zerreißt ein Schuss die Stille, und eine Kugel schlägt links von uns ins Gestein. Mein Herz klopft so stark, dass ich Schwierigkeiten habe, Luft zu bekommen. Ein Mann vergräbt sein Gesicht in den Händen und weint. Andere beten. Unsere Eskorte schwärmt aus, die Gewehre im Anschlag.

Die Angst, entdeckt oder von einer Patrouille der syrischen Armee erschossen zu werden, lähmt mich, macht jede Bewegung zur Qual. Ich spüre meine Angst, als wäre sie ein Körperteil. Ein Gefühl nie dagewesener Intensität. Ich bin ein Bremsklotz für unsere Gruppe und gefährde so die anderen. »Halte dich an mir fest«, sagt der Student aus Damaskus, während er mich an seinem Gürtel den Hang heraufbugsiert. Von hinten schiebt mich der Lebensmittelhändler. Ein anderer schleppt meinen Rucksack. Ein Schmuggler trägt meine Kameraausrüstung. Ich schäme mich meiner Schwäche. Sie hätten mich auch zurücklassen oder umbringen können, schießt es mir durch den Kopf. Es hätte ihre Sicherheit erhöht. Auf dem Gipfel eines Berges ruhen wir uns aus, teilen Kekse und lassen die einzige Wasserflasche kreisen. Ich bin dehydriert, und die Zunge klebt mir am Gaumen. Der Student klopft mir aufmunternd auf die Schulter und lächelt. Ein kalter Wind pfeift, und wir umarmen uns, um unsere Körper so vor der Kälte zu schützen.

Nach einer Weile schält sich eine Gestalt aus der Dunkelheit, und wir werden einem anderen Schmuggler übergeben. Auch unsere Eskorte verabschiedet sich und kehrt nach Zabadani zurück. »Yalla! Yalla!«, schneller, schneller, zischt mir der unbekannte Schmuggler ins Ohr, der sein Gesicht hinter einer Maske versteckt. Vorwärts! Es ist eine wolkenverhangene Nacht, und wir taumeln in absoluter Dunkelheit die Berghänge hinunter, stürzen, schlagen uns Arme und Knie auf. Pausen erlaubt unser Führer nicht. Kurz vor der Morgendämmerung erreichen wir eine Kleinstadt, die von der syrischen Armee kontrolliert wird. »Siehst du die Lichter dort drüben?«, fragt mich der Student. »Das ist der Libanon, dort müssen wir hin.«

So nah und doch so weit entfernt. Wir verstecken uns in einer Obstplantage, bis eine Gruppe von Männern mit Motorrädern auftaucht. Wir springen auf, und sie bringen uns in ein Schutzhaus syrischer Aktivisten am Stadtrand. Das Schutzhaus ist das Wohnhaus einer syrischen Familie, die den Rebellen nahesteht. Auch hier erfahre ich nur das, was ich unbedingt wissen muss. Dass wir uns tagsüber in diesem Haus verstecken müssten, da die Stadt von der syrischen Armee gehalten werde. Dass es im Augenblick zu gefährlich sei, die Grenze zu überqueren, weil dort libanesische Hisbollah-Einheiten patrouillierten und es am Vortag Gefechte an der Grenze gegeben habe. Man gibt uns zu essen, und als ich erschöpft auf einer Matratze einschlafe, höre ich von irgendwoher Schüsse.

Ich bewundere dieses gut organisierte syrische Netzwerk aus Untergrundaktivisten, Schmugglern und Rebellen, die sehr hohe Risiken eingehen, um ihre Landsleute in die

Flüchtlingslager im Libanon, in der Türkei, in Jordanien oder im Irak zu geleiten. Natürlich gegen Bezahlung. Aber ohne diese konspirativen Gruppen könnten Flüchtlinge, vor allem junge Männer, die sich dem bewaffneten Aufstand nicht angeschlossen haben, Syrien nicht verlassen. Denn als potenzielle Rebellen oder Aktivisten würden sie sofort vom Regime festgenommen oder getötet. Auf denselben Routen, auf denen Waffen, Lebensmittel, Munition und Benzin nach Syrien geschmuggelt werden, gelangen verletzte Kämpfer und Flüchtlinge hinaus. Und manchmal auch verängstigte Journalisten.

Den nächsten Tag verbringen wir im Wohnzimmer der siebenköpfigen Familie, die uns Schutz gibt. Die Frau kocht für uns. Der Vater erkundet auf seinem Motorrad die Gegend oder spricht über Funkgerät mit Rebelleneinheiten, die mögliche Fluchtwege überwachen. An der Haustür haben sich zwei Bewaffnete postiert, für den Fall, dass man uns in der Nacht zuvor gesehen hat. Um 23 Uhr kommt die Bestätigung, dass der Weg wohl einigermaßen sicher sei. Es gebe weder neue Checkpoints noch nennenswerte Bewegungen der syrischen Armee.

Wir brechen auf.

Dies ist der gefährlichste Teil der Flucht. Wir müssen unentdeckt aus der Stadt kommen, Checkpoints meiden und Patrouillen aus dem Weg gehen. Hier gibt es keine Felsbrocken, hinter denen wir uns verstecken könnten. Ich fühle mich leer und folge blindlings meinem Vordermann. Ich verstehe weder, was gesprochen wird, noch ahne ich, was uns erwartet. Der Geschichtsstudent geht hinter mir und flüstert unentwegt: »Allahu Akbar.« Er schubst mich sachte nach vorne. Wir drücken uns an Hauswänden entlang und robben bäuchlings über ein Gemüsefeld, bis wir aus der Stadt sind. Auf einem freien Feld hetzt eine Meute Hunde hinter uns her. Sie bellen so laut, dass ich mir sicher bin, dass sie uns verraten werden. Wir legen uns auf den Acker und spielen toter Mann, die Hunde beschnuppern uns eine gefühlte Ewigkeit, dann trotten sie davon. Ich erlebe alles schnell und langsam zugleich. Immer wieder muss unsere Gruppe anhalten. Die Fluchthelfer lauschen in die Nacht. Jedes Geräusch ist bedrohlich. Wer es falsch deutet, kann sein Leben verlieren. Auf diese einfache Formel reduziert sich unser Dasein. So geht es voran, Meter um Meter, Stunde um Stunde. Dabei ist die Grenze zum Libanon nur wenige Kilometer entfernt.

Um fünf Uhr morgens kriechen wir irgendwo in der Nähe der historischen Stadt Baalbek unter einem Grenzzaun hindurch. In Sicherheit, endlich. Zumindest fast. Ein alter Mercedes wartet schon und bringt uns zu einer syrischen Flüchtlingsfamilie, achtzehn Frauen, Männer und Kinder, die in Zelten auf dem Dach eines Wohnhauses hausen. Erst hier fallen wir uns in die Arme. Die Anspannung der vergangenen Tage löst sich. Ich sinke zitternd und erschöpft zu Boden. Der Student bricht in Tränen aus. Der Lebensmittelhändler wird von seinem Bruder abgeholt. Die Fluchthelfer gehen zurück nach Syrien.

Noch am selben Morgen breche ich auf nach Beirut. Ich will so schnell wie möglich heim zu meiner Familie. Und möglichst schnell die vergangenen Wochen vergessen. Meine Wege und die meiner Begleiter trennen sich in diesem Flüchtlingshaus. Was aus ihnen geworden ist, weiß ich nicht. Für einige wenige Tage habe ich erfahren, was es bedeutet, in einer belagerten Stadt zu leben, und habe das Schicksal syrischer Flüchtlinge geteilt – Angst, Ungewissheit, Wut, Hilflosigkeit. Diese Erfahrung hat mich geprägt und traumatisiert. Für viele Syrer ist dies seit mehr als drei Jahren Alltag. Auf dem Rückflug nach Manila frage ich mich, wie die Syrer es jemals schaffen sollen, diese Erlebnisse zu verarbeiten, zu einer Art Normalität zurückzukehren. Ich habe nicht einmal eine Ahnung, wie ich es schaffen soll, die Erlebnisse der vergangenen Wochen zu verdauen.

Kapitel 12: Trauma

Zu Hause in Manila angekommen, erhalte ich eine E-Mail von Nermin, der Chefredakteurin von *Oxygen* in Zabadani. Mein Freund Momin, schreibt sie, wurde kurz nach meiner Abreise von einer Granate getötet. Ich fühle mich leer, ohnmächtig. Ich habe nicht einmal Platz für Trauer. Omar, der tapfere Fotograf der Zeitung, schickt mir ein Bild des toten Momin.

Es sieht aus, als würde Momin schlafen. Seinen Körper bedeckt ein weißes Laken, nur sein Gesicht ist frei. Stundenlang starre ich auf das Foto. Die Erinnerungen sind noch zu frisch. Ich denke daran, wie wir durch die Straßen des zerstörten Zabadani gelaufen sind. Momin, der nie von meiner Seite wich, weil er glaubte, mich so beschützen zu können. Die kleinen Geschenke, die er mir brachte; den Kebab, eine warme Cola. Ein junger Mann, der sich weigerte, eine Waffe in die Hand zu nehmen, nicht kämpfen wollte. Stattdessen daran glaubte, dass der friedliche Widerstand letztendlich seinem Volk die Freiheit bringen würde.

Im August schreibt mir Nermin einen langen Brief. Gerade erst ließ das syrische Regime Vororte von Damaskus mit Giftgas beschießen. Mehr als tausend Menschen starben. In tausend Wörtern beantwortet sie mir all die Fragen, die ich nicht gestellt habe, als wir zusammen waren, und beschreibt ihre Wut darüber, dass ihr die Revolution gestohlen wurde. »Ich bin am Boden zerstört, weil der Widerstand irgendwann zum Dschihad geworden ist. Einst hatten wir die große Hoffnung, diesem Regime aus eigener Kraft ein Ende zu setzen«, schreibt sie. Sie fragt, ob es schlimmer sei, durch Gift zu sterben, als von einem Panzer überrollt zu werden. Von einem Scharfschützen ins Herz getroffen, von einer Rakete zerfetzt zu werden. Oder unter Folter zu krepieren. Eine Passage muss ich immer wieder lesen, weil sie von dem unbändigen Schmerz zeugt, den diese mutige junge Frau ertragen muss: »Ich bin Ehefrau und Mutter und arbeite eigentlich als Lehrerin. Mittlerweile muss ich mich vor allem um die seelischen Nöte und die Familientragödien meiner Schüler kümmern. Sie sind Kriegskinder. Einige von ihnen wurden eingesperrt und gefoltert. Ich bekomme selbst das viele Blut nicht mehr aus meinem Kopf und frage mich, wie das die Kinder machen. Wie sie die täglichen Geräusche der Bomben und Gewehre ertragen, die ständige Angst, zu sterben und gefoltert zu werden. Ich habe mein Magazin und schreibe auf, wie es mir geht in einem Klima der Angst. Ich kann klagen, dass die Welt dabei zuschaut, wie wir sterben. Sie können das nicht. Sie bleiben stumm.«

Oxygen ist ihr Ventil, ein Katalysator, um den Irrsinn zu kanalisieren, damit er sich nicht staut, abstumpfen lässt. Vierundsiebzig Ausgaben, jede Woche eine, machen sie zu einer Chronistin des Krieges. »Obwohl wir keine Drucker, keine Ahnung vom Verlagswesen, keinen Schimmer vom Journalismus haben.« Und trotz aller Gefahr, trotz aller Schwierigkeiten hat sie niemals daran gedacht aufzugeben. »Der Krieg gegen die Ungerechtigkeit dauert an, und wir werden nicht weichen. Wir werden gegen unsere Versklavung kämpfen, werden weiterhin unseren Gedanken und Wünschen freien Lauf lassen. Hey, vielleicht liegt die Zukunft am Ende doch in unseren Händen.« Es ist dieser eine Gedanke, der sie weitermachen lässt.

Ich lese den Brief mehrfach und frage mich, wie ich weitermachen soll. Weitermachen kann. Die Eindrücke aus Zabadani lassen mich nicht los. Immer wieder durchlebe ich in meinen Träumen meine Flucht aus Syrien. Doch bevor ich den Libanon erreiche, wache ich auf. Das Gefühl der Angst verlässt mich nicht mehr. Ich schlafe schlecht, entweder plagen mich Albträume, oder ich falle nachts in ein traumloses Nichts. Ich habe damit gerechnet, dass dies irgendwann einmal passieren wird. Nur, wie damit umgehen? Keine Ahnung. Ich versuche es mit Arbeit. Aber mir fehlt der Enthusiasmus. Ich reise, schreibe, recherchiere. Mechanisch, wie auf Autopilot. Die Leidenschaft ist verschwunden. Es ist mir relativ egal, ob meine Texte veröffentlicht werden. Ich kapsele mich ab, während ich versuche, den bösen Geist in der Lampe zu halten.

Als ich aus Zabadani zurückkehre, holt mich meine Frau am Flughafen Manila ab. Sie hat eine Überraschung für mich geplant. Ein Wochenende mit Freunden in einer Villa am Meer. Es wird ein Albtraum. Ich will allein sein. Nichts erzählen, keine Fragen beantworten. Wer sollte es verstehen?

Das Trauma klopft meist sachte an wie ein schüchterner Verehrer. Wird langsam lauter, bis es wild um Einlass trommelt. Monatelang spüre ich kaum etwas, weder Freude noch Ärger. Dann stelle ich plötzlich alles infrage. Zweifele an mir, an meinem Beruf, an meiner Ehe. Mal halte ich mich für einen Versager, dann für einen schlechten Ehemann. Oft will ich einfach alles hinwerfen. Mich verkriechen, meine Frau verlassen. Ich wünschte, ich wäre bei meiner Familie, bei Freunden und Kollegen in Deutschland. Könnte einen Sommer an der Isar in München verbringen und die Augen davor verschließen, was in Syrien geschieht. Ich kämpfe dagegen an, dass der Zynismus meinen Idealismus schluckt, und merke, wie mir das immer schwerer fällt.

Während der Flucht aus Zabadani sind wir stundenlang durch Dornengras gelaufen, dessen Spitzen abbrechen und dann wie kleine Widerhaken unter der Haut stecken bleiben. Ich habe Tausende davon, über den ganzen Körper verteilt. Ich verbringe das Wochenende in einem Zimmer der

Villa, lasse die Vorhänge zugezogen, spreche mit niemandem ein Wort und nutze die meiste Zeit dafür, die Dornenspitzen aus meinem Körper zu pulen. Noch Monate später finde ich welche an verschiedenen Körperstellen; in Armen und Beinen, am Rücken, in der Ferse, in den Handflächen, in einer Wade. Und jeder Splitter katapultiert mich zurück in jene zwei Nächte, in denen ich auf syrischen Schmugglerpfaden Richtung Libanon marschierte. Ich spüre das Hecheln der Hunde in meinem Nacken. Ich sehe die Suchscheinwerfer der syrischen Armee. Die Angst, die mir die Luft nahm. Erinnere mich an die Panik meiner Begleiter, als sie dachten, in einen Hinterhalt zu geraten, wie sie auf einem GPS-Gerät nach Auswegen suchten, immer nervöser wurden.

Jeder reagiert anders auf Traumata. Ich wache nachts nicht schreiend auf. Ich zucke bei Feuerwerk nicht zusammen. Ich sitze nicht zitternd in einer Ecke. Aber meine Gedanken verklumpen zu einem zähen Brei. Manche Kollegen ziehen sich zurück. Andere werden kreativ. Ich versuche, mich mit Arbeit abzulenken, reise nach Ägypten. Dort möchte ich einen mutigen Aktivisten treffen, der in einem Klima des Irrsinns nach Ausgleich und Dialog sucht, während sich Muslimbrüder und Militärs unversöhnlich gegenüberstehen. Ich begleite einen Mann, der versucht, das Denken der Menschen zu verändern. Eine wunderbare Geschichte. Doch meine Reportage vermittelt nicht annähernd die Dramatik der Ereignisse und das Charisma des Protagonisten.

Am 8. November 2013 zerstört einer der stärksten jemals gemessenen Wirbelstürme große Teile der Philippinen, das Land, in dem ich mit meiner Familie lebe. Tagelang hatte sich der Sturm über dem Pazifik zusammengebraut, bis er dann in den Morgenstunden auf Land traf. Böen von über 370 Stundenkilometern und fünf Meter hohe Flutwellen verwüsten die Provinzen Leyte und Eastern Samar. 6300 Men-

schen sterben, 27 000 werden verletzt. Die Philippiner tauf-
ten den Sturm Yolanda.

Der Tropensturm mit dem schönen Namen zerstört nicht
nur Leben, Besitz und Existenzen. Er hinterlässt in den zerstörten Gebieten ein Vakuum, in dem zivilisatorische Regeln nicht mehr gelten. In diesem rechtlosen Raum müssen Vergewaltiger nicht fürchten, bestraft zu werden, denn
die Menschen im Katastrophengebiet sind damit beschäftigt
zu überleben. In vielen Gemeinden gibt es kaum noch hand-
lungsfähige staatliche Behörden. Es gilt das Recht des Stärke-
ren, Anstand und Mitgefühl scheinen verschwunden. Spen-
dengelder versickern in den Taschen korrupter Politiker. Ich
bekomme unaufhörlich Anfragen von deutschen Redaktionen. Ich soll in das Katastrophengebiet reisen. Doch Menschen zu befragen, die alles verloren haben, macht mich
krank. Ich will nicht durch zerstörte Städte laufen. Den Leichengeruch atmen. Tote sehen. Davon hatte ich dieses Jahr
genug. Ich will zur Abwechslung mal etwas Schönes erleben,
den Kopf freibekommen, in eine Gegend reisen, in der mich
niemand entführen möchte oder ich mein Leben verlieren
kann.

Statt über das Leiden in meiner Wahlheimat zu berichten,
reise ich mit einem gut bezahlten Auftrag in der Tasche in den
hintersten Winkel der indonesischen Insel Sulawesi, um dort
eine Reportage über traditionelles Bootsbauen zu schreiben.
Weiße Strände, Tropen, blaues Meer. Eine Geschichte, die völlig unwichtig ist, während in den Philippinen Tausende von
Toten geborgen werden. Nach fünf Tagen werde ich im Schlaf
von einem Tausendfüßler gestochen. Mein Arm schwillt auf
die doppelte Größe an, ich kann vor Schmerzen kaum noch
meine Kamera halten. Ich versuche noch, die Recherche halbwegs abzuschließen, und gebe dann auf. Denn das nächste
Krankenhaus ist eine Tagesreise entfernt.

Mit das Schwierigste für mich ist es, die innere Haltung, die Überzeugung für mein Handeln nicht zu verlieren, wenn sich die Welt plötzlich anders anfühlt, weil etwas verloren gegangen ist, sich auflöst wie Eiskristalle an einer Fensterscheibe. Ich habe meinen Antrieb und meine Leichtigkeit verloren. Aber am schlimmsten ist: Ich bemitleide mich selbst, lasse die Bilder in meinem Kopf in Endlosschleife laufen. Jeder, der für längere Zeit in Syrien arbeitet, lässt ein Stück seiner Seele zurück. Immer und immer wieder erinnere ich mich an meine Angstzustände. Spiele im Kopf die Situationen durch, wie ich mich gefühlt habe, was ich gedacht habe. Pushe mich emotional hoch. Höher. Ich will diesen Kampf allein durchstehen wie ein angeschlagener Boxer, der jede Runde durch K. o. verliert, aber der seinem Trainer verbietet, das Handtuch zu werfen. Irgendwann beschließe ich, mit einer anderen Taktik in den Ring zu steigen.

Eine Bekannte arbeitet für das DART-Center, eine Organisation, die sich um traumatisierte Journalisten kümmert. Ich erzähle ihr, wie ich mich fühle. Sie vermittelt mich an eine Psychologin. Drei Stunden reden wir über Skype. Das heißt, ich rede, sie hört zu. Alles rauslassen, sagt die Frau. »Sprechen Sie mit Ihrer Frau, Freunden, Familie, Kollegen. Ihr Umfeld muss verstehen, wie es Ihnen geht.« Und sie erklärt mir, dass dieses Trauma mich mein restliches Leben begleiten wird; dass das, was zerbrochen ist, anders als die Knochen bei einem Beinbruch nicht wieder zusammenwachsen wird. Das muss mir und den Menschen in meinem Leben bewusst sein. Aber ich hätte die Möglichkeit zu bestimmen, wie weit dieses Trauma mein Leben beeinflusst. Die Deutungshoheit über mein Leben, so sagt sie, könne ich zurückgewinnen. Mir gefällt das.

Ich beschließe, dass meine Erinnerungen nicht bestimmen sollen, wie mein Leben verläuft. Es sind Kleinigkeiten, an denen ich merke, dass die Zeit zwar Wunden heilt, aber die Narbe weiterhin schmerzen kann. Meine besiegt geglaubte Flugangst ist mit Wucht zurückgekehrt. Es gibt immer mal wieder Tage, in denen ich mich in Erinnerungsspiralen verfange. Kurze Momente seltsamer Traurigkeit, in denen ich mich schlecht fühle, aber gar nicht genau sagen kann, warum. Und ich kann nicht mehr tauchen. Unter Wasser bekomme ich Panikanfälle, verliere die Kontrolle. Aufzüge meide ich, nehme lieber die Treppe. Alte Grenzen verwischen, neue müssen gezogen werden.

Ich muss zusammenflicken, was in mir zerbrochen ist. Und wenn es stimmt, was mir meine Psychologin gesagt hat, ist dies eine Lebensaufgabe. Es ist wie mit allen Entscheidungen im Leben: Man lebt vorwärts, versteht es aber erst in der Rückschau. Ich lerne, Gefühle zu ordnen. Dieses Wissen um meine Verletzlichkeit beschützt mich von nun an. Ich lerne zu akzeptieren und dabei psychisch intakt zu bleiben. Ich habe keine Flashbacks, keinen erhöhten Pulsschlag, keine Albträume. Ich muss lachen, als ich ein Zitat von Fjodor Michailowitsch Dostojewski lese: »An alles kann sich der Mensch, dieses Schwein, gewöhnen.«

Ich versuche, mich geistig und körperlich frisch zu halten. Ich lese viel, neben dem, was ich für meinen Beruf lesen muss, Dossiers, Analysen, Reportagen, Berichte von Menschenrechtsorganisationen. Kriminalliteratur lenkt mich ab, ich lese alle Wallander am Stück. Sämtliche Skandinavier. In fast allen geht es darum, dass das Gute das Böse besiegt – nicht auslöscht, aber besiegt. Ich schaue Serien: *Sopranos, Breaking Bad, The Bridge, True Detective, The Wire, The Americans, House of Cards, Game of Thrones*. Ablenkung, Ablenkung. Geistiges Stillsitzen halte ich nicht aus.

Dann erhalte ich wieder eine E-Mail von Omar aus Zabadani. Abu Jaber ist am Morgen des 2. Januar 2014 gestorben. Vor seinem Haus trafen ihn die Splitter einer Panzergranate. Er hatte seinen beiden Kindern versprochen, den Tag mit ihnen zu verbringen, und wollte sie in einem Flüchtlingslager im Libanon besuchen. Er kam nicht einmal bis zu seinem Auto. Und so beginnt das Jahr 2014 mit dem Tode jenes Mannes, dem ich mein Leben zu verdanken habe.

Kapitel 13: Rückkehr nach Aleppo

Der Islamische Staat hat die Bühne der Weltöffentlichkeit betreten und ruft im Juni 2014 ein Kalifat aus, das sich von Syrien bis in den Irak erstreckt. Die syrische Opposition bekämpft verbissen und auf einsamem Posten den IS und verliert dabei Tausende Kämpfer. Zur gleichen Zeit nutzt die syrische Armee die Gelegenheit und zieht einen Belagerungsring um Aleppo. Die Zufahrtsstraßen sind abgeriegelt, eine Versorgung der Bewohner ist kaum noch möglich.

Seit Ende Dezember 2013 vergeht kein Tag, ohne dass die syrische Luftwaffe Fassbomben über Aleppo abwirft; mit Sprengstoff und Eisenschrot gefüllte Ölfässer, die aus Hubschraubern geschubst werden. Sie treffen im Winter 2013/2014 meist Schulen, Krankenhäuser, Wohnhäuser oder Märkte. Das vierte Jahr des Krieges hat die einst lebendige Wirtschaftsmetropole Aleppo in eine Geisterstadt verwandelt. Im Februar 2014 verlangt der Sicherheitsrat der Vereinten Nationen in einer Resolution ein Ende der Luftanschläge auf zivile Gebiete; ausdrücklich untersagt das Gremium auch die Verwendung von Fassbomben. Die Menschenrechtsorganisation Human Rights Watch (HRW) hat mit Satellitenaufnahmen belegt, dass allein zwischen Dezember 2013 und Februar 2014 mindestens 340 Orte in Aleppo von Fassbomben getroffen wurden. Geändert hat es nichts. Die in Großbritannien ansässige Organisation »Syrian Observatory for Human Rights« zählt 1963 Tote durch Fassbomben allein in diesen drei Monaten – davon 283 Frauen und 567 Kinder. Die Fassbombenoffensive der syrischen Armee treibt die Menschen aus der Stadt und spült sie in die Flüchtlingslager der Nachbarländer. Jene, die geblieben sind, weil sie zu arm, zu alt oder zu störrisch sind, ihre Heimat zu verlassen, verbarrikadieren sich in ihren Wohnungen.

Schon Anfang Januar 2014 gelingt es Rebellenverbänden, den IS unter großen Verlusten aus Aleppo zu vertreiben. Bis Ende April erobern sie auch die Dörfer und Grenzübergänge entlang der türkischen Grenze vom IS zurück. Die Terrororganisation, so scheint es, ist in diesem Teil Syriens besiegt.Die Rebellen nehmen auch den Grenzübergang bei Kilis ein und schaffen so einen Korridor von der Türkei bis nach Aleppo. Mein alter Freund Abu Yazan schreibt mir, dass es jetzt einigermaßen sicher sei, Aleppo zu besuchen. Ein Bekannter vermittelt mich an einen Kontaktmann in Syrien, der sich bereit erklärt, mich in Aleppo zu begleiten. Statt nach Deutschland fliege ich im Mai 2014 in das türkisch-syrische Grenzgebiet. Es geht auch darum, mir zu beweisen, dass ich noch imstande bin zu arbeiten. Die Reise nach Aleppo ist ein Test. Wenn mich die Angst lähmt, breche ich ab und werde nicht mehr aus Krisengebieten berichten. Ich rufe meinen Vater an und erkläre ihm, dass ich dieses Jahr nicht nach Deutschland kommen werde. Kein Problem, denke ich, er kommt mich ohnehin über Weihnachten besuchen, um seinen ersten Enkel kennenzulernen. Ich habe meinen Vater nie so glücklich gesehen wie an dem Tag, als ich ihm erzählte, dass er Opa wird. Es ist sein größter Wunsch, Großvater zu werden.

Yosef, mein Kontaktmann, erwartet mich am Grenzübergang Bab al-Salam, auf der syrischen Seite. Yosef, 27 Jahre alt, ist ein kleiner, dünner Mann mit Vollbart und müden Augen. Vor dem Krieg hat er Betriebswirtschaft in Damaskus studiert. Wie viele seiner Landsleute hoffte er, die schon vierzig Jahre während Diktatur abzuschütteln. Er demonstrierte, kämpfte später auf der Seite der Rebellen in einer kurdischen Einheit gegen die syrische Regierungsarmee.

Aus Enttäuschung über die zerstrittene Opposition und

aus Liebe zu seiner Frau legte er nach einigen Monaten die Kalaschnikow beiseite. Heute nennt er sich Medienaktivist. Auf Facebook und Twitter postet Yosef Bilder und Berichte über den Krieg; dazwischen Selfies, Koransuren und Karikaturen, die Assad oder die Anhänger des selbsternannten Islamischen Staates verspotten. Er hoffe noch immer, so sagt er, dass die Welt durch seine Arbeit in den sozialen Netzwerken Syrien nicht vergisst. Manchmal führt er ausländische Journalisten durch seine Stadt und an die Front, verdient sich als Mädchen für alles ein paar Dollar dazu. Ein Verzweifelter, der versucht, aus seiner Situation das Beste zu machen. Treibgut des Krieges.

Wir fahren in Yosefs verbeultem Toyota nach Aleppo. Mit im Auto sitzt eine Eskorte Bewaffneter der Islamischen Front, der größten Rebellengruppe dieser Gegend. Vier junge Männer, die dafür sorgen sollen, dass ich sicher nach Aleppo gelange und nicht an einer Straßensperre entführt werde. So wie der US-Amerikaner Steven Sotloff. Yosef war damals Sotloffs Übersetzer, und während wir im Auto sitzen, erzählt er mir, wie er und Sotloff entführt wurden.

Am Morgen des 4. August 2013 steigt Steven Sotloff an der syrisch-türkischen Grenze zu Yosef ins Auto. Yosef soll ihn als Fahrer und Übersetzer unterstützen. Ein gefährlicher Job. Fast täglich entführen Islamisten in dieser Zeit ausländische Journalisten. Aber Yosef braucht das Geld und Sotloff die Geschichte. Die Lebensmittelpreise hatten sich damals schon verfünffacht, bezahlte Arbeit gab es nach drei Jahren Bürgerkrieg kaum noch in Aleppo. Und Sotloff würde sich sonst einen anderen Übersetzer suchen. Tagelang beobachtet Yosef die Zugangsstraßen nach Aleppo, schaut, ob Banditen oder Islamisten Checkpoints errichtet haben. Er denkt, er hätte alles im Griff.

Als er den US-Journalisten am vereinbarten Treffpunkt abholt, warten im Wagen zum Schutz auch drei Bewaffnete. Aber gegen die Islamisten haben sie keine Chance. An einer Straßensperre im syrischen Marea, etwa vierzig Kilometer nördlich von Aleppo, endet die Fahrt abrupt. Mehrere Bewaffnete stoppen den Toyota, ziehen Yosef und Steven Sotloff aus dem Wagen, stülpen ihnen Stoffmasken über den Kopf und treiben sie mit Gewehrkolben in ein wartendes Fahrzeug. »Wir wurden verraten, die Islamisten wussten, wann und wo wir uns treffen, welchen Weg wir nehmen und welches Auto ich fahre«, sagt Yosef. Seine Entführer sperren Yosef in die Zelle eines Kellergewölbes. Er weiß nicht, wo er ist. Mehrmals täglich verhören ihn maskierte Männer, keine Syrer, sondern Tunesier und Marokkaner. Sie wollen wissen, warum Yosef mit einem Ungläubigen zusammenarbeitet. Der »Ungläubige«, das ist Steven Sotloff. Yosef hat Glück. Nach fünfzehn Tagen lassen ihn die Entführer gehen. Einfach so. Was aus Steven Sotloff wird, erfährt er nicht. Der junge Muslim hört Gerüchte, dass sein Auftraggeber am Leben sei, irgendwo festgehalten in einem Gefängnis des Islamischen Staats, vielleicht in Aleppo, vielleicht in Rakka. Seitdem fehlt von Steven Sotloff jede Spur.

Als Yosef seine Geschichte beendet, erreichen wir Aleppo. Er steuert seinen Wagen durch die zerstörte Stadt, vorbei an der Ruine, die einmal ein Krankenhaus war. Doktor Othman, der Chefarzt, den ich bei meiner ersten Reise 2012 im Dar-al-Shifa-Krankenhaus begleitet habe, musste fliehen, weil er es wagte, die schwarze Flagge des Islamischen Staats mit dem muslimischen Glaubensbekenntnis vom Eingang des Hospitals abzuhängen. Seitdem bekam er Morddrohungen. Nach drei Jahren Krieg und mehr als 190 000 Toten ist aus dem Arabischen Frühling längst ein Syrischer Winter geworden. Das Flüchtlingshilfswerk der Vereinten Nationen spricht von 2,8 Millionen Flüchtlingen und 6,5 Millionen Vertriebenen im eigenen Land – fast die Hälfte der Bevölkerung befindet sich auf der Flucht. Mit jedem Tag werden es mehr.

Die Fanatiker des Islamischen Staats nutzen das Chaos im

Land, um all jene zu vernichten, die sich ihnen widersetzen. Zwar konnte eine Allianz der syrischen Rebellen die Gotteskrieger aus Aleppo vertreiben, aber seit einigen Wochen sind die Terroristen wieder auf dem Vormarsch, erobern Kleinstädte und Dörfer im Umland Aleppos. »Ich bin Muslim«, sagt Yosef im Auto. In den Augen des IS aber sei er ein »kafir«, ein Ungläubiger, da er deren Weltanschauung nicht teile. »Das sind Mörder und Geistesgestörte, die ihre Welt einteilen in ›halal‹ und ›haram‹.« Gut und Böse. Hunderte oder gar Tausende Syrer sind allein der IS-Ideologie schon zum Opfer gefallen. »In Aleppo haben sie einen 15-Jährigen vor den Augen seiner Mutter erschossen, weil er den Propheten beleidigt haben soll«, knurrt Yosef. »Blasphemie.« Das Urteil wird sofort vollstreckt: mehrere Schüsse in den Kopf – mitten auf einer Straße. In Rakka, der Hauptstadt des IS, kreuzigen und enthaupten sie regelmäßig Menschen, die ihnen im Weg stehen: Akademiker, Journalisten, moderate Rebellen, Schiiten, Kurden, Andersgläubige. Die Islamisten präsentieren die Bilder der Gekreuzigten und Geköpften in den sozialen Netzwerken.

Seine Heimat verlassen, in die Türkei fliehen, das will Yosef dennoch nicht. »Wie könnte ich mein Land im Stich lassen? Ich käme mir vor wie ein Verräter«, sagt er, zündet sich eine Gitanes an und zieht den Rauch tief in seine Lunge.

Ich erkenne Aleppo fast nicht wieder. Die Fahrt führt an zerschossenen Autos vorbei und an zertrümmerten Häusern. Auf dem Armaturenbrett liegt eine ungeladene Pistole. »Zur Abschreckung«, sagt Yosef und schnippt die Kippe aus dem offenen Fenster. Immer wieder muss er den Wagen anhalten, wir steigen aus und suchen Deckung in Ruinen, weil Hubschrauber oder ein Kampfjet am Himmel auftauchen. Die wenigen Menschen, die sich noch auf die Straße wagen, verstecken sich in Hauseingängen und beobachten die Helikopter über ihnen. »Bald fällt die erste Bombe«, sagt Yosef und wartet angespannt.

Ein alter Lebensmittelhändler winkt uns und ein paar andere Menschen in seinen Laden. Dort sei es sicherer, meint er, verschwindet in einem Hinterzimmer und kommt Minuten später mit frisch gekochtem schwarzen Tee und einer Nargileh zurück, der syrischen Wasserpfeife. »Syrische Gastfreundschaft«, sagt Yosef und lächelt. »Der können auch Assads Bomben nichts anhaben.« Während die Männer auf die Einschläge warten, nippen sie am gesüßten Tee, nuckeln an der Pfeife und reißen Witze über Präsident Bashar al-Assad. Als zwei Fassbomben einige Straßenzüge weiter explodieren, verabschieden sich die Männer, als wären die Einschläge nur eine Werbepause während eines Fußballspiels. Auch Yosef will weiter. Nur wenige Hundert Meter von seinem Wagen entfernt steigt ein Rauchpilz in den wolkenlosen Sommerhimmel.

Der Tod ist längst ein Bestandteil seines Lebens geworden. Er geriet ins Visier von Scharfschützen, in seiner Nähe explodierten Bomben und Granaten. Er sah Freunde sterben. Aber Yosef sieht auch, wie die Menschen in Aleppo in der Not zusammenrücken. Das will er mir zeigen.

Nach vierzig Minuten Fahrt parkt er seinen Wagen vor dem Mietshaus eines Bekannten. Der betreibt im Keller eine Art Untergrundküche, in der er und drei Helfer für Hunderte mittelloser Menschen an den Frontabschnitten Essen kochen und kostenlos verteilen. Sie reden über die schwierige Versorgungslage. Dass der Kumpel fünf Tage lang kein Essen verteilen konnte, weil sein Viertel täglich bombardiert wurde.

Im Viertel Bustan al-Kasr hält er vor einer ehemaligen Schule. Drinnen steht der 55-jährige Abu Jaffer, ein magerer Mann, dessen Augen tief in den Höhlen liegen, vor der halbverwesten Leiche eines Mannes. »Willkommen im Haus der unbekannten Toten. Diesen haben wir heute Nacht in einem verlassenen Haus gefunden«, sagt der Pathologe, fährt mit der einen Hand durch seinen grauen Bart und hält sich mit der anderen die Nase gegen den Verwesungsgestank zu. Ein Mitarbeiter fotografiert den Toten und protokolliert das Geschlecht. Die Felder für Name und Alter bleiben offen. Dann rollt er den Körper in einen grauen Leichensack und zieht den Reißverschluss zu.

Auf dem gekachelten Boden eines Klassenzimmers liegt ein Körper, der seit Tagen an einem Frontabschnitt lag und nicht geborgen werden konnte. Abu Jaffer schreibt etwas in sein Notizbuch. »Wir dokumentieren alle Toten, die niemand beerdigt. Falls Angehörige nach ihnen suchen«, erklärt Abu Jaffer und deutet auf die Wand, an der die Porträts von Hunderten verstümmelter Leichen hängen. Kein Tag vergeht, ohne dass namenlose Tote in die Schule gebracht werden. »Manchmal fünfzig an einem Tag, manchmal nur einer.« Im vergangenen Jahr, erzählt Abu Jaffer, zogen sie über zweihundert unbekannte Männer und Jungen aus dem Kuwaik-Fluss. »Viele hatten die Hände auf den Rücken gefesselt und ein Einschussloch im Kopf.« Immer wieder bricht Abu Jaffer in Tränen aus, kann nur mit Mühe weitersprechen. »Ich bin müde. Erschöpft vom Krieg.« Kurz darauf klopft ein Ehepaar an seine Tür. Sie suchen einen Verwandten, der seit einer Woche vermisst wird. Sie hoffen und fürchten zugleich, ihn auf einem der Wandfotos zu entdecken.

Als sich Yosef von Abu Jaffer verabschiedet, explodiert eine weitere Fassbombe. »Weit weg«, murmelt Yosef, zuckt nur mit den Schultern und fährt ungerührt weiter, vorbei an zerschossenen Häusern, Schuttbergen und ausgebrannten Autos. Yosef hat eine Verabredung mit Umm Modar, der Leiterin einer geheimen Schule im Frontviertel Salaheddine.

Am Ende einer Seitenstraße, hinter hohen Mauern eines Wohnhauses, sitzt die 32-Jährige in ihrem provisorisch eingerichteten Büro und entschuldigt sich für das Chaos. »Die

Armee bombardiert unsere Schulen«, sagt sie. »Deshalb mussten wir in ein Privathaus umziehen.« Während sie spricht, trommeln ihre Finger unaufhörlich auf die Glasplatte ihres Schreibtisches. Unterricht sei kaum noch möglich. »Die meisten Lehrer sind geflohen. Eltern haben wegen der Bomben Angst, ihre Kinder zum Unterricht zu schicken«, sagt Umm Modar. Die Lehrerin ist eine mollige Frau und eine fromme Muslima. Deshalb versteckt sie ihr Haar hinter einem kanariengelben Kopftuch und trägt auch in der Sommerhitze einen langen blauen Mantel. Trotz der Bomben, Raketen und Scharfschützen sei es aber wichtig weiterzumachen. Nicht zuletzt wegen der zwei Dutzend Schüler im Alter von sechs bis dreizehn Jahren, die sich im Nebenzimmer auf den Unterricht freuen und auf ihre Lehrerin warten.

»Wer von euch hat schon einmal einen Bombenangriff erlebt«, fragt Umm Modar. 24 Hände gehen in die Luft.

»Und wer hat schon mal einen Verwandten verloren?«

Der achtjährige Faisan meldet sich und sagt mit piepsiger Stimme, dass sein Vater von einem Scharfschützen erschossen wurde. Die neunjährige Nur zählt die Toten auf: Onkel, Schwester, Großvater. »Auch entfernte Verwandte und Freunde?«, fragt sie anschließend. Umm Modar lächelt das Mädchen an und schüttelt den Kopf. Die zehnjährige Fatima meldet sich und erzählt, dass sie miterlebte, wie ihr Großvater starb. Dann zeigt sie ein selbst gemaltes Bild. Darauf sind zwei weinende Herzen zu sehen, die von Schwertern durchbohrt werden. »Ich will nicht mehr weinen«, sagt sie, bemüht, ihre Tränen zurückzuhalten, wischt sich über die Augen und sagt: »Wir werden Rache nehmen und unsere Feinde töten. Bei Allah!«

Yosef sitzt zusammengesunken an einem Pult, gähnt halb, zuckt plötzlich wie ertappt zusammen und springt auf. Eine Stunde ist er schon in der Schule, viel zu lang. Er muss zu Hause sein, bevor die Sonne untergeht, doch er hat noch ei-

Bis Ende Juli 2012 blieb die syrische Wirtschaftsmetropole Aleppo von den Kämpfen noch weitgehend verschont. Damit ist es längst vorbei ...

Menschen, die aus der Provinz nach Aleppo geflüchtet sind, sitzen nun in der Falle.

Der Krieg hat sich festgebissen wie ein Pitbull, und
in der Altstadt tobt ein grausamer Häuserkampf.

Diese Mutter und ihre
Kinder verstecken sich
seit Monaten in einem
Kellerverlies, das sie
kaum noch verlassen,
weil die Stadt Tag und
Nacht beschossen wird.

Und die Not steigt: Dieser Junge sucht im Müll nach etwas Essbarem.

Zerstörung so weit das
Auge reicht

Abu Yazan möchte trotz der allgegenwärtigen Kriegs-
handlungen einen geregelten Alltag für die Menschen
aufrechterhalten. Sie nennen ihn den „Scheich von Aleppo".

Abu Yazan verteilt Lebensmittel an die Bedürftigen
in seinem Viertel …

... und er hilft dem roten Halbmond dabei, Hilfsgüter nach Aleppo zu bringen.

Doch wer die Möglichkeit hat, versucht aus Aleppo zu fliehen.

Jeden Freitag demonstrieren die Menschen gegen die Regierung.

»Nieder mit Assad!«, heißt es in den Sprechchören.

Ein Wachmann hält hungrige Menschen davon ab, ein islamisches Hilfszentrum zu stürmen.

Diese Frau bettelt um Lebensmittel.

Die Bomben des Regimes machen auch vor Krankenhäusern nicht Halt.

Und in den Schulen Aleppos kann schon lange kein Unterricht mehr stattfinden.

Überall im Land sind Menschen auf der Flucht, …

… und überall im Land demonstrieren die Menschen gegen
das Regime von Präsident Assad.

Es ist ein ständiges Erobern und Rückerobern:
In Atarib freut sich ein Zivilist über die Vertreibung
der Regierungstruppen.

Die Moschee in Azaz ist zerstört. Auch hier siegt die Freie
Syrische Armee über Regierungstruppen.

Doch schon bald weht über Azaz die schwarze Fahne
der Islamisten, ...

... und Regierungskämpfer
werden misshandelt.

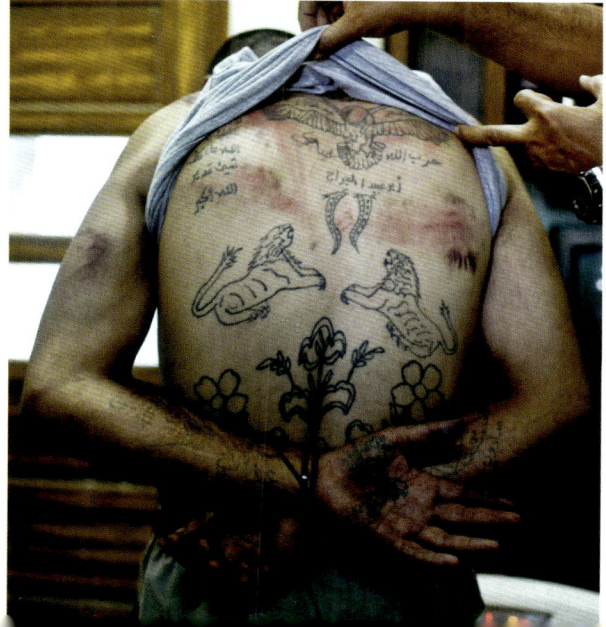

Die Zerstörung ist überall im Land. Ein Gebäude in der Stadt Zabadani

Der Hauptplatz von Zabadani,
auf dem die Bewohner einst gegen
die Regierung demonstrierten

Omar, Nivin und Momin bereiten eine neue Ausgabe des
Magazins **Oxygen** vor.

Karikaturen wie diese erscheinen in **Oxygen** neben Artikeln, die
nicht nur das Regime, sondern auch die Freie Syrische Armee
kritisieren.

Auch der zivile Widerstand gegen das Regime bricht nicht ab.
Aktivisten wie Khaled verbreiten in Zabadani Graffiti:
»Warum sieht die Welt dem Morden in Syrien zu?«

Ein Kinderspielplatz nahe der Stadt Marea

Am Grab eines
gefallenen
Kämpfers bricht
die trauernde
Mutter
zusammen.

Der Zeitpunkt für
eine politische oder
militärische Lösung
des Konflikts wurde
vor langer Zeit
verpasst.

nem Freund versprochen, ihn zu besuchen. Er verabschiedet sich von der Schulleiterin und winkt den Kindern zu. Zwanzig Minuten später hält er in den verschachtelten Gassen des Seif-al-Dawla-Viertels vor einem unscheinbaren Mietshaus. Die oberen beiden Stockwerke wurden von Bomben zerstört. Yosef klopft an eine Eisentür und geht dann eine Wendeltreppe hinunter, die in ein Kellergewölbe führt. Dort unten befindet sich eine der vielen Untergrundküchen Aleppos, in denen freiwillige Helfer für die hungernden Aleppiner kochen. Es gibt zwar noch immer ausreichend Lebensmittel zu kaufen, aber viele Menschen können sich Essen nicht mehr leisten, die Preise haben sich in den vergangenen zwei Jahren mehr als verfünffacht.

Dampfende Hitze schlägt Yosef entgegen, als er die Küche betritt. In einem Raum hocken drei Männer am Boden neben einem Berg aus Zwiebeln und Knoblauch, die sie klein schneiden und in einen Bottich werfen. In einer Ecke stapeln sich Tüten mit Makkaroni und Kisten mit Speiseöl. Im Nebengewölbe steht ein dicker Mann, wischt sich mit einem Stofftaschentuch den Schweiß von der Stirn und rührt mit langen Holzlöffeln Nudeln in einem Kessel. »Salam aleikum, Yosef. Hast du Hunger?«, ruft einer der Männer. Yosef lehnt dankend ab und entschuldigt sich, da er sonst Ärger mit seiner Frau bekomme, die mit dem Abendessen auf ihn warte. Die Männer schütteln den Kopf und klopfen sich lachend auf die Schenkel. »Ihr kennt meine Frau nicht, meine Freunde«, rechtfertigt sich Yosef.

Kurz darauf erscheint Abu Khaled, der Chef der Untergrundküche. Küsschen rechts zur Begrüßung, Küsschen links. Dann setzen sich die beiden auf den Steinboden, trinken süßen Tee aus winzigen Gläsern und reden über die Situation in Aleppo. Abu Khaled erzählt, dass sie seit fünf Tagen kein Essen mehr austragen konnten, weil Hubschrauber täglich Fassbomben auf sein Viertel Seif al-Dawla abwarfen. »Eine Bombe hat unser Haus getroffen, al-hamdu li-lah. Aber hier unten sind wir sicher.« Heute sei der erste Tag, an dem sie sich wieder herauswagten. Während sie reden, füllen Abu Khaleds Mitarbeiter Nudeln mit wässriger Soße in sechs große Plastikkanister und tragen sie die Treppe hoch. Am Hauseingang warten inzwischen zwei Dutzend Kinder mit Töpfen und Tellern. »Wir haben seit Tagen nichts mehr gegessen«, sagt ein Mädchen, das seine weinende Schwester an der Hand hält. Eine verschleierte Frau in schwarzem Tschador hilft, das Essen zu verteilen, Kelle um Kelle, Kind um Kind. Sie scherzt und lacht mit ihnen. Erst als die letzte Portion verteilt ist, aber noch immer hungrige Kinder in einer Schlange vor ihr stehen und nach Essen betteln, kommen ihr die Tränen. »Ich habe doch nichts mehr, mein Liebling. Du musst morgen wiederkommen. Entschuldige, mein Liebling«, wiederholt sie wie ein Mantra, wischt sich die Tränen aus dem Gesicht und blickt kopfschüttelnd den Kindern nach, die ohne Essen nach Hause laufen.

Auch für Yosef ist es Zeit zu gehen. Zu Hause wartet seine schwangere Frau mit dem Essen. »Sie macht sich immer große Sorgen, wenn ich spät nach Hause komme.«

Die ersten Nächte verbringe ich bei Yosef und seiner Frau Amira in deren gemeinsamer Wohnung in einer Seitenstraße von Aleppos Kurdenviertel Sheikh Maqsood. Hier treffe ich zwei spanische freischaffende Journalisten, Antonio Pampliega, den Schreiber, und José Manuel Lopez, den Fotografen, ein freundlicher, langhaariger Hüne. Die beiden sind seit vier Wochen in Aleppo. »Ist es nicht ein bisschen leichtsinnig, so lange in der Stadt zu bleiben?«, frage ich die beiden. Mit jedem Tag steigt das Risiko, von Islamistengruppen entführt zu werden. Sie schauen sich an, zucken mit den Schultern. Wie viele freie Journalisten leiden sie unter den niedrigen Honoraren, die Redaktionen zahlen. Antonio erzählt, dass er gerade sein Filmmaterial exklusiv an den US-Nachrichtensender CNN verkauft hat, für ein paar Hundert Dollar. Lopez hat noch kein Bild verkauft. Eines Abends, wir sitzen bei Brathähnchen und Tabuleh, einem Traum aus fein gehackten Tomaten, Petersilie, Minze und Zwiebeln, in Yosefs Wohnzimmer, da klopft ein junger Mann an Yosefs Tür. An seinen Namen kann ich mich nicht mehr erinnern, aber er gesellt sich zu uns, und schnell kommt das Gespräch auf den Islamischen Staat und die entführten Journalisten. »Sie sind am Leben«, sagt er. Erst vor ein paar Tagen habe er jemanden getroffen, der in den Kerkern des IS gefangen gehalten wurde. Zu den Gefangenen habe auch James Foley gehört. James, erzählt er, sei zum Islam konvertiert. Man habe ihn, wie alle Geiseln, gefoltert. Antonio, Lopez und ich fallen uns in die Arme. Unser Freund Jim lebt. Genau ein Jahr später, im Juli 2015, reisen Pampliega und Lopez trotz aller Warnungen erneut nach Aleppo. Am zweiten Tag ihrer Reise werden sie von Kämpfern der al-Nusra Front entführt und kommen erst nach zehn Monaten Geiselhaft wieder frei.

Die Hoffnung, dass der ganze Wahnsinn irgendwann einmal ein Ende findet, hat Yosef fast aufgegeben. Er steht auf der Straße vor seiner Wohnung, legt den Kopf in den Nacken, blinzelt in die Sonne und lauscht dem Grollen, das allmählich lauter wird. Wie ein Gewitter, das in der Ferne aufzieht. Kurz darauf entdeckt er das Kampfflugzeug am Himmel. Seit den frühen Morgenstunden bombardiert die syrische Luftwaffe Aleppo. Yosef sucht Deckung, kniet sich hinter ein rostiges Auto und zeigt auf einen silbernen Punkt am Himmel, der näher kommt, sich anschließend wieder entfernt, eine scharfe Linkskurve fliegt, wendet und im Sturzflug die Stadt ansteuert wie ein Raubvogel seine Beute. Dann klinkt die Maschine ihre Raketen aus, und der Pilot zieht das Flugzeug wieder nach oben. Die Prozedur wiederholt sich zwei Mal, begleitet vom Knattern der Flugabwehrgeschütze der Rebellen.

Während Yosef den Angriff von Assads Truppen auf der Straße verfolgt, tritt seine Frau Amira auf den Balkon ihrer gemeinsamen Wohnung im fünften Stock und blickt besorgt nach unten. »Yosef, wo gehen die Bomben runter? Greifen sie unser Viertel an?«, fragt sie und streicht über ihren Bauch. Amira ist im achten Monat schwanger, und ein Lächeln zieht über Yosefs Gesicht, als er seine Frau erblickt. »Nicht weit von hier, mein Liebling, mach dir keine Sorgen. Aber geh zurück ins Haus. Ich bin zum Abendessen zurück.« Dann steigt er in den Toyota, legt seine Videokamera auf die Rückbank und fährt mich zu meinem Bestimmungsort. Dort treffe ich auf die Menschen, derentwegen ich überhaupt nach Syrien gekommen bin: Aleppos Weißhelme.

Kapitel 14: Die Weißhelme

Die Weißhelme sind eine Art Zivilschutz aus etwa hundert Freiwilligen. Alles Zivilisten, keine Kämpfer, keine Waffen. Ihre Aufgabe ist es, nach Bombenabwürfen Tote, Verletzte und Verschüttete aus den Trümmern zu bergen. Sie sind Feuerwehr, Bergungsmannschaft und Rettungssanitäter in Personalunion. Finanziert werden sie von internationalen, oft islamischen Hilfsorganisationen aus Europa, den USA und muslimischen Nachbarländern. Seit die syrische Armee auch die Dörfer und Kleinstädte außerhalb Aleppos und in anderen Provinzen bombardiert, haben sich auch dort Weißhelm-Einheiten gebildet.

Die Weißhelme gehören zu einer wachsenden Minderheit junger Revolutionäre. Anstatt auf Menschen zu schießen, übernehmen sie Aufgaben des Gemeinwesens, verwalten das Chaos. In Aleppo gibt es weder Strom noch fließendes Wasser. Niemanden, der den Müll abholt. Es mangelt an Ärzten, Medikamenten und Nahrungsmitteln. Krankenhäuser und Schulen sind zerstört. Ein ganz normales Leben ist unmöglich geworden. Menschen wie Khaled Hajo versuchen die Lücken zu füllen, die der Krieg hinterlässt.

Khaled ist der Chef der Weißhelm-Einheiten in Aleppo. Ich treffe ihn im Innenhof seines Hauptquartiers im Frontviertel Hanano. Dort sitzt er gemeinsam mit Ahmed auf Plastikstühlen und fragt sich, wie viele Menschen sie heute sterben sehen werden, wie viele sie retten können. Ein Hubschrauber der syrischen Armee kreist über uns. Die beiden haben den Kopf in den Nacken gelegt und suchen den Himmel ab. Ahmed, den sie al-Tawil, den Langen, nennen, weil er hochgeschossen und dürr wie eine Stange Zuckerrohr ist, hat sich eine Zigarette angezündet, an der er kräftig pafft. So als könne er damit die Nervosität vertreiben, die ihn immer dann befällt, wenn die Hubschrauber am Himmel auftauchen. Um sie herum: Ruinen, zerschossene Fassaden, gespickt mit Einschusslöchern, eingestürzte Stockwerke, Schuttberge, ausgebrannte Geschäfte.

»Khaled, meinst du, dass der angreift?«, fragt der Lange und zeigt auf einen Punkt am Himmel, der in der Morgensonne silbern strahlt.

»Hmm«, brummt Khaled, kneift die Augen zusammen, um besser sehen zu können.

Das Hauptquartier der Weißhelme ist ein ehemaliger Abschleppplatz der syrischen Verkehrspolizei im ausgebombten Frontviertel Hanano. Ein paar Toyotas, die von ihren Besitzern nicht abgeholt werden, rosten im Hof vor sich hin. Am eisernen Eingangstor stehen zwei Männer Wache und beobachten den Himmel. Die ständige Gefahr hat Fremde zu Freunden gemacht. Zwischen den Bombenangriffen sitzen sie in einem der beiden Zimmer, das als Einsatzzentrale, Aufenthaltsraum und Schlafzimmer dient. Auf dem Boden liegen fleckige Matratzen, in einer Ecke steht ein Fernseher, ein Deckenventilator verquirlt die heiße Luft. Strom kommt aus einem Generator.

Noch immer kreist der Hubschrauber wie ein bedrohliches Insekt über uns. »Natürlich greift er an«, sagt Khaled. Nur wo die Fassbombe einschlagen und was sie treffen wird, ist unklar. Vielleicht im Stadtteil Sakhur, vielleicht aber auch in Tarik al-Bab oder im Shaar-Distrikt. Oder genau hier. Es wäre nicht das erste Mal. Der Tod schlägt wahllos zu und das überall.

Während die beiden in den Himmel starren, neigt sich der Rumpf des Hubschraubers leicht zur Seite, ein schwarzer Gegenstand kullert aus der Seitentür und trudelt durch die Luft. Ein lautes Summen durchschneidet die Stille, als würde sich ein Schwarm riesiger Hornissen auf die Stadt stürzen.

»Fassbombe!«, ruft Khaled und wirft sich auf den Boden. Sekunden später folgt ein ohrenbetäubendes Krachen. Ein riesiger Pilz aus Staub, Schutt und Rauch steigt auf. »Fuck you, Bashar!«, murmelt der Lange und reckt seinen Mittelfinger in den Himmel.

Es ist acht Uhr morgens.

»Gleich folgt die zweite Bombe. Die warten wir noch ab. Dann rücken wir aus«, sagt Khaled Hajo und schaut auf seine Uhr. Der stille, charismatische 30-Jährige mit den müden Augen war vor dem Krieg Anwalt.

Khaled war einer der ersten Freiwilligen, die sich Anfang 2013 zusammenschlossen, als das Regime anfing, Aleppos Wohnviertel mit Raketen zu beschießen. Zunächst hatte niemand daran gedacht, Einheiten zu bilden, um die Opfer zu bergen. Erst seit das syrische Militär damit begann, mit dieser neuen Waffe Terror zu verbreiten, um so den Widerstand des syrischen Volkes gegen Präsident Bashar al-Assad zu brechen, wurde aus einem lose zusammengewürfelten Haufen freiwilliger Helfer eine organisierte, disziplinierte Rettungstruppe.

Fünf Minuten nach dem Abwurf der ersten Bombe kehrt der Hubschrauber zurück, dreht noch eine Runde und wirft einen zweiten Sprengsatz an der exakt gleichen Stelle ab. »Deckung!«, ruft Khaled, und alle suchen hinter Mauern Schutz oder legen sich flach auf den Boden. Gesteinsbrocken und Bombensplitter fallen in den Hof. »So machen sie das immer«, sagt Khaled. Die Taktik der Armee ist so perfide wie wirksam: Nach dem ersten Einschlag rennen geschockte Anwohner aus ihren Häusern, Helfer eilen herbei. Dann kehrt der Hubschrauber zurück, um die zweite Bombe abzuwerfen. »So können sie mehr Menschen töten«, sagt Khaled trocken, kaut auf seiner Unterlippe und fixiert weiter den Himmel.

Als Khaled das Signal für den Einsatz gibt, rennen sie über die Straße, quetschen sich in die beiden Feuerwehrautos, die unter dem Blätterdach eines Baumes stehen, damit die Piloten sie aus der Luft nicht erspähen können. Mit Vollgas und eingeschaltetem Martinshorn fahren sie durch eine Ruinenlandschaft, vorbei an zertrümmerten Häusern, aus denen zerfetzter Stahl ragt und der Wind an ausgefransten Vorhängen zerrt. Zwei Männer lehnen links und rechts aus den offenen Fenstern des Wagens und suchen den Himmel nach Kampfflugzeugen und Hubschraubern ab. Es wäre nicht das erste Mal, dass sie im Einsatz von Flugzeugen oder Scharfschützen beschossen würden, erzählt Khaled. Die Einschusslöcher in der Windschutzscheibe zeugen davon. Sie rasen auf den Rauchpilz zu, der langsam am Horizont ausfranst.

Während der Fahrt erzählt mir Khaled, dass die Ausbildung zum Weißhelm gerade einmal vierzehn Tage dauert, weit genug von der Front entfernt. Zwei mit Seminaren vollgepackte Wochen, in denen sie lernen, den Kriegsverlauf einzuschätzen, Infusionen zu legen, erste Hilfe zu leisten, Feuerwehrautos zu fahren oder Menschen aus Beton und Eisen zu schneiden. Am Ende der Ausbildung bekommen sie einen Klaps auf die Schulter, erhalten ihre Uniformen und Schutzausrüstung und gehen dorthin, wo die Bomben fallen. »Es brennt, und wir kommen, um das Feuer zu löschen. Du wirst vermisst, und wir kommen, um dich zu finden«, singen Ahmed und die anderen Rettungskräfte auf der Rückbank und klatschen dabei in die Hände.

Wenige Minuten nach dem Einschlag der zweiten Bombe erreicht die erste Mannschaft den betroffenen Straßenzug im Shaar-Distrikt. Die Bombe hat Balkone abgerissen, Fensterscheiben zerspringen lassen, Mauern geknackt, Autos zusammengefaltet, als ob sie aus Pappe wären. Eine schwere Stille hängt über der Straße. Ein fahler Sonnenstrahl bahnt sich einen Weg durch die Wolke aus Staub und Schutt. Steine und Teile von Hausfassaden fallen vom Himmel. Gestalten schälen sich aus diesem Inferno, wankende und hustende Schatten, erstaunt, noch am Leben zu sein. Unter einem Schuttberg ragt ein abgetrenntes Bein hervor.

Khaled, al-Tawil und sein Kumpel Alaa, der türkische Sanitäter, sausen wie Flipperkugeln in einem apokalyptischen Spiel von einer Straßenseite zur anderen, springen über Mauerreste und verschwinden dann in einem Loch, das einmal ein Hauseingang war. Ein elfjähriger Junge liegt dort, Blut läuft aus seinem Mund, aus dem linken Unterarm ragen Knochen, und in seiner Stirn klafft ein Loch. Sein Vater steht daneben, unter Schock, schreit, weint, verflucht den Piloten und Präsident Assad. Khaled gibt mit ruhiger Stimme Befehle, unterdrückt seine eigene Panik, die ihn in diesen Momenten erfasst. Bloß nicht die Kontrolle verlieren. Aber jemand soll verdammt noch mal den Himmel beobachten, für den Fall, dass die Hubschrauber zurückkehren. Al-Tawil führt den verzweifelten Vater aus dem Haus, nimmt ihn in den Arm, damit er sich vom Anblick seines Sohnes abwendet.

Alaa hebt den leblosen Körper des Jungen auf die Arme, trägt ihn in eine Seitenstraße, legt ihn dort behutsam auf den Bürgersteig, sucht den Puls, schüttelt den Kopf und wischt sich die blutigen Hände an seinem Kittel ab. »Seht her«, ruft Alaa verzweifelt und zeigt auf seinen Kittel. »Das ist das Blut eines Kindes!« Der Junge ist tot. Khaled legt eine Decke über den Leichnam und nimmt dann Alaa in den Arm, hält ihn fest, bis sich der junge Helfer beruhigt hat.

Anschließend befragt al-Tawil Anwohner, ob irgendwer irgendwo verschüttet wurde, Angehörige vermisst werden. Khaled, Alaa und die anderen suchen im Schutt nach Leichenteilen. Die moslemischen Beerdigungsriten erfordern, dass der gesamte Körper bestattet wird. Kein Hautfetzen, keine Gliedmaßen, kein Knochensplitter soll zurückgelassen werden. Gebückt stolpern sie durch die Trümmer, finden dort einen Arm, hier ein Stück eines Organs.

Während Khaleds Leute menschliche Überreste in den Trümmern des Straßenzuges suchen, beginnen die Anwohner, ihr Leben zu sortieren. Sie blicken aus Löchern, die herumfliegende Bombensplitter in die Wände getrieben haben, schütteln Staub aus ihren Haaren. Sie rufen sich gegenseitig zu, ob jemand verletzt oder getötet wurde, schreien um Hilfe, werfen kaputten Hausrat nach unten auf die Straße. Ein Sanitäter fordert Anwohner zum Blutspenden auf, da den Krankenhäusern die Blutkonserven ausgehen

Plötzlich ruft jemand: »Tayara! Tayara!« Ein Hubschrauber kreist über dem Viertel. »Raus hier! Schnell!«, ruft Khaled. »Yalla, yalla, yalla!« Los, los, los. Dann ist das Summen einer fallenden Bombe zu hören. »Zwanzig Sekunden!«, flüstert Khaled, und sein Gesicht verzieht sich zu einer Grimasse aus Anspannung und Angst. Seine Lippen bewegen sich, während er lautlos die Sekunden zählt. Ein, zwei, drei ...

Zwanzig Sekunden, das ist die Zeitspanne, die zwischen dem Abwurf einer Bombe und deren Einschlag liegt, die zwischen Leben und Tod entscheidet. Mit ein bisschen Glück explodiert sie weit genug entfernt. Wenn nicht, ist ohnehin alles egal. Dann schützen auch keine Mauern mehr. Die Hitze der Explosion entzieht der Luft allen Sauerstoff. Die Druckwelle zerreißt Lunge, Nieren, Milz.

Als die Bewohner der Straße in den Ruinen ihrer Häuser Schutz suchen, explodiert die Fassbombe mehrere Hundert Meter entfernt in einem anderen Stadtviertel. Die Rettungskräfte rennen zurück zu ihren Fahrzeugen, rasen mit Vollgas zurück ins Hauptquartier. Die Bilanz dieses Einsatzes: drei Tote, fünf Schwerverletzte.

Noch vor dem Mittagessen fallen vierzehn weitere Fassbomben. Sie zerstören fast nur leer stehende Häuser. Um kurz nach zehn feuert ein MIG-Kampfflugzeug zwei Raketen auf einen Markt im Viertel Tarik al-Bab ab und tötet einen Vater mit seinem Sohn, die Gemüse kaufen wollten. Während die Weißhelme die Toten auf die Ladefläche eines Lasters legen, schlägt eine Fassbombe zwei Straßenzüge entfernt ein, verletzt einen Greis und reißt einen anderen Mann in Stücke.

Khaled ist der Einzige aus seiner Familie, der in Aleppo geblieben ist. Alle Angehörigen sind schon vor langer Zeit in die Auffanglager in der Türkei geflohen. Seit neun Monaten wohnt er im Hauptquartier der Civil Defense Forces. Nicht einen Tag hat er in dieser Zeit freigenommen. Er ist ein Grübler, der gerne heiraten, eine Familie gründen, wieder als Anwalt arbeiten würde. »Welche Frau nimmt einen Mann, der jeden Tag sterben könnte?«, fragt er mit einem schiefen Lächeln und zündet sich eine Zigarette an der alten an.

Khaled ist der Boss. Aber es gibt nur eine Regel, die seine Leute befolgen müssen: am Leben bleiben. Nicht den Helden spielen, denn Übermut kann tödlich sein. »Sich selbst retten, um andere zu retten«, wie Khaled es nennt. Er wiederholt es wie ein Mantra. Immer und immer wieder. Aber Worte sind manchmal nutzlos.

Der Morgen des 9. März 2013 war ein Tag wie jeder andere. In der Nacht donnerten Kampfflugzeuge über sie hinweg. Als die Sonne aufging, kamen die Hubschrauber und warfen Sprengstofffässer ab. Einsatz folgte auf Einsatz. Routine. Auch Ammar, 20 Jahre alt, Ihab, 22, und Ahmed, der gerade seinen 18. Geburtstag gefeiert hatte, rückten an diesem Morgen aus. Was sie nicht ahnen konnten: In diesen Tagen änderten die Piloten ihre Taktik. Nach der ersten Bombe lauerte der Hubschrauber in der Luft, bis die Rettungskräfte eintrafen. »Die zweite Bombe hat sie erwischt, als sie eine Familie aus einem brennenden Auto zogen«, sagt Khaled und beginnt zu weinen. Zusammen mit seinen Kameraden starben an diesem Morgen sieben Syrer und ein kanadischer Journalist. Seitdem rücken sie niemals vor der Detonation der zweiten Fassbombe aus.

Seine toten Freunde besuchen ihn nun nachts in seinen Träumen. Als ob sie ihm sagen möchten:»Hey, es ist nicht deine Schuld, dass wir gestorben sind.« Aber es war Khaled, der sie in den Einsatz geschickt hat. Und er war nicht dabei, weil er zu erschöpft von den Einsätzen der vorherigen Nacht war. Er findet kein Mittel gegen die Schuldgefühle. Vielleicht hätte er sie retten können, wäre er mitgefahren. Vielleicht auch nicht. Fragen, auf die er keine Antworten findet.»Alhamdu li-lah.« Nur Gott weiß es. Die drei toten Freunde haben sie auf einem ehemaligen Fußballfeld begraben, nur wenige Meter hinter ihrem Hauptquartier.»Damit sie nahe bei uns sind.«

Khaled erzählt mit monotoner Stimme aus seinem Alltag, manchmal schweigt er minutenlang. Dann erzählt er mühsam weiter. Von zerfetzten Körpern, in Stücke gerissenen Menschen. Von toten Kindern wie das dreijährige Mädchen, das sie in der vergangenen Woche nach fünf Stunden lebend aus einer Ruine zogen und das doch am nächsten Tag in einem Krankenhaus verstarb. Oder die vierzehn Familienmitglieder, die sie nur noch tot aus einem Mietshaus bergen konnten. In seinen Inneren klingen die Hilfeschreie der Verschütteten nach und wie sie langsam verstummen, wenn sie nicht schnell genug zu ihnen vordringen.

Jeden Tag muss er sein Leben neu justieren, seine Angst unterdrücken, das Grauen auf Distanz halten. Manchmal, wenn er den Krieg und all das Leid nicht mehr erträgt, fragt er sich, ob der fliegende Tod dort oben nicht auch Erlösung sein könnte. Kurze, verzweifelte Momente der Schwäche, in denen er sich wünscht, dass ihn eine Bombe träfe, damit all dies endlich ein Ende hat.

Die Nachmittage verlaufen meistens relativ ruhig. Der 20-jährige Ahmed, den sie den Langen nennen, glaubt nicht mehr daran, dass er den Krieg überleben wird. Er sitzt auf einem Bettgestell, nuckelt an einer Shisha und chattet auf Facebook und WhatsApp mit seiner Freundin, die auf der anderen Seite Aleppos lebt, auf der Regierungsseite, nur wenige Kilometer entfernt und doch unerreichbar. Seit achtzehn Monaten hat er sie nicht mehr gesehen, weil der Krieg nicht nur die Stadt, sondern auch Familien, Freunde und Liebende trennt. Seit seiner Kindheit hat er davon geträumt, wie sein Vater Feuerwehrmann zu werden. »Assad hat mir diesen Wunsch erfüllt«, sagt er bitter und trommelt dabei mit den Fingern auf seinen Schutzhelm. Doch dieses Dasein sei kein Leben. »In Aleppo gibt es nichts. Wir haben keinen Strom, kein Wasser, keine Zukunft. Hier gibt es nur Bomben. Wir werden hier sterben. Fick dich, Bashar!« Er klingt nicht wütend, eher hilflos.

Während al-Tawil auf seinem Smartphone mit seiner Freundin flirtet und Statusmeldungen auf Facebook schreibt, dösen seine Kumpels die Zeit weg, singen die neuesten Lieder von Jennifer Lopez mit oder tanzen zu *Gentleman*, dem neuen Song des Koreaners Psy. Junge Männer, die rumblödeln, Witze reißen, über Mädchen und Fußball reden oder darüber, was sie nach dem Krieg studieren werden.

Al-Tawils bester Freund ist der 25-jährige Alaa Sharif, ein Türke, der, als der Krieg im Jahr 2011 in Syrien ausbrach, sein Studium in Istanbul abbrach, sich von seinen Eltern verabschiedete und in den Krieg des Nachbarlandes zog, um an der Front als Sanitäter zu arbeiten. Ein frommer junger Mann, der Gewalt ablehnt, seine Eltern vermisst, gerne aus dem Koran zitiert und aus den Suren seine Motivation ableitet, in einem fremden Krieg sein Leben zu riskieren: »Wer einen Menschen tötet, für den soll es sein, als habe er die ganze Menschheit getötet. Und wer einen Menschen rettet, für den soll es sein, als habe er die ganze Welt gerettet«, sagt er und füttert Lulu, die vom ständigen Bombardement traumatisierte Katze, die bei den Weißhelmen Schutz gesucht hat. »Insch'allah.« So Gott will.

Neben ihm, auf dem Boden, liegt Ahmed Mursi und starrt den Ventilator über ihm an der Decke an. Ein zwanzigjähriger, schüchterner Wuschelkopf, der aus der Regierungsarmee desertierte, weil er nicht auf seine Landsleute schießen wollte, und anschließend zu den Rebellen überlief, um gegen Assad zu kämpfen. Aber auch dort hielt er das ständige Töten nicht aus. Erst bei den Weißhelmen fand er seinen Platz. »Ich will Leben retten, nicht umbringen«, sagt er. Mit jedem Menschen, den sie aus den Trümmern befreien, erobern sie sich ein Stück ihrer Würde zurück, die der Krieg ihnen genommen hat. Die Arbeit gibt ihnen Halt und ihrem Leben eine Richtung, während ihr Land und ihre Revolution immer mehr vom Weg abkommen.

Al-Tawil sieht es ein bisschen pragmatischer. »Es ist ein tolles Gefühl, die Menschen lieben uns. Sie klatschen und jubeln uns zu, wenn wir durch die Straßen fahren. Ich liebe diese Arbeit«, sagt er und kichert. Er mag es, ein Held zu sein. Dann nimmt er sein iPhone und schickt seiner Freundin ein Selfie vom letzten Einsatz, auf dem zu sehen ist, wie er ein Mädchen rettet. Unter das Bild schreibt er *habibi*, Liebling. Am Abend zeigt der Sender Freies Aleppo einen Bericht über die Weißhelme im Fernsehen. Als sie sich selbst über den Bildschirm flimmern sehen und der Moderator sie Helden nennt, kullern sie sich vor Lachen auf dem Boden und wetteifern, wer von ihnen am coolsten aussieht.

Ihr Chef Khaled hält sich in solchen Momenten zurück, sitzt still in einer Ecke, seinen Laptop auf dem Schoß, beobachtet seine Jungs und lächelt sanft wie ein stolzer Vater, obwohl er nur ein paar Jahre älter ist. Er gießt schwarzen Tee nach, um die Müdigkeit zu vertreiben, zündet sich eine Zigarette an und schnappt sich das Funkgerät, mit dem sie die Gespräche der Armee abhören. Zwei Piloten unterhalten sich darüber, dass sie an einem Stützpunkt Fassbomben geladen haben und jetzt irgendwo über Aleppo abwerfen wollen. Khaled zuckt nur mit den Schultern. Alltag. Die Detonationen der Fassbomben bestimmen seinen Tagesrhythmus.

Die Nächte sind am schlimmsten. Das Viertel Hanano liegt im Ostteil von Ost-Aleppo, ein bisschen abseits der Front. Jede Nacht fliegen Kampfjets über das Hauptquartier der Weißhelme, Granaten und Raketen schlagen in der Nachbarschaft ein. Hanano wird so oft angegriffen, eben weil es nicht dicht an der Front liegt und so keine Gefahr besteht, dass die eigenen Truppen getroffen werden könnten. Die Leuchtspurmunition der Flugabwehrgeschütze zischt wie rot glühende Funken durch den Nachthimmel. Gesteinssplitter prasseln auf das Dach, wenn mal wieder etwas zu nahe an uns explodiert. Ich quetsche mich dann an die Wand und verstecke mich unter der Matratze, in der sinnlosen Hoffnung, dass sie mir Schutz gibt. Morgens wache ich gerädert auf, und Ahmed begrüßt mich wie jeden Tag mit einer Tasse Tee und sagt:»Welcome to paradise.«

Am 16. Juni stehen Hunderte hungriger Menschen im al-Sukari-Distrikt vor einer kostenlosen Essenausgabe Schlange, als zwei Fassbomben die hungrige Menge treffen. Mehr als sechzig Zivilisten sterben, als in Rio die Fußball-Weltmeisterschaft beginnt.

Ich bin schon viel zu lange in Aleppo. Eigentlich wollte ich nur fünf Tage bleiben, rein, raus. Keine unnötigen Risiken eingehen. Jetzt bin ich schon zehn Tage hier. Einmal hielt ein Auto neben mir, zwei Bewaffnete sprangen heraus.»Wer bist du? Was machst du hier?«, wollten sie wissen. Ich dachte, jetzt wirst du entführt. Das war's. Selbst schuld. In dem Moment kommt der Lange angerannt, redet auf die Männer ein, erklärt, wer ich bin, was ich hier mache.»Mafi mushkillah«, kein Problem. Die Männer reichen mir eine Zigarette, dann setzen wir uns auf den Bordstein und rauchen. Mein Herz klopft wie wild. Alles ist gut.

Ich habe an manchen Tagen fünfundzwanzig, dreißig oder mehr Abwürfe von Fassbomben miterlebt, noch vormittags. Ich habe gesehen, wie sie aus den Hubschraubern geworfen wurden. Ich war Minuten später an den Einschlagorten. Ich habe zerfetzte Kinder, verwundete Frauen, tote Männer gesehen – tagtäglich. Das waren fast ausschließlich zivile Wohngebiete. Einmal ein Krankenhaus. Ein anderes Mal habe ich erlebt, wie ein Kampfflugzeug zwei Raketen auf einen Markt abgefeuert hat und ein traumatisierter Junge den abgetrennten Arm eines Menschen herumtrug wie eine Handtasche. Da waren keine bewaffneten Rebellen in der Nähe. An die Front, dort, wo sich Regierungssoldaten und Rebellen in Schützengräben gegenüberstehen, habe ich mich erst gar nicht hingewagt. Zu gefährlich. Und Recherche ist an solchen Orten so gut wie unmöglich. Es macht mich fassungslos. Unter diesen Bedingungen zu arbeiten ist schwierig bis unmöglich. Und es braucht Zeit ebenso wie Menschen vor Ort, denen man vertrauen kann, die sich auskennen und gute Kontakte haben. Menschen, die den Krieg »lesen« können, die wissen, wo sich die Front befindet und wie sich die Frontverläufe ändern. Das ist überlebenswichtig. Menschen wie Yosef, Khaled, Alaa oder Ahmed.

Ende Juli 2014 sterben innerhalb von zwei Tagen über siebenhundert Syrer bei Kämpfen. Abgesehen von solchen Einzelmeldungen wird das Thema in den Medien jedoch kaum noch wahrgenommen. Ich frage mich, ob der Krieg tatsächlich schon Routine ist. Siebenhundert Tote innerhalb von zwei Tagen! Diese Zahl muss man sich bewusst machen. Wo bleibt der Aufschrei? 190 000 Menschen wurden bisher getötet – und man nimmt das einfach so hin.

Es gibt kaum noch deutsche Medien, die eigene Leute ins syrische Kriegsgebiet schicken – von einigen Ausnahmen mal abgesehen, *Der Spiegel* zum Beispiel, *Die Zeit*. Ansonsten machen das freie Journalisten, die alle Kosten und Risiken auf sich nehmen und hinterher oft nicht mal eine Antwort von einer Redaktion erhalten. Es muss schon sehr viel passieren, damit sich ein Redakteur für Syrien interessiert. Immer höre ich:»Das ist doch nichts Neues, was du berichtest.« Das ist zynisch und in meinen Augen falsch. Aber natürlich, es gab in den letzten Monaten Gaza, den Irak, die Ukraine, die Fußball-WM. Alles anscheinend attraktiver als ein sich hinziehender und außer Kontrolle geratener Bürgerkrieg in Syrien. Stattdessen viel Schulterklopfen.»Toll, dass du davon berichtest, und so mutig«, sagen Ressortleiter. Aber Interesse, meine Geschichten zu veröffentlichen? Die Fußball-Weltmeisterschaft war wichtiger. Und dann noch diese Islamisten des IS, von denen vorher niemand gehört hat und die nun im Irak und in Syrien wüten. Nicht zu vergessen das Flugzeug, das in der Ukraine abgeschossen wurde, und so weiter.

Sicher: Es existieren andere Krisengebiete auf dieser Welt. Aber dass man vor Syrien völlig die Augen verschließt, das kann ich nicht verstehen. Ich konnte ein paar Reportagen an Magazine verkaufen. Aber auf meinem Filmmaterial blieb ich sitzen. Fußball, das müsse ich verstehen, höre ich in dieser Zeit oft. Keine freien Sendeplätze und so. Mir wurde auch schon gesagt, dass bei Sendungen über Syrien die Einschaltquoten sinken. Aber ich kenne auch Redakteure, die die Situation genauso frustrierend finden wie ich. Die hätten gerne mehr und bessere Sendeplätze, um auch mal»Randthemen« wie Syrien zu präsentieren. Ich bin selbst großer Fußballfan. Dafür kann man alle paar Jahre Platz schaffen. Aber es muss eben auch Raum für andere Dinge geben. Es darf nicht nur Unterhaltung sein, gerade bei den Öffentlich-Rechtlichen sollte man nicht nur auf Quoten achten. Man hat auch den Auftrag, die Zuschauer auf das aufmerksam zu machen, was in der Welt geschieht; unabhängig von Einschaltquoten und Entertainment-Bedürfnissen. Der Wahnsinn in Syrien hört ja nicht auf, nur weil man wegschaut.

Ich bin schon lange nicht mehr so naiv zu glauben, dass Berichterstattung einen Konflikt beenden könnte. Sie kann Aufmerksamkeit schaffen. Dieses Ziel zu erreichen wäre schon ein Erfolg. Oft üben wir nur eine Art Chronistenfunktion aus – für das Danach, wenn alle sich wundern, wie es möglich war, so etwas schon wieder zuzulassen. Wenn Berichterstattung tatsächlich etwas ändern könnte, dann würden nicht Tausende Menschen tagtäglich in Syrien bombardiert. Dann gäbe es keine Massenvergewaltigungen im Kongo. Dann wären Ruanda und Srebrenica nicht möglich gewesen.

Ich bin kein Politiker, aber es gäbe ausreichend Möglichkeiten, zumindest das Leid der Menschen mit politischen Mitteln zu lindern. In die von der Opposition gehaltenen Gebiete Syriens ist in all den Jahren nicht ein einziger Hilfskonvoi der Vereinten Nationen gelangt. Das muss man sich mal vorstellen. Die Syrer haben jegliche Hoffnung auf den Westen und das, was Medien bewirken können, aufgegeben. Sie fühlen sich im Stich gelassen. Ich kann die Menschen verstehen.

Eine Woche nach meiner Rückkehr erhalte ich eine Facebook-Nachricht von Khaled. Im Anhang ein Foto des zerstörten Hauptquartiers. Eine Fassbombe schlug in der Nacht zuvor ein und riss einen riesigen Krater in den Asphalt des Hofs. »Hier hast du geschlafen, Habibi.« Hinter die Nachricht hat er einen Smiley gestellt. Niemand wird verletzt, weil alle Einheiten zur Zeit des Anschlags im Einsatz waren.

Doch zwischen all dem Schrecken und der Angst gibt es in Aleppo auch die kleinen Momente des Glücks. Im August wird Yosefs Sohn geboren. Er nennt ihn Bakr, nach dem Schwiegervater des Propheten Mohammed. Zur gleichen Zeit zieht die syrische Armee ihren Belagerungsring um Aleppo immer enger, nimmt das Industrieviertel Sheikh Najar ein, schneidet Versorgungswege der Rebellen ab.»Es ist nur noch eine Frage der Zeit, bis die Stadt eingekesselt ist. Uns droht das gleiche Schicksal wie den Menschen in Homs«, schreibt ein verzweifelter Yosef.

Gleichzeitig nimmt der IS im Umland Aleppos ein Dorf nach dem anderen ein und rückt immer näher auf die Stadt zu. Damit zerschellt auch Yosefs Starrsinn, in seiner Heimatstadt auszuharren.»Ich trage jetzt für meinen Sohn Verantwortung. Es geht nicht mehr allein um mich«, schreibt er Ende August.»Ich haue ab.« Egal, wohin. Die Revolution, für die er sein Leben riskiert habe, sei ihm gestohlen worden. Zu viel Hass, zu viel Zwietracht und Neid unter den Rebellen, die sich inzwischen oft gegenseitig bekämpften.»Wir sind nicht besser als das Regime. In jedem von uns steckt ein bisschen Bashar. Der Diktator hat gewonnen.«

Auch Khaled, der Lange und viele weitere aus der Weißhelm-Truppe fliehen in die Türkei. Es habe Streit mit einigen anderen der Zivilräte gegeben. Bei dem Streit ging es um Geld. Khaled forderte, dass die Familien von getöteten Weißhelmen weiterhin die hundert Dollar Gehalt ausgezahlt bekommen, um über die Runden zu kommen. Der Zivilrat sperrte sich dagegen, wollte das Geld behalten. Mehrfach demonstrierten Khaled und seine Männer in den Straßen Aleppos, ihr Anliegen wurde im Fernsehen diskutiert. Bald darauf geisterten Gerüchte durch Aleppo, Khaled und seine Männer seien schwul. Ein Todesurteil.

Kapitel 15: Verlust und Trauer

Auch Wochen nach meiner Rückkehr bin ich gedanklich ununterbrochen bei den Leuten, die ich vor Ort kennengelernt habe, bei dem Wahnsinn, der die Stadt heimsucht. Bei Khaled, Yosef, dem Langen. Ich versuche abzuschalten. Die Fußball-Weltmeisterschaft ist eine lang ersehnte und willkommene Abwechslung. Einen Monat lang mache ich nichts anderes, als Fußball zu schauen. Nach den Spielen skype ich mit meinem Vater, wir analysieren Spiele, preisen unsere Lieblingsspieler. Fußball ist unsere gemeinsame Leidenschaft.

Ich habe meinen Vater mehr als ein Jahr lang nicht mehr gesehen. Zu Hause ist weit weg, wenn man im Ausland lebt. Mit jedem Jahr vermisse ich meine Familie und Freunde ein bisschen mehr. Jedes Jahr verbringe ich ein bisschen weniger Zeit mit ihnen. Eigentlich wollte ich 2014 sechs Wochen in Deutschland verbringen. Sommerferien in Deutschland. Sechs Wochen – fast so viel Zeit wie in den vergangenen sieben Jahren zusammengenommen. Doch der Trip in die Heimat verzögert sich. Reportagen in Syrien, Nepal, Indien oder den Philippinen sind wichtiger. Die Schwangerschaft meiner Frau. Verantwortung als Ehemann und werdender Vater. Die Renovierung unseres Hauses. Teure Flugtickets. Dann eben nächstes Jahr, denke ich.

Es gibt ja andere Möglichkeiten, in Kontakt zu bleiben: Skype, Facebook, E-Mails. Eine Illusion von Nähe.

Auch mein Vater hatte Skype entdeckt. So begeistert war er davon, dass er mich zu jeder Tages- und Nachtzeit anrief, oft in den frühen Morgenstunden, weil er mal wieder den Zeitunterschied zwischen Europa und Asien vergessen hatte.

Meistens wollte er wissen, wie die Schwangerschaft verläuft. Weil er es kaum erwarten konnte, Opa zu werden. Sein größter Wunsch: endlich seinen Enkel kennenzulernen. Manchmal rief er an, nur um mir mitzuteilen, dass das Wetter in Hamburg beschissen ist oder dass er mein Lieblingsessen gekocht hat. Wir können morgen über das Wetter reden, sagte ich ihm dann, halb genervt, halb amüsiert. Immer hieß es: morgen, Papa.

An einem Mittwoch im Juli sprechen wir darüber, dass er uns über Weihnachten und Neujahr in Manila besuchen kommt, schmieden Pläne. Wir beide freuen uns auf diese Zeit. Danach reden wir über Belangloses, freuen uns über den Gewinn der Weltmeisterschaft, analysieren das Finale. Ich lobe Schweinsteiger, er Boateng. Dann würge ich ihn ab, weil ein Taifun, der über Manila fegt, an unserem Haus rüttelt. Ich ruf dich morgen wieder an, Papa.

Es ist das letzte Mal, dass ich mit meinem Vater spreche. Um vier Uhr morgens weckt mich mein Cousin und sagt mir, dass mein Papa gestorben sei, wenige Stunden nach unserem letzten Gespräch. An einem schönen Sommertag, auf den Golfplatz, umgeben von engen Freunden. Das Herz. Ein schneller, schmerzfreier, guter Tod sei es gewesen. Es tröstet mich nicht, dass mein Vater nicht gelitten hat.

Ich bitte meine Frau Gianna, im siebten Monat schwanger, mit mir nach Deutschland zu reisen. Ich brauche sie an meiner Seite, um die Beerdigung durchzustehen. An die kommenden Wochen kann ich mich kaum erinnern. Die Trauer um meinen Vater ließ mich in ein tiefes Loch fallen. Erinnerungsfetzen davon, wie ich mich von meinem Papa in der Kapelle, in der er aufgebahrt lag, verabschiedete. Wie wir seine Wohnung ausräumten. Dinge, die er ein Leben lang angesammelt hat, landeten auf dem Müll. Meine Schwester und ich mussten sein Leben abwickeln. Konten auflösen, Bestattungsunternehmer beauftragen, Blumen bestellen, einen

Sarg aussuchen. Einen Monat verbringe ich in Deutschland. So viel Zeit wie in all den Jahren zuvor nicht.

Kaum bin ich zurück in Manila, trifft die nächste Schreckensmeldung ein. Es ist der 19. August 2014. Ich sitze mit einem Kaffee in meinem Büro, will E-Mails beantworten, Nachrichten lesen, Recherchereisen vorbereiten. In meinen Facebook-Mitteilungen sind ungewöhnlich viele Nachrichten. Ich lese Beileidsbekundungen von Bekannten. Freunde fragen, ob ich die Horrormeldung schon gesehen hätte. Andere fragen, ob es mir gut gehe. James, so lese ich, sei enthauptet worden. Ein Video seiner Ermordung kursiere im Netz. Minutenlang sitze ich schockstarr vor dem Bildschirm. Dann klicke ich mich durch das Internet. Ich sehe Bilder eines Mannes, der einen orangenen Overall trägt, wie die Gefangenen in Guantanamo. Ein kahl rasierter Mann blickt mir entgegen, der, ein Messer am Hals, in die Kamera blickt. Es ist James, zweifelsfrei. Ein schwarz maskierter Mann steht hinter ihm.

James Foley wird von Menschen ermordet, die keinerlei Skrupel haben; die in Aleppo, in Mossul oder Falludscha Kinder vor den Augen ihrer Eltern töten, in Rakka ihre Gegner öffentlich kreuzigen, Jesiden, Christen, Schiiten und alle, die nicht ihre Weltanschauung teilen, massenhaft hinrichten, lebendig begraben oder deren Töchter vergewaltigen, Menschen in Eisenkäfigen verbrennen.

635 Tage lang hatte ich die Hoffnung, dass James Foley lebt, dass er irgendwann freigelassen wird und uns mit seinem diabolischen Grinsen Anekdoten aus einem Kerker des IS erzählt. Wir ahnten, dass er sich in den Händen der Terrormiliz befand. Wie Dutzende Kollegen, die das Pech hatten, zur falschen Zeit am falschen Ort zu sein. Das größte Risiko für Journalisten, die aus Syrien berichten, sind nicht mehr die Scharfschützen, Bombenangriffe und Granaten der syrischen Armee, sondern die Checkpoints der schwarz geklei-

deten Irren, die Syrien zu ihrem Kalifat machen wollen und ausländische Journalisten entführen. Aus diesem Grunde besuche ich Aleppo nicht mehr, reise stattdessen in andere Teile Syriens, wo es keinen IS gibt. Ich will mir Jims Schicksal ersparen.

An diesem 19. August 2014 stirbt die Hoffnung, meinen Freund lebend wiederzusehen, zwei Jahre nachdem ich James das letzte Mal gesehen habe. Die Solidarität und Anteilnahme, welche die Ermordung James Foleys hervorruft, bezeugt, was für ein Mensch Jim gewesen ist. Freunde, Kollegen, Wegbegleiter, Syrer, die ihn getroffen haben, ehemalige Schüler sprechen ihr Beileid aus, erinnern an einen, der anders war als die meisten. Diese Anteilnahme rührt nicht allein von der Abscheulichkeit der Tat her oder dass es einen »von uns« getroffen hat. Tagelang trauere ich um meinen Freund, beweine seinen Tod und feiere sein Leben. »Ich werde dich nicht vergessen, Dude«, schreibe ich ihm in einer Facebook-Nachricht, die er niemals lesen wird.

Diese Wut, die Trauer, die Hilflosigkeit. Es ist so leicht, in die Falle der IS-Propaganda zu tappen. Die Terroristen wollen Angst verbreiten, Menschen einschüchtern, und es funktioniert – beispielsweise schon dann, wenn sich die Mitmenschen fragen, ob der Mann mit Gebetskäppchen an der Schlange vor der Kasse im Supermarkt einen Anschlag plant oder ob die verschleierte Frau in der U-Bahn nicht doch mit dem IS sympathisiert, die Morde begrüßt, die westliche Gesellschaft ablehnt und bekämpft.

Auch in mir schlummert ein Voyeur. Ich kämpfe gegen den Impuls an, die brutalen Propagandavideos von ISIS anzusehen. Muss ich tatsächlich sehen, wie einem Menschen der Kopf abgetrennt wird? Genügt es nicht zu wissen, dass es passiert ist? Ich versuche dem Drang zu widerstehen, einem Hilflosen, dem Kriminelle das Messer an die Kehle setzen, beim Sterben zuzusehen. Nur so kann ich dem Opfer jene Würde zurückgeben, die ihm Fanatiker rauben wollen. Es braucht nicht viel Fantasie, um zu verstehen, dass James Foley und die anderen westlichen Geiseln einen grauenvollen Tod gestorben sind. Dazu Hunderte oder gar Tausende Syrer. Die Hinrichtungen sind ein Attentat auf alle, die an eine freiheitlich-demokratische Grundordnung glauben. Deshalb gilt es, Respekt vor den Opfern und ihren Familien zu zeigen – und vor sich selbst. Aus dem gleichen Grund würde ich mir keine Vergewaltigungsvideos ansehen und dies als »news« verkaufen.

Erst nachdem sich der Schock über Jims Ermordung legt, erkenne ich auch ganz rational: Diese schreckliche Sequenz ist keine Nachricht, nichts, das irgendeinen journalistischen Wert hätte. Zwei Wochen darauf wird der US-Journalist Steven Sotloff enthauptet. Zehn Tage später erleidet der britische Helfer David Haines das gleiche grausame Schicksal, kurz darauf der britische Taxifahrer Alan Henning. In Algerien töten IS-Sympathisanten einen französischen Bergführer. Jedes Mal filmen die Verbrecher die Morde. In den Foren des Internets diskutieren und kommentieren die Menschen die Videos. Die meisten wollen sehen, wozu der Mensch fähig ist, welches Grauen er Mitmenschen antun kann. Ein billiger Thrill, angereichert mit Verschwörungstheorien. Was folgt, ist weltweit Hass und die geistige Sippenhaft aller Angehörigen einer Religion. Ohne erkennen zu wollen, dass es gerade Moslems sind, die am meisten unter der IS-Gewalt leiden.

Als Journalist und Mediennutzer muss ich versuchen, die Würde des Menschen zu achten – auch im Tod. Nur so überschreite ich nicht die Grenze zwischen Aufklärung und Sensationslust. Das gelingt nicht immer: Ich erinnere mich an den Reporter, der vor laufender Kamera die Koffer der Opfer des Flugzeugabsturzes von MH-17 durchwühlte. Ein moralischer Kopfschuss. Der Journalist hat sich anschließend entschuldigt. Doch der Schaden war angerichtet.

Das mit der Würde ist indes so eine Sache. Denn ich stolpere in Krisengebieten ständig durch moralische Minenfelder. Wann halte ich die Kamera drauf, wann nicht? Der befreundete Krisenfotograf Andy Spyra sagt:»Die Moral ist ein langsamer Begleiter. In solchen Momenten entscheiden die Intuition, der Charakter, die Sozialisierung, die Empathie.« Und trotzdem gibt es immer wieder Momente, in denen das eigene Wertesystem versagt.

Auch bei mir. Ich erinnere mich an einen Moment in Aleppo. In einem Zimmer, das als Leichenhalle diente, filmte ich einen Jungen, der um seinen toten Vater trauerte. Er weinte still. Tränen liefen ihm über die Wangen und tropften in das Blut seines Vaters. Ich filmte diese Szene, minutenlang; taub, emotionslos, ohne Empathie. Dann drehte sich der Junge zu mir um, schaute mir in die Augen, sagte kein Wort und verschwand. Und plötzlich schämte ich mich. Noch heute denke ich oft an diese Szene und wünschte mir, ich hätte den Jungen ein paar Minuten allein gelassen, um sich von seinem Vater zu verabschieden.

Oft handele ich vor Ort reflexartig. Manchmal auch ganz bewusst. Wer etwas bewegen will, braucht bewegende Bilder. Manchmal ist die Kamera mein Schutzschild, um das Grauen, das sich vor den eigenen Augen abspielt, auf Distanz zu halten.

Die Würde also. Sie stirbt im Krieg zuerst, nicht die Wahrheit. Wahrheit ist ein dehnbarer Begriff.

James Foleys Mörder wollten dem Journalisten, dem Amerikaner, dem Bruder, dem Freund die Würde nehmen. Sie haben sich selbst entwürdigt. Es gibt eine Szene in diesem Video, in der wartet Jim auf die Hinrichtung. Seine gesamte Haltung zeigt, dass ihm die Islamisten nicht die

Selbstachtung nehmen konnten. Trotzig schaut er in die Kamera, stumm, aber tapfer. Dieses Standbild von meinem Freund sollten wir in Erinnerung behalten. Es ist sein letzter Triumph über seine Mörder, und diesen Triumph muss die Welt sehen – unverpixelt. Den anschließenden Todeskampf von Foley, Sotloff oder Haines muss dagegen niemand sehen.

Natürlich muss darüber berichtet werden, wenn Journalisten abgeschlachtet werden. Aber ihr Leid und der Todeskampf, der Moment des Todes, wenn der Kopf vom Rumpf getrennt wird, müssen tabu bleiben. Solche Szenen sollten jenen Experten vorbehalten bleiben, die analysieren, ob diese Videos echt sind, oder die nach Hinweisen auf die Mörder suchen.

Dennoch, so finde ich, gibt es auch Bilder, denen wir uns nicht verschließen dürfen. Bilder von Opfern nach einem Giftgasangriff in Damaskus beispielsweise – das ist ein Kriegsverbrechen und muss belegt werden. Oder Aufnahmen von der verheerenden Wirkung der Fassbomben, die Assads Truppen auf die syrische Stadt Aleppo abwerfen. Oder in Panik geflohene Jesiden, die auf einem Berg langsam verdursten. Alles Ereignisse, vor denen wir am liebsten die Augen verschließen möchten. Und doch transportieren sie eine jeweils andere Botschaft. Diese Bilder rütteln auf und befriedigen nicht einfach nur Sensationsgier.

Zu meiner Aufgabe als Journalist gehört es, Nachrichten zu analysieren und zu filtern, nach Inhalten und neuen Informationen abzuklopfen. Ereignisse verständlich zu machen und einen Kontext herzustellen. Dazu gehören auch scheußliche, unmenschliche Bilder. Aber sie geben Einblicke in und Auskunft über die Welt des IS. Für Propagandazwecke inszenierte Hinrichtungen oder unter Zwang genötigte Aussagen, Ansprachen oder Geständnisse von Geiseln, die um ihr Leben fürchten, gehören nicht dazu. Als Journalist darf ich nicht zum Erfüllungsgehilfen von Mördern und Terroristen werden. Niemals.

Es gibt viele Gründe, die Schrecken des Krieges zu zeigen. Für mich als Reporter, der oft Kriegsgebiete bereist, sehr viel Elend sieht, sind Tote, verstümmelte Leichen Alltag. Und doch übe ich ständig Selbstzensur, wäge ab. Wie viel brutale Realität kann ich oder muss ich zeigen, wie viel darf man dem Leser oder Zuschauer zumuten? Es ist ein schmaler Grat, auf dem man wandelt – als Berichterstatter und als Redakteur, der entscheidet, was gedruckt wird. Ich bin der Meinung, dass bestimmte Gräueltaten gezeigt werden müssen. Die Opfer des Genozids in Ruanda. Was ein Giftgasangriff anrichtet und so weiter. Das ist die Realität des Krieges. Und wer vor dieser Realität die Augen verschließt, verwandelt Krieg und seine Auswirkungen in ein weichgespültes Wohnzimmerereignis.

Ohne Bilder gibt es keine Belege, rede ich mir weiterhin ein. Ich weigere mich, diesen letzten Rest Naivität zu verlieren. Worte allein reichen oft nicht aus, um die Realität zu vermitteln. Ohne Bilder keine Zeugnisse, auch für die Aufarbeitung eines Krieges nach dessen Ende. Ja, ohne Bilder findet ein Krieg oft nicht einmal im Bewusstsein der Öffentlichkeit statt – oder erst sehr spät.

Viele Debatten gehen ja inzwischen wieder am Thema vorbei: Haben die Journalisten etwa gar selbst Schuld, wenn sie sich in diese Gefahr begeben? Darf man überhaupt aus diesen Gebieten berichten? Handeln sie unverantwortlich, weil sie als Druckmittel gegen ihr Land missbraucht werden könnten? Ist es dieses Risiko wert?

Als Journalist sage ich: jetzt erst recht. Wegsehen ist die Aufgabe der Duckmäuser, nicht von Journalisten. Meine Aufgabe ist es zu berichten, sei es aus Syrien, aus dem Irak oder vom Parteitag der SPD. Ich bin dazu verpflichtet. Die Risiken sind mir durchaus bewusst. James Foley, Steven Sotloff und die anderen Ermordeten haben für diese Haltung mit ihrem Leben bezahlt. Ihnen gebührt unser Dank und unsere Erinnerung.

Kapitel 16: Leon

Im Januar wird Momin von einer Granate getötet.
Im Januar wird Abu Jaber von Granatsplittern zerfetzt.
Im Juli stirbt mein Vater.
Im August wird James ermordet.
Im Oktober wird mein Sohn Leon geboren.
Und auch das Leben in den Philippinen wird nicht einfacher. Seit acht Jahren wohne ich nun hier in meiner selbstgewählten Heimat. Doch fällt es mir immer schwerer, eine Wirklichkeit zu akzeptieren, in der eine privilegierte Minderheit in obszönem Reichtum lebt und Abermillionen in absoluter Armut dahinvegetieren. Ich bin in Deutschland sozialisiert worden, ich glaube an soziale Gerechtigkeit, Rechtssicherheit, ein Gesundheitssystem für alle, freien Zugang zu Bildung; die Auffangbecken einer Gesellschaft, in der der Stärkere für die Schwächeren einsteht. Ich vermisse die Architektur deutscher Städte, die Parks, die Museen, die Ausstellungen, die Subkulturen, öffentliche Verkehrsmittel. Und immer mehr: die durchmischte Gesellschaft. Auch wenn das Gefälle zwischen Reich und Arm auch in Deutschland größer wird: Es gibt kein ausgeprägtes Klassendenken. Die sozialen Bindungssysteme funktionieren weitestgehend. Vielleicht ist mir der Blick auf die realen Verhältnisse in der Heimat durch die räumliche Distanz verstellt. Aber nach neun Jahren in der Dritten Welt sehe ich Deutschland und Europa durch eine Brille mit rosaroten Gläsern.
Die Philippinen im Jahre 2015 kennzeichnet all das, was Deutschland zum Glück fehlt: Korruption, Misswirtschaft, eine krass ungleiche Verteilung des Reichtums, eine nach Klassen sortierte Gesellschaft, Überbevölkerung, Verbre-

chen, verbreitete Armut, Ausbeutung. Ein reiches Land mit sehr vielen armen Leuten. Erst 2014 erschütterte ein Korruptionsskandal das Inselreich. Senatoren und Kongressabgeordnete veruntreuten 200 Millionen Euro an Steuergeldern, die für Hilfsorganisationen und soziale Projekte vorgesehen waren. Verurteilt wurde bislang niemand. Die Regierung steht der Armut macht- und planlos gegenüber. Oft wählt sie die einfachste Lösung: Mit einem Räumkommando der Polizei vertreibt sie die illegalen Siedler an den Stadtrand; ohne Zugang zu Schulen, Ärzten, Arbeit. Aus den Augen, aus dem Sinn.

So machen es auch die meisten meiner Bekannten. Sie blenden das Elend aus. Ein Schutzmechanismus, sicher. Aber auf Kosten der Empathie. Ich kann nicht die Augen verschließen. Ich muss nur das Haus verlassen und sehe Straßenkinder, Bettler, Luftverschmutzung, soziale Ungerechtigkeiten. Die sozialen Ablagerungen der Dritten Welt. Ich schreibe über Menschen wie Edcel Zuniga, eine von Hunderttausenden Filipinos, die auf Friedhöfen leben. In der Hauptstadt Manila, in dem Küstenort Zamboanga, am Fuße der Vulkanstadt Legaspi oder in Cebu City, der zweitgrößten Stadt des Landes. Menschen ohne Arbeit, zu arm, um Miete zu zahlen. Sie leben am untersten Rand der Gesellschaft. Ein Heer von Namenlosen. Die Bürger aus den besseren Vierteln nennen sie Friedhofsmenschen, Skelette oder Zombies. Weil sie zwischen den Toten leben, in schiefen, an Friedhofsmauern gequetschten Bretterbuden hausen, zwischen Gräbern, in Mausoleen oder Grüften wohnen; dort schlafen, essen, arbeiten, Wäsche waschen, Kinder großziehen, heiraten, sterben. Schicksale wie diese sind nicht die Ausnahme, sondern die Regel.

Edcel Zuniga lebt wie dreihundert andere vom Schicksal gebeutelte Menschen auf dem Carreta-Friedhof in Cebu City. Er liegt im Herzen der Stadt mit ihren zweieinhalb Millionen

Einwohnern, im Schatten schillernder Wohnsilos der philippinischen Mittelschicht, eingebettet zwischen verstopften Straßen, versteckt hinter den Mauern einer McDonalds-Filiale und eines Einkaufszentrums. Nur wenige Gehminuten entfernt von Luxushotels und den Bordellen des Rotlichtbezirks Mango, in denen sich Touristen mit den Slummädchen der Stadt amüsieren. Edcels Familie lebt seit fast vierzig Jahren auf diesem Friedhof. Ein Fluch, der von Generation zu Generation weitergegeben wird. Hier wurde Edcel vor 26 Jahren geboren. Hier wuchs sie auf, spielte zwischen den Gräbern, traf ihren Mann, und hier gebar sie auch ihre drei Kinder. Vier Generationen, zehn Familienmitglieder, teilen sich nun eine zehn Quadratmeter schmale Bretterbude, die sich an ein Grabmal am Eingang des Friedhofs duckt.

Manila ist ein Ort ohne Grünflächen, zubetoniert. Kaum ein Ort, an dem der Geist ruhen kann. Theater, Kultur, Museen, Ausstellungen gibt es nur in homöopathischen Dosen. Nur noch selten treffe ich Leute. Es ist mir zu anstrengend, ständig im Stau zu stehen, zwei Stunden vorher loszufahren, um mich mit einem Kumpel auf ein Bier zu treffen. Ich habe Freunde. Was fehlt, ist eine gemeinsame Grundlage. Ein Verständnis für das, was ich mache. Es sind vor allem diese Fragen, die mir immer wieder zu erkennen geben, dass ich nicht wirklich dazugehöre: Wie lange bleibst du dieses Mal hier? Wo warst du? Wo geht es als Nächstes hin? Für sie ist es selbstverständlich, dass ich so gut wie nie da bin, nicht an ihrem Leben teilhabe und sie nicht an meinem. Dass ich ein Fremder bin. Immer auf dem Sprung, um vom Zeitgeschehen an den Rändern der Aufmerksamkeit zu berichten.

Ich bin so daran gewöhnt, in meinem Berufsalltag in die Gefühlswelt anderer Menschen einzutauchen. Den Schmerz eines Vaters zu verstehen, dessen Sohn gerade von einem Scharfschützen getötet wurde. Die Verzweiflung einer Frau, die vom IS entführt und monatelang vergewaltigt wurde. Die Trauer einer Tochter, die die Leichen ihrer Eltern in einem Massengrab entdeckt. Die Angst eines Schulkindes, dessen Schule bombardiert wird. Die Wut eines Frontkämpfers, der mit ansehen musste, wie ein Kamerad neben ihm erschossen wird. Oder Menschen, die auf Friedhöfen leben müssen. Sicher, ich bin nicht direkt davon betroffen, aber diese Geschichten prallen auch nicht einfach an mir ab. Ich muss meine ganze Empathie aufbringen, um diese Geschichten anschließend so zu erzählen, dass es den Menschen, denen dies widerfahren ist, gerecht wird. Das Sediment dieser Geschichten lagert sich wie toxischer Schlamm in meinem Kopf ab, Schicht um Schicht. Es fällt mir schwer, für das Leben außerhalb dieser Welt Interesse aufzubringen.

Es ist wahrscheinlich die normale Konsequenz eines Berufes, in dem ich ständig Leid, Tod und Schmerzen dokumentiere. Früher habe ich jeden, der es hören wollte, und auch jene, die es nicht hören wollten, zugequatscht. Darfur, Kongo, Somalia, Afghanistan, Burma, Syrien, Irak. Inzwischen sitze ich meist still bei einem Abendessen, führe ein bisschen Small Talk, reiße ein paar Witze und beantworte Fragen, wie es denn in Syrien aussieht, mit einem einfachen: Schlecht. Und führe schnell das Gespräch auf ein anderes Thema. Es ist nicht fair, oftmals ehrliches Interesse abprallen zu lassen. Aber ich bin zu müde, in meiner Freizeit Konflikte zu erklären.

Nach der Reise nach Zabadani hatte ich mich für einige Monate in ein Loch verkrochen, bis es mir dort zu dunkel wurde. Aber vielleicht war es genau diese Erfahrung, die ich brauchte, um das durchzustehen, was mich im Jahr 2014 erwartete. Die Trauer um meinen Vater ist allgegenwärtig. Die Wut über Jims Ermordung ebenfalls. Und dann stehe ich Anfang Oktober in einem Kreißsaal und halte dieses kleine Drei-Kilo-Bündel Mensch im Arm. Meinen Sohn. Leon Henning

Stormer. Geboren am 3. Oktober 2014 um 8.41 Uhr. Am Tag der Deutschen Einheit.

In den vergangenen Monaten hatte ich Zeit, mich auf die Ankunft meines Sohnes vorzubereiten, zu reflektieren, nachzudenken, wie es weitergehen soll. Freunde, Bekannte, Familie, sogar Kollegen raten mir: Suche dir einen neuen Beruf. Nicht mehr das Leben riskieren. Ich sei jetzt Vater. Trüge Verantwortung. Irgendwann sei es auch mal gut, sich all das Leid fremder Menschen anzutun. Leon schläft auf meiner Brust. Ich beobachte, wie sich sein kleiner Brustkorb bei jedem Atemzug hebt und senkt. In welcher Welt wird er einmal leben? Natürlich habe ich überlegt aufzuhören. Aber das kann ich nicht. Wie soll ich meinem Sohn beibringen, seinen Werten zu folgen, für etwas zu kämpfen? In diesen Tagen denke ich oft an die Worte des Holocaust-Überlebenden und Nobelpreisträgers Elie Wiesel:»Ich habe immer daran geglaubt, dass das Gegenteil von Liebe nicht Hass ist, sondern Gleichgültigkeit. Das Gegenteil von Glaube ist nicht Überheblichkeit, sondern Gleichgültigkeit. Das Gegenteil von Hoffnung ist nicht Verzweiflung, sondern Gleichgültigkeit. Gleichgültigkeit ist nicht der Anfang eines Prozesses, es ist das Ende eines Prozesses.«

Wie könnte ich dem, was in Syrien passiert, gleichgültig gegenüberstehen? Ich bin der Enkel von Tätern. Ich bin nicht verantwortlich für ihre Taten, aber ich trage Verantwortung, dafür zu sorgen, dass solche Verbrechen nicht mehr geschehen. Und auch diese Tatsache führt mich immer wieder zurück an diesen regnerischen und kühlen Sommertag in Auschwitz, als die Asche der Ermordeten durch meine Finger rieselte.

In den Tagen nach Leons Geburt habe ich viel Zeit, um nachzudenken, zu reflektieren. Ich erinnere mich an einen Nachmittag in der Technikerschule von Murambi, einem

Ort in den Hügeln von Ruanda. Die Schulgebäude sind heute Mahnmal und Gedenkstätte des Völkermordes. Auch heute noch ein Ort des Grauens. Ich kam gerade aus dem Kongo zurück, wo ich drei Wochen lang vergewaltigte Frauen interviewt hatte.

Der Weg zurück aus dem kongolesischen Wahnsinn führt durch das Nachbarland Ruanda; über Straßen, die sich durch Kaffeeplantagen, über grüne Hügel und durch Urwälder, in denen Gorillas leben, schlängeln. Auf dem Rückweg in die ruandische Hauptstadt Kigali bitte ich meinen Fahrer, in Murambi zu halten. Fünfzigtausend Menschen wurden hier während des ruandischen Völkermordes innerhalb weniger Tage massakriert. Jedes Klassenzimmer ist gefüllt mit mumifizierten Leichen; in Kalk konservierte Männer, Frauen, Kinder, mit zertrümmerten Schädeln, verrenkten Gliedern, und noch immer kann man in den Gesichtern das Grauen erkennen, das sie im Moment ihres Todes befiel. Über alldem liegt noch immer unerträglicher Leichengeruch.

Im Geiste besuche ich wieder das Konzentrationslager Auschwitz. Das Foltergefängnis S-21 in Kambodschas Hauptstadt Phnom Penh. Ich stehe wieder vor einer Stupa aus Menschenschädeln auf Kambodschas Killing Fields und höre die Worte eines Freundes: »Einer dieser Schädel gehört meinem Vater.«

Wie könnte ich diese Erlebnisse ausblenden? Etwas anderes machen? Etwas, das weniger gefährlich ist? Eine Arbeit, bei der ich weniger tun muss, öfter zu Hause bin und dafür mehr verdiene? Es wäre einfach, einen neuen Weg einzuschlagen. Komfortabler. Aber wie soll ich das irgendwann mal meinem Sohn erklären, wenn er mich fragt, warum ich im Angesicht des Wahnsinns in der Welt weggeschaut habe? Wie könnte ich Leon eine Werteskala vermitteln, in der das Bedürfnis, für andere einzustehen, nicht wegzusehen und sich nicht wegzuducken, ganz oben steht? Wie könnte ich meinem Sohn diese Überzeugungen vermitteln, wenn ich meine Werte bei der ersten ernsthaften Herausforderung über Bord würfe?

Meine Frau Gianna und ich haben vor unserer Hochzeit eine Übereinkunft getroffen: Sie lässt mich meinen Beruf ausüben, legt mir keine Fesseln an, erträgt die Bilder, die ich zurückbringe, die sie sich mit mir ansieht. Sie hat mich so kennengelernt. Unser Deal ist, dass keiner den anderen verändern wird, keine Forderungen stellt, die der Partner nicht erfüllen kann. Den Ballast, den ich in unsere Beziehung hineinschleppe, erträgt sie. Nur an Geburtstagen und Weihnachten soll ich zu Hause sein. Sonst gibt es Ärger. Mein Sohn Leon hat in diesem Arrangement niemals ein Mitspracherecht bekommen.

Wer einmal in Aleppo war, erlebt hat, was dort täglich geschieht, verlässt die Stadt nie wirklich. Die zwei Wochen im Juni 2014 in Aleppo haben mir mal wieder gezeigt, wie wichtig es ist, über Kriegsverbrechen zu berichten. Nicht, dass es irgendetwas ändern würde. Aber die Täter können es auch nicht mehr leugnen oder vertuschen, weil es Beweise gibt – geliefert von Journalisten, festgehalten auf Film, auf Fotos, in Berichten, Reportagen, Analysen. Niemand kann sich heute noch rausreden, von nichts gewusst zu haben. Umso schändlicher ist das Nichtstun, die Gleichgültigkeit gegenüber dem Massensterben der Syrer auf beiden Seiten der Fronten.

Im Bombenhagel von Aleppo habe ich auch mein Selbstbewusstsein wiedergefunden. Trotz der Angst in all den schlaflosen Nächten, als die Raketen und Granaten neben mir einschlugen, so nahe, dass Schutt und Splitter auf das Dach meines Zimmers prasselten. Bis auf die zwei spanischen Journalisten war ich der einzige westliche Journalist in Aleppo. Ich habe mein berufliches Selbstverständnis zurückerobert, als die Weißhelme ein totes Kind aus den Ruinen eines Wohnhauses zogen: Ich verschließe meine Augen nicht. Der Testfall Aleppo wurde für mich zu einer Art Katharsis. Die Erlebnisse dort legten sich wie Deckfarbe über meine Erinnerungen aus Zabadani. Trotz der Trauer um meinen Vater und um James fühle ich mich gereinigt.

Kapitel 17: Der Terrorist

Seit Wochen bestimmt der Islamische Staat die Schlagzeilen. Der Krieg in Syrien ist längst in das Nachbarland Irak herübergeschwappt. Genau das, was die internationale Staatengemeinschaft mit ihrer Politik des Nichtstuns verhindern wollte, ist nun eingetreten. In Syrien belagern sie die kurdische Stadt Kobane; ein Massaker an der kurdischen Bevölkerung, befürchten Beobachter, stehe unmittelbar bevor. Im Irak ermordeten die Islamisten Tausende Angehörige der jesidischen Minderheit. Ich verfolge die Nachrichten, während Leon auf meiner Brust schläft.

Syrien ist zu einem Niemandsland geworden. Ein journalistisches Tretminenfeld. Deshalb konzentriere ich mich von nun an auf den Kampf gegen den Islamischen Staat. Der Krieg in Syrien ist untrennbar mit dem Krieg im Irak verbunden. Wer nicht versteht, was in Syrien in den vergangenen Jahren geschehen ist, kann den Aufstieg des IS zur mächtigsten Terrorgruppe der Welt nicht nachvollziehen. Wie diese Terrorgruppe mit ihrer Strategie des Angstschürens die Städte Manbidsch, Dscharablus, Deir ez-Zor und Rakka in Syrien sowie Tikrit, Ramadi, Falludscha und Mossul im Irak im Handstreich einnehmen konnte. Wie im Jahr 2014 Zehntausende irakischer Soldaten vor ein paar Hundert IS-Kämpfern flohen, die auf Pick-ups und wild um sich schießend die Städte überrollten, die Christen vertrieben und Schiiten und Jesiden ermordeten. In den Banken Mossuls eroberte der IS Hunderte Millionen Dollar und konnte seine Kriegskasse auffüllen. Und erst mit den eroberten Beständen aus den Waffenarsenalen der irakischen Armee gelang es dem IS, ein Gebiet von der Größe Großbritanniens mitsamt seiner sunnitischen Stämme zu unterwerfen.

In den Wochen nach Leons Geburt versuche ich, ehemalige Kämpfer des IS zu kontaktieren. Aussteiger sollen mir von der brutalen Weltanschauung der Islamisten und der Terrorwelt ihres Kalifates erzählen. Ich will verstehen, kein Verständnis aufbringen. Nach langem Suchen finde ich endlich einen Mann, der bereit ist, mit mir zu sprechen. Am 15. September 2015 kommt die Skype-Verbindung in sein Versteck in der Türkei zustande. Die Kamera zeigt ein kleines Apartment mit kahlen Wänden. Mein Gesprächspartner Abu Alkakaa huscht einmal kurz durch das Bild, sitzt anschließend auf einem braunen Sofa. Dann bittet er, die Kamera auszuschalten. Von nun an ist nur noch seine hohe, leise Stimme zu hören.

Seit zehn Tagen versteckt sich Abu Alkakaa nun schon in der Wohnung eines Bekannten, irgendwo in einer türkischen Stadt. Wo genau er sich aufhält, will der junge Muslim nicht verraten. Das Gesicht möchte er nicht zeigen, seinen richtigen Namen nicht nennen. Abu Alkakaa ist sein Kampfname, nach einem radikalen Prediger, der 2007 in der syrischen Stadt Aleppo ermordet wurde. Abu Alkakaa ist untergetaucht und will unerkannt bleiben. Nicht nur von den türkischen Behörden, sondern auch von den Spitzeln des Islamischen Staates, die überall in der Türkei neue Kämpfer rekrutieren.

Es gibt inzwischen viele junge Männer, die angeblich den Islamischen Staat verlassen haben und die ihre vermeintlichen Geschichten an westliche Medien verkaufen möchten. Oft sind es Aufschneider und Maulhelden, die ihr Leben vor Journalisten zum großen Drama aufbauschen. Wie der norwegische Islamist, der ein paar Monate in Syrien aufseiten des Islamischen Staates gekämpft hat und jetzt in Oslo in einem Kindergarten arbeitet. 50 000 schwedische Kronen – etwa sechstausend Euro – wollte er für sein Insiderwissen kassieren. Ich habe mich entschieden, weder potenzielle Terroristen finanziell zu unterstützen noch ihnen ein Forum für ihre Propaganda zu liefern.

Abu Alkakaa will kein Geld, nur reden – und absolute Anonymität. Zweimal musste das geplante Gespräch aus Sicherheitsgründen verschoben werden. Den Kontakt zu ihm haben mehrere vertrauenswürdige Informanten in Syrien und der Türkei vermittelt. Sie bestätigen auch seine Angaben.

Abu Alkakaa erzählt ruhig und überlegt, ohne Reue. Ein Mann, der sich nicht rechtfertigt, weil er mit sich im Reinen ist. Er gibt einen nüchternen Einblick in das Innenleben des Islamischen Staates. Während er erzählt, ist im Hintergrund das Lachen spielender Kinder zu hören.

Abu Alkakaa stammt aus einer moderaten sunnitischen Familie. Er studiert Chemie in Damaskus, als 2011 der Bürgerkrieg ausbricht. Monate später haben Rebellen ganze Landstriche erobert, das Regime von Bashar al-Assad verliert vielerorts die Kontrolle. Salafisten, lange verboten und verfolgt in Syrien, nutzen das Machtvakuum. Während die verschiedenen Oppositionsgruppen für eine demokratische Gesellschaft kämpfen, rekrutieren radikale Prediger junge Gläubige für den bewaffneten Kampf gegen die säkulare Regierung in Damaskus.

Auch Abu Alkakaa will an die Waffe. Er bricht sein Studium ab, kehrt in seine Heimatstadt Deir ez-Zor zurück und schließt sich dort einer kleinen Gruppe von Salafisten an. Ihr Ziel: ein islamischer Staat auf Grundlage des Korans und mit der Scharia als Rechtsprechung. Monatelang kämpfen sie mit wechselnden Verbündeten gegen die Truppen von Bashar al-Assad. Kleine, schlecht ausgerüstete Trupps, die Hinterhalte legen, aber nicht viel ausrichten können, während die syrische Luftwaffe Deir ez-Zor in eine Trümmerlandschaft verwandelt.

Das Blatt wendet sich zugunsten der Radikalen, als Jabhat al-Nusra im Januar 2012 wie aus dem Nichts die Bühne des syrischen Bürgerkrieges betritt. Die Männer haben alles, was die syrischen Rebellen nicht haben: moderne Waffen, ausreichend Munition, Geld, Disziplin, Einigkeit, finanzielle Unterstützung reicher Araber und von sunnitischen Organisationen. Und kampferprobte Kämpfer, vor allem aus Tschetschenien, dem Kosovo und dem Irak. Im April 2013 fusionieren Teile al-Nusras mit dem damals noch recht unbekannten Islamischen Staat. So auch Abu Alkakaas Einheit. Tausende Rebellen anderer Einheiten folgen dem Ruf des IS, darunter viele gemäßigte, aber von der Zerrissenheit und Ineffizienz der moderaten Opposition enttäuschte Rebellen. Sie überrennen Dorf um Dorf und vertreiben die Regierungstruppen von ihren Stützpunkten. Bald kontrolliert der IS wichtige Landesteile, erobert sogar die Großstadt Rakka. Inzwischen lässt sich ziemlich sicher behaupten, dass das plötzliche Auftauchen al-Nusras knapp zwei Jahre zuvor Teil eines lang geplanten Schachzuges der geistigen Planer des IS war mit dem Ziel, in der Levante ein Kalifat zu errichten.

Die ersten zwei Monate dient Abu Alkakaa in einer Einheit, die die Einhaltung der Scharia in den eroberten Dörfern und Städten überwacht. Er ist einer von unzähligen Sittenwächtern, die durch die Straßen patrouillieren und dafür sorgen, dass die Kleiderordnung eingehalten, keine Musik gespielt und kein Alkohol getrunken wird. Wer gegen die Regeln der Islamisten verstößt, wird bestraft. »Ich habe niemanden hingerichtet, sondern nur geschlagen«, behauptet Abu Alkakaa. Die harten Fälle landen vor dem Scharia-Richter. Abu Alkakaa weiß von vielen, die zum Tode verurteilt wurden. »Sie haben den Tod verdient, denn sie waren keine wahren Muslime«, sagt er. In Rakka, Aleppo, Hasaka und Deir ez-Zor sieht er Gekreuzigte an Laternenmasten oder Baugerüsten. Hinrichtungen finden auf öffentlichen Plätzen statt, die Verurteilten werden geköpft oder erschossen: moderate

Muslime, Akademiker, Journalisten, Aktivisten. Dieben hackt man die Hände ab. Gerechte Strafen, wie Abu Alkakaa findet. Eine Welt, für die es sich zu kämpfen und zu sterben lohne. Allahu Akbar. Sein Traum ist jetzt, den Märtyrertod zu sterben. Ins Paradies zu kommen.

Bald schon kämpft der Islamische Staat nicht nur gegen die Truppen von Präsident Assad, sondern auch gegen die Freie Syrische Armee und andere Rebellengruppen. Abu Alkakaa verabscheut diese Rebellen und ihren Wunsch nach einem zivil regierten, demokratischen Syrien. Sie würden die wahre Lehre beflecken, meint er. »Wie können Menschen es wagen, sich über die Gesetze Allahs zu erheben?« Wahre Muslime gehorchten nur dem Wort Gottes. Im Kalifat des Islamischen Staates hätten »kufar«, Ungläubige, keinen Platz. Schiiten oder Alawiten seien keine richtigen Muslime. Alle, so Abu Alkakaa, die gegen das Kalifat seien, müssten getötet werden – auch Sunniten, die gegen den Islamischen Staat kämpfen. Niemand von ihnen dürfe am Leben bleiben. »Selbst meinen Bruder, der auf der Seite der Freien Syrischen Armee gegen den Islamischen Staat kämpft, würde ich töten, so Gott will.« Christen, Jesiden und Angehörigen anderer Religionen würde man erlauben, in Syrien zu leben – sie könnten eine Art Religionssteuer bezahlen oder zum Islam konvertieren. Man sei gerecht und tolerant.

Nach zwei Monaten als Sittenwächter wird Abu Alkakaa in ein Ausbildungslager an der irakischen Grenze geschickt. Vierzig Tage lang lernt er, wie man Panzer fährt und Raketen abfeuert. Zu dieser Zeit schließen sich immer mehr ausländische Kämpfer dem Islamischen Staat an: Tschetschenen, Kosovaren, Briten, Deutsche, Australier, Franzosen, Saudis. Der syrische Bürgerkrieg wird zum globalen Dschihad. Sie erobern Mossul, Kirkuk und Falludscha im Irak, al-Bab, Maara, Deir ez-Zor in Syrien. Die Exekutionen Tausender irakischer

Soldaten befürwortet Abu Alkakaa. Das seien Schiiten gewesen, Feinde des Islams, die Muslime getötet hätten. »Man hätte zehntausend von ihnen umbringen sollen«, sagt er.

Am 29. Juni 2014 geht sein Traum endlich in Erfüllung. Abu Bakr al-Bagdadi, der Führer des Islamischen Staates, ruft das Kalifat aus und ernennt sich selbst zum Kalifen. Abu Alkakaa und seine Kampfgenossen schwören ihrem Anführer ewige Treue. ISIL nennt sich jetzt nur noch ISIS oder schlicht IS.

Kurz darauf kommen ihm die ersten Zweifel. Nicht am eigentlichen Ziel eines muslimischen Großreichs, sondern an den Methoden, mit denen dieses Ziel erreicht werden soll. Anfang August dieses Jahres überrennen die Truppen des Islamischen Staates seine Heimatprovinz Deir ez-Zor. Einmal töten sie 370 Menschen an einem Tag, am nächsten 220. Auch Abu Alkakaa tötet. Wie viele Menschen es waren, weiß er nicht. Nach den siegreichen Schlachten sieht er, wie unbewaffnete Anwohner erschossen oder geköpft werden. Er beobachtet, wie Frauen, die versuchen, ihre zum Tode verurteilten Männer zu schützen, erschossen werden. Den Feind zu töten sei zum Wohle Allahs die Pflicht aller Muslime, sagt Abu Alkakaa. Unbewaffnete oder Frauen hingegen, das sei Mord; »haram«, schmutzig. Auch die Enthauptungen der ausländischen Geiseln seien Fehler gewesen. »Sie haben nicht gegen den Islamischen Staat gekämpft«, sagt Abu Alkakaa. Solche Taten wolle er nicht auf sein Gewissen laden. Noch traut er sich nicht, seine Zweifel laut zu äußern.

Und bald erkennt er, dass er seine Meinung besser für sich behält. Anfang September 2014 beschwert sich ein jordanischer Kämpfer aus Abu Alkakaas Einheit bei einem Kommandeur über die vielen Hinrichtungen wehrloser Männer und Frauen. Das verstoße gegen den Islam, argumentiert er öffentlich. Am nächsten Tag findet man seinen Leichnam in einer Seitenstraße.

Für Abu Alkakaa ist es normal, Dieben die Hände abzuhacken und unvollständig verschleierte Frauen zu prügeln; er findet es gerecht, Schiiten, Alawiten und »Ungläubige« zu töten. Aber als er sieht, dass seine Mitkämpfer unbewaffnete Einwohner in seiner syrischen Heimatprovinz hinrichten, wird es sogar Abu Alkakaa zu viel. An einem heißen Sommertag im August 2014 beschließt er zu fliehen.

Von da an grübelt der 26-Jährige tagelang, wie er seinen Posten an der irakisch-syrischen Front gefahrlos verlassen kann. Er sucht, prüft und verwirft immer neue Ausreden oder Erklärungen. Und dann ist da auch noch sein Gewissen, das ihn plagt: Denn Lügen sind »haram«, verboten, schmutzig. Ist es richtig, jene Männer zu täuschen, denen er noch bis vor Kurzem als Brüder und Kampfgenossen vertraut hat?

Eines ist ihm klar: Sollten die früheren Freunde von seinen Zweifeln erfahren, seine Pläne auch nur erahnen, dann würden sie ihn töten. Die Terrorgruppe IS, der er sich vor über einem Jahr angeschlossen hat, fordert willenlosen Gehorsam. »Das kann nur Allah von mir verlangen«, sagt Abu Alkakaa.

Flucht also.

Er hat seinen Abgang sorgfältig geplant. Flöge er auf, würde man ihn als Verräter verurteilen und hinrichten. Vielleicht erschießen, vielleicht enthaupten oder an ein Kreuz nageln, wie so viele andere vor ihm. Heimlich besorgt er sich einen gefälschten Ausweis. Er will in die Türkei, nur dort könnte er sich verstecken. Doch um sein Ziel zu erreichen, muss er das Territorium der Freien Syrischen Armee durchqueren. Auf der Ladefläche eines Lastwagens reist er durch Feindesland, zeigt an Checkpoints seinen gefälschten Ausweis und hofft, dass seine Tarnung nicht auffliegt. Man hätte ihn sofort erschossen, sagt er. Abu Alkakaa hat Glück. Drei Tage später kriecht er durch das Loch eines Grenzzaunes, der Syrien von der Türkei trennt, kauft sich ein Busticket und taucht unter.

Allah habe seine schützende Hand über ihn gehalten. Abu Alkakaa sagt, er habe keine Angst vorm Sterben.

Nach Syrien kann er vorerst allerdings nicht zurück, das wäre Selbstmord. Er würde gerne wieder in den Krieg ziehen, gegen Assad und für sein Kalifat. Aber nicht mit den Methoden des Islamischen Staates. Er spricht wie ein Liebhaber, der von einer schönen Frau verlassen wurde. Gekränkt, bitter, enttäuscht und wütend. Vielleicht, sagt er, könne er woanders den Dschihad fortführen. Egal, wo. Allahs Feinde sind überall.

Der Versuch, den IS über Skype zu verstehen, reicht mir nicht. Nur wer vor Ort ist, kann begreifen, was tatsächlich passiert. Oder zumindest eine Ahnung davon bekommen. Im November 2014, keine sechs Wochen nach der Geburt meines Sohnes, reise ich in den Nordirak. Mein Ziel: die vom IS belagerte Stadt Sindschar. Einige Monate zuvor hatte ich im Internet eine Meldung gelesen, wonach in der eingekesselten Pilgerstätte Sherfedin der Deutsch-Kurde Kasim Shesho aus Bad Oeynhausen eine dreihundert Mann starke Bürgerwehr anführt, die sich verzweifelt gegen eine Übermacht anstürmender ISIS-Kämpfer wehrt. Es war die Zeit, als ISIS innerhalb weniger Wochen den Irak überrannte und im Sindschar-Gebirge ein Massaker unter der religiösen Minderheit der Jesiden anrichtete. Die Männer wurden ermordet, die Frauen entführt, die Kinder versklavt. An Sheshos Seite kämpfen sein Sohn Yassir und sein Neffe Haydar. Sie halten die letzte Stellung vor dem Islamischen Staat, damit der Berg Sindschar nicht in die Hände von ISIS fällt. Eine Bürgerwehr, zusammengestellt von Jesiden aus Bad Oeynhausen, die gegen die verrückten Terrormilizen kämpft? Eine Riesengeschichte, denke ich mir und mache mich auf in den Nordirak.

Kapitel 18: Die Löwen von Sindschar

Es ist nicht leicht, nach Sherfedin zu gelangen. Ende November erreiche ich die trostlose irakische Grenzstadt Zakho. Tagelang warte ich auf die Genehmigung der irakischen Armee, in einem der Versorgungshelikopter mitfliegen zu dürfen, die zweimal am Tag Nahrung, Wasser, Waffen und Munition zu den eingekesselten Jesiden auf dem Berg Sindschar fliegen. Als die Genehmigung endlich erteilt ist, spielt drei Tage lang das Wetter verrückt; Nebel, Regen, Wolken – und zwischendurch muss auch noch ein Angriff auf ISIS-Stellungen geflogen werden. »Bukra, insch'allah«, spult General Ahmed, der Kommandeur der Pilotenstaffel, jeden Morgen von Neuem ab, ein drahtiger Mann in Uniform und verspiegelter Pilotenbrille. Morgen, so Allah will.

Allah ziert sich fünf Tage lang. Während ich warte, besuche ich die Stadt Rabia an der syrischen Grenze. Dahinter beginnt das Kalifat. Am Morgen wurde eine kurdische Stellung vom IS angegriffen. Mehrere Selbstmordattentäter sprengten sich in die Luft und rissen dreizehn kurdische Peshmerga mit in den Tod. Stunden später laufe ich an den Leichen der Angreifer vorbei. Dort ragt ein Arm aus einem Erdhügel. Im Gras liegt ein abgerissener Oberschenkel. Die Peshmerga stellen sich neben ihre toten Feinde und schießen Gruppenfotos wie Großwildjäger bei der Löwenjagd. Ich zähle acht tote IS-Kämpfer. Lange Bärte, zerzaustes Haar, junge Gesichter. Mein Mitleid mit diesen Irren hält sich in Grenzen. Dazu haben sie einfach zu viel Leid gebracht. Sie haben Freunde und Kollegen getötet. Aber anders als die Peshmerga kann ich mich nicht über ihren Tod freuen. Was für eine Verschwendung von Leben, denke ich, während ich die verstümmelten

Körper der Toten betrachte. Welcher Irrglaube hat diese Männer verführt, sich selbst in die Luft zu jagen und dabei möglichst viele Menschen umzubringen! Selbstmordattentäter, was für ein blödes, beschönigendes und irreführendes Wort. Ein besserer Ausdruck wäre schlicht: Mörder.

Am Morgen des sechsten Tages: strahlender Sonnenschein, wolkenloser Himmel. Ein gut gelaunter General Ahmed erwartet mich am Landeplatz. »Du fliegst heute bei mir mit, ich bin noch nie abgestürzt, insch'allah«, sagt er lachend und kneift mir dabei in die linke Wange. »Der erste Hubschrauber da vorne, das ist meiner. Schmeiß dein Gepäck einfach hinten rein.« Hoffentlich stürzt der Vogel auch heute nicht ab, denke ich, während ich meine schusssichere Weste, Kameraausrüstung und Rucksack auf die Ladefläche des Hubschraubers werfe. Vor dem Abflug rufe ich bei General Shesho an und teile ihm mit, dass ich demnächst lande. »Sehr gut, Junge. Ich schicke jemanden, der dich abholt.«

Kurz darauf heben wir ab; links und rechts, an den offenen Seitentüren, sitzen zwei Bordschützen an Maschinengewehren. General Ahmed dreht sich zu mir um, grinst perlweiße Zahnreihen frei und zeigt mit dem Daumen nach oben. Ich nicke. Alles klar, denke ich, während wir über den Nordirak fliegen, über das Kalifat des Islamischen Staates. Als der Helikopter fünfzig Minuten später an der höchsten Stelle des Berges Sindschar auf einer Straße landet, bricht Chaos aus. Hunderte verzweifelter Menschen stürmen auf die Hubschrauber zu, drängeln sich an den offenen Schiebetüren, schubsen, schlagen und schreien. Kurdische Peshmerga-Kämpfer, Verletzte auf Bahren, Flüchtlinge mit angsterfüllten grauen Gesichtern. Sie alle wollen von diesem verdammten Berg herunter, auf dem es seit Monaten kaum etwas zu essen gibt, die Menschen bei Minustemperaturen in Zelten schlafen müssen. Eine alte Frau sitzt weinend auf einem Felsbrocken, eine dünne Decke um ihre Schulter geschlungen, ihre nackten Füße stecken in Plastikschlappen. Ein Vater bittet die Piloten darum, wenigstens seine Kinder in Sicherheit zu bringen. Männer in Uniform schlagen mit Stöcken auf die Menschenmenge ein, hauen auf Köpfe, Arme, Rücken. Als die Hubschrauber abfliegen, versucht sich ein junger Mann erfolglos an die Räder zu klammern. Ich beobachte die Szene fassungslos und frage mich, wie zum Teufel ich hier jemals wieder wegkommen soll.

Ich rufe Kasim Shesho an, den Jesiden-General aus Ostwestfalen. »Ah, schon da? Warte kurz, Junge«, sagt er etwas überrascht und in brüchigem Deutsch, bevor er mich an seinen Sohn Yassir weiterreicht. »Ah, schon da«, sagt auch er. Ich solle mir einen Schlafplatz auf dem Berg suchen, morgen werde mich jemand abholen. Inzwischen hüllen dichte Wolken den Berg ein und bringen Regen und eisigen Wind. Ich klopfe an einem Feldlager für Kämpfer der kurdischen Arbeiterpartei PKK an, stelle mich höflich vor und werde eingelassen. Eine sehr junge, freundliche Frau, vielleicht siebzehn Jahre alt, mit Kalaschnikow und Tarnanzug, teilt mir einen Schlafplatz zu und reicht mir einen Teller Erbsensuppe. Abends schlafe ich müde und erschöpft zwischen fünfzehn Kette rauchenden Kämpfern ein, die auf einem alten Fernseher türkische Mantel- und Degenfilme bei voller Lautstärke ansehen. Jedes Mal, wenn der Held einen Halunken ausschaltet, klatschen sie begeistert in die Hände und johlen patriotische kurdische Lieder.

Am nächsten Morgen, es ist der 21. November, steht Hassan an meiner Matratze, ein älterer Mann mit grauen Haaren und warmem Lächeln. General Shesho, sagt er, habe ihn geschickt. Es dauert eine Weile, bis ich verstehe, was er meint, denn Hassan spricht kein Englisch, ich kein Kurdisch. Also lächeln wir uns an, und ich folge Hassan. Vier Stunden stolpern wir steile Geröllhänge hinunter, bleiben hin und wieder stehen, rauchen eine Zigarette und teilen einen Schokoriegel. An einer Bergkuppe streckt Hassan seinen Arm aus und deutet mit dem Zeigefinger auf eine kleine Ansammlung von Häusern am Fuß des Berges. »Kasim Shesho«, sagt Hassan. Dann wandert sein Finger ein kleines Stück nach Norden. »Da'ish«, sagt Hassan, der Islamische Staat. Wenn Hassan den Namen ausspricht, hört es sich an, als ob er ausspucken würde. Dabei zieht er seine Mundwinkel angewidert nach unten. Meine Augen wandern von dem einen Punkt, auf den Hassan gezeigt hat, zum nächsten. Ich muss schlucken. Es ist schwer, die Entfernung aus dieser Distanz zu schätzen. Aber Kasim Sheshos Stützpunkt kann nicht mehr als tausend Meter von den ISIS-Stellungen entfernt sein. Schon jetzt müssten wir in Reichweite ihrer Scharfschützen sein, zwei Punkte an einem Berghang, mit einem Feldstecher leicht auszumachen. Als wir uns dem Fuß des Berges nähern, beginnt Hassan immer schneller zu gehen, die letzten hundert Meter geht es in Laufschritt bergab. »Da'ish. Peng, peng«, erklärt Hassan.

In einer Talsenke empfangen mich Kasim Shesho und sein Sohn Yassir in einem mit Tarnfarben angemalten Geländewagen. »Willkommen im befreiten Kurdistan«, murmelt Shesho mit dunkler, rauchiger Stimme. Kasim Shesho, 62 Jahre alt, tiefe Stimme und rasselnder Husten, ist ein schweigsamer Mann, Kettenraucher mit dickem Schnauzer und Stirnglatze. Er trägt Tarnkleidung, und seine Augen verschwimmen hinter dicken Brillengläsern. Seit einem Autounfall zieht er sein linkes Bein nach. Kasim Shesho ist Stammesführer der Joana, des mächtigsten und größten Jesiden-Clans. Die Menschen nennen ihn ehrfürchtig »Löwe von Sindschar« oder »Herr des Berges«. Zehn Minuten später erreichen wir die Pilgerstätte Sherfedin, und General Shesho entschuldigt sich, dass er mir nichts anbieten könne. »Wir haben selbst kaum etwas. Die letzte Essenslieferung ist schon zwei Wochen her. Uns gehen Vorräte und Munition aus«, sagt sein Sohn.

Die ersten vier Tage in Sherfedin passiert: nichts. Die Tage vergehen zäh, Sekunden rinnen zu Minuten, Minuten zu Stunden. Manchmal laufe ich durch die Pilgerstätte, begleite die Sheshos in den Tempel, besuche die Stellungen, in denen müde Kämpfer in Schützengräben die Zeit wegdämmern. Der Strom hier ist rationiert. Drei Stunden am Tag läuft ein Generator, damit die Kämpfer die Batterien ihrer Mobiltelefone und Funkgeräte aufladen können – und Gelegenheit haben, die Fußballergebnisse der europäischen Ligen zu checken: Bundesliga, Premier League, La Liga. Nachts liegt Sherfedin wie ein blinder Fleck in der Landschaft. Nur der Mond wirft silbernes Licht auf die Fassaden der Häuser. Das Benzin ist knapp. Licht anmachen ist verboten, um den Raketen und Granaten von ISIS kein Ziel zu bieten. Um sechs Uhr ist es stockdunkel, und die ersten Kämpfer kriechen in ihre Schlafsäcke und schlafen schnarchend ein. Nur Kasim Shesho sitzt im flackernden Licht einer Kerze, trinkt süßen Tee, raucht pausenlos und geht alle paar Stunden aufs Dach, um den Spähern und Scharfschützen aufmunternde Worte zuzuflüstern. In diesen Nächten erzählt mir der Jesiden-General aus seinem früheren Leben.

Kasim Shesho kennt den Krieg. Schon in den Siebzigerjahren kämpfte er als junger Mann im Sindschar-Gebirge aufseiten der Kurden gegen Saddam Hussein. Er kam ins Gefängnis, wurde gefoltert, später freigelassen, floh erst nach Syrien, dann nach Deutschland und bat um Asyl. Er bekam die deutsche Staatsbürgerschaft und pendelte nach dem Sturz des irakischen Diktators im Jahre 2003 zwischen dem nordrhein-westfälischen Bad Oeynhausen, wo er manchmal als Gärtner jobbte, und dem Sindschar-Gebirge, wo ihm die Menschen die Hand küssen. Deutschland sei gut zu ihm gewesen, aber der Irak sei Heimat.

Seit 26 Jahren lebt die Familie Shesho in Bad Oeynhausen. Töchter und Söhne machten Abitur, studierten, gingen zur Bundeswehr, arbeiteten, gründeten Familien. Ein geregeltes, unauffälliges Leben in Ostwestfalen. Der Krieg lag hinter ihm, dachte Kasim Shesho. Bis der »Islamische Staat« seine Heimat überrannte.

Als die Attacken im August 2014 begannen, war Shesho gerade mal wieder zu Besuch im Irak. Er blieb und trommelte die alten Kampfgefährten aus den Zeiten des Krieges gegen Saddam Hussein zusammen. Männer mit grauen Bärten, die Kufiyas tragen, das Kopftuch arabischer Männer, und selbst gedrehte Zigaretten aus Zeitungspapier rauchen. Anfangs waren sie ein paar Dutzend, die Ausrüstung bestand aus einigen rostigen Kalaschnikows, die noch aus älteren Kriegen stammten. Doch nach und nach schlossen sich immer mehr Leute Sheshos Miliz an; Jesiden aus der Diaspora stießen dazu, vor allem aus Deutschland. So wie Ali Lajen, der Pilotenbrille und Fellmütze trägt und vor drei Monaten Frau und sieben Kinder in Hannover zurückließ, um an Sheshos Seite zu kämpfen. »Kasim Shesho hat um Hilfe gebeten, wir folgen seinem Ruf. Er ist unser Anführer«, sagt Ali Lajen und streichelt seinen Bauch. Ein anderer stammt aus Wolfsburg und ruft mir ständig zu: »Wie geht's? Alles klar? Wunderbar!« Als ISIS immer weiter vorrückte, belieferte die kurdische Regierung Shesho endlich mit moderneren Waffen: Maschinengewehre, Granaten, Panzerfäuste, Munition.

Es ist ein seltsamer Haufen, der sich dem hochgerüsteten ISIS entgegenstellt. Angegraute Herren und sehr junge Männer, Großväter, die der Enkelgeneration zeigen, wie man eine Panzerfaust abschießt und nicht in Panik gerät, wenn die Islamisten angreifen. Eine Generation, die dachte, sie hätten ihre Kriege schon gekämpft, und eine andere, für die Krieg nur in Erzählungen stattfand, kämpfen nun Seite an Seite.

Manchmal wirft ein Versorgungshubschrauber der irakischen Regierung Munition, Lebensmittel und Wasser ab. Kasim Shesho sagt, dass er genug Männer, Waffen und Munition habe, um Sherfedin zu verteidigen. Aber genau deswegen liegt er mit anderen Clanführern im Clinch. Sie sind sauer, dass Shesho besser ausgerüstet ist als sie, aber trotzdem nur verteidigt. Shesho brummt, wenn er angreife, dann entstünden Lücken in seiner Abwehr und er könne nicht mehr verteidigen. Außerdem habe ISIS Straßen und Häuser vermint. »Uns fehlen Sprengstoffexperten und Minenräumer.« Er spricht wenig, und wenn, dann über Militärtaktik. Schon jetzt werde die Munition allmählich knapp, sagt er und zieht die Schultern nach oben, als müsste er sich dafür entschuldigen. »Wenn wir mehr Männer und mehr Waffen hätten, dann könnten wir ISIS vertreiben.«

Danach sieht es vorerst nicht aus. Die irakische Armee hat sich bislang nicht blicken lassen. Den kurdischen Peshmergas vertraut hier fast niemand mehr, weil sie, als die islamistischen Horden anrückten, Hals über Kopf flohen und die Jesiden schutzlos zurückließen. Das hat hier niemand vergessen. Und die letzte Waffenlieferung der kurdischen Regierung liegt auch schon eine Weile zurück. Die Jesiden sind auf sich allein gestellt. »Wie immer«, sagt Yassir. Deshalb haben die Sheshos jetzt ein Spendenkonto eingerichtet. »Die Spenden werden zu einhundert Prozent weitergeleitet«, schreibt Yassir auf Facebook. 67 mickrige Likes.

Der General hat es nicht leicht. Vorne stehen die Männer an der Front und erwarten von ihrem Anführer, dass er voranschreitet. Und etwa einen Kilometer hinter Sherfedin leben etwa vierzig hungernde und frierende Familien in windschiefen Zelten. Meistens die Angehörigen der Frontkämpfer, alte Männer und Frauen, Ehefrauen und Kinder – zu stolz, zu arm, zu störrisch und oftmals zu erschöpft, um zu fliehen. Als Löwe von Sindschar muss es Kasim Shesho allen recht machen. Besucht er die Flüchtlinge in den Bergen, die unter seinem Schutz stehen, meckern die Kämpfer, dass er sich vor der Gefahr drücke. Bleibt er zu lange an der Front, beschweren sich die Flüchtlinge, dass er sich nicht um ihre Belange kümmere. Eine Gratwanderung, und da er nicht zur gleichen Zeit an zwei Orten sein kann, übernimmt sein Sohn manchmal das, was der Vater nicht schafft. Yassir ist Adjutant, Vertrauensperson und Leibwächter in einer Person. »Mein Vater ist alt. Ich bin hier, um ihn zu unterstützen«, sagt er mit ostwestfälischem Zungenschlag. Yassir ist so etwas wie der Pressesprecher der Miliz, er führt den Krieg in den sozialen Netzwerken weiter bis in deutsche Wohnzimmer. Veröffentlicht bei Facebook Fotos, Statusmeldungen, Nachrichten und manchmal auch Videonachrichten, in denen sein Vater die muslimischen Nachbarn warnt, sich ISIS anzuschließen, und um deren Hilfe im Kampf gegen die Islamisten bittet. Über dreißigtausend Mal wird der Clip angesehen.

Seine Verantwortung mache ihn zwar stolz, sagt Yassir. Aber viel lieber würde er hundertfünfzig Meter weiter vorne an der Seite seines Cousins Haydar kämpfen, »wenn die Schweine angreifen«, wie er sagt. Immerhin hat Yassir, der den deutschen Pass besitzt, die Grundausbildung der Bundeswehr mitgemacht. Doch Kasim verbietet es seinem Sohn. »Ich musste eine Woche lang betteln, damit ich überhaupt aus Deutschland kommen durfte«, schreit Yassir durch den Gefechtslärm.

Yassir Kasim Khalaf, 26 Jahre alt, der zu Hause für einen Catering-Service arbeitete, ist seit Anfang September in Sherfedin, und so langsam gewöhnt er sich an die Situation. »Anfangs hat man natürlich tierisch Schiss. Man weiß ja gar nicht, was hier abgeht.« Aber nach dem zweiten, dritten Angriff wisse man ungefähr, wie das läuft. »Es ist das Nichtstun, das fertigmacht.« Das Warten auf einen weiteren Angriff. Die ständige Anspannung. Die Ungewissheit. Und die Gewissheit, dass ein paar Hundert Meter die Straße runter Gegner lauern, die ihn wegen seiner Religion umbringen möchten.»Krass, oder?«Bislang jedoch konnten sie jeden Angriff der Islamisten abwehren.»Aber sie kommen näher.«Dazu das schlechte Essen; morgens, mittags, abends Bohnen; mal mit Reis, mal mit Couscous, dazu trockenes Fladenbrot. Und das Gefühl, dass die Welt die Jesiden im Stich lässt. Jetzt gehen auch noch die Trinkwasservorräte zur Neige, der Motor der Wasserpumpe ist seit gestern kaputt.»Nach einer Zeit ist man daran gewöhnt, dass es hier so scheiße ist«, sagt Yassir und schnippt eine Kippe weg. ISIS habe mehrfach versucht, als Jesiden verkleidete Selbstmordattentäter einzuschleusen, die den Auftrag hatten, seinen Vater zu ermorden.»Sie wurden vor ein Stammesgericht gestellt und hingerichtet«, erzählt Yassir ausdruckslos.»Das sind keine Menschen, das sind Barbaren.«

Der Familie in Ostwestfalen erzählt er davon nie. Obwohl sie fast jeden Abend telefonieren, wenn die Verbindung funktioniert.»Hallo. Wie geht's. Alles klar? Ja, ja, alles gut, macht euch keine Sorgen. Solche Dinge eben«, sagt Yassir.»Die machen sich schon genug Sorgen um uns.«Im August 2014 war Yassir noch im beschaulichen Bad Oeynhausen und verfolgte gemeinsam mit seinen Verwandten die Schreckensnachrichten vom Wohnzimmer aus im Fernsehen, tagelang hörten sie nichts von Vater, Brüdern und Cousins im Irak.»Wir haben eine Woche lang nur geweint«, erinnert sich Yassir und drückt seine Daumen in die Winkel seiner Augen, atmet tief ein und beginnt erst nach einer Pause wieder zu sprechen. Erst nach Tagen erfuhren sie zu Hause davon, dass Yassirs jüngerer Bruder Fahim vom IS gefangen genommen wurde und nur mit Glück entkommen konnte. Ab da wusste Yassir: Er muss zum Vater.

Nach Hause will Yassir erst wieder, wenn ISIS besiegt ist. So lange will er beim Vater bleiben. Was danach kommt?

Keine Ahnung. Sich wieder einleben, an ein Leben ohne Gefahr gewöhnen. Zu den alten Freunden hat Yassir ohnehin kaum noch Kontakt. »Was soll ich denen denn erzählen? Die können sich doch gar nicht vorstellen, was hier abgeht. Vielleicht glauben die, dass ich nur Bullshit erzähle, aber vielleicht gibt es auch den einen oder anderen, der sagt: ›Wow, krasse Scheiße.‹«

Natürlich vermisse er Deutschland. Vor allem die Familie und ein richtiges Bett. »Aber wir haben doch keine Wahl. Sollen wir zusehen, wie unsere Leute ermordet und unsere Tempel zerstört werden? Auf gar keinen Fall. Wenn ISIS Sherfedin einnimmt, wäre dies das Ende der Jesiden im Irak. Eher sterben wir hier.« Zu viele sind schon gestorben. Denn für die Islamisten sind die Jesiden Teufelsanbeter, weil sie das Feuer und einen Pfau verehren, dazu mehrere Engel. Es ist eine geheimnisvolle und verschworene Gemeinschaft, die nur untereinander und innerhalb eines komplizierten Kastenwesens heiraten. Sie bleiben unter sich, schon allein deshalb, weil sie seit Jahrhunderten immer wieder verfolgt, ermordet, vertrieben wurden. »Dies ist der 74. Genozid an den Jesiden«, sagt Yassir.

Die Gespräche mit Yassir und seinem Vater durchbrechen die Langeweile, das endlose Warten. Oft liege ich einfach frierend in meinem Schlafsack und starre an die Decke. Bis zu diesem nebligen Dezembermorgen, als die Islamisten mit fünf gepanzerten Humvees auf die Jesiden zufahren.

Es ist kurz vor acht Uhr an diesem Mittwochmorgen. Zäher Nebel, dick wie Watte, liegt über Sherfedin. Schon beim ersten Blick aus dem Fenster weiß Yassir, dass heute Unheil droht. »Scheiße«, sagt er und zündet sich eine Zigarette an. »ISIS-Wetter.«

Yassir streicht die Uniform glatt, schiebt ein Magazin in sein Sturmgewehr, das er sich kurz darauf um die Schulter hängt. Dann nimmt er sein Smartphone und tippt eine Statusmeldung auf Facebook:»!! EILMELDUNG !! Wenn wir hier nicht von IS-Milizen umgebracht werden, dann verhungern und/oder erfrieren wir hier in der Kälte, wenn schnellstmöglich keine Hilfe eintrifft.« 365 Likes. Dann setzt er sich neben seinen Vater Kasim Shesho, der auf einer Couch sitzt und mit ein paar Kommandanten seiner Bürgerwehr plaudert; alte Männer in Uniform, die ihre grauen Bärte kraulen und sich lachend auf die Schenkel klopfen, wenn einer von ihnen mal wieder einen Witz gerissen hat. Ich steige die Treppen hoch auf das Dach des Gebäudes und blicke in die dicke weiße Suppe, die den Ort Sherfedin umhüllt. Die Sicht beträgt kaum zwanzig Meter, selbst die Nachbarhäuser schimmern nur schemenhaft durch den Nebel. Ich zünde mir eine Zigarette an, und während ich rauche, dringt plötzlich ein Brummen durch den Nebel, das langsam näher kommt: das Geräusch fahrender Autos.

Wie ein schwacher Scheinwerfer kämpft sich die Sonne durch die Nebelschwaden und wirft diffuses Licht auf die Pilgerstätte Sherfedin. In der Mitte der Siedlung schälen sich die spitzen Türme des Tempels aus dem Dunst; zweitwichtigste Kultstätte der Jesiden, nach Lalish, dem zentralen Heiligtum dieser geheimnisvollen Sekte, sechzig Kilometer nördlich von Mossul. Auf den Hügeln, die Sherfedin umgeben, liegen die jesidischen Verteidigungsstellungen mit Mörsern, schweren Maschinengewehren und Panzerfäusten. Männer verstecken sich hinter Schutzwällen und in Schützengräben und beobachten durch Ferngläser rund um die Uhr die Stellungen der Islamisten ihnen gegenüber. An diesem Morgen sind alle in Alarmbereitschaft. Jesidische Kämpfer patrouillieren durch die Straßen, ihre Kalaschnikows entsichert, den Finger am Abzug. Die Augen zusammengekniffen blicken sie in die Wand aus Nebel. Auf den Dächern der umliegenden Häuser gehen Scharfschützen in Stellung. Die Männer zucken zusammen, als ein Rudel Hunde durch die Straßen hetzt. »Psst«, sagt ein Kämpfer und legt die Handfläche an sein Ohr. In der Ferne ist das Brummen eines Motors zu hören. Ein anderer flucht, weil man die Entfernung des Autos nicht richtig einschätzen kann; nur, dass es zügig näher kommt. Der verdammte Nebel verzerrt alles. »Die Arschlöcher greifen immer bei Nebel an«, sagt Yassir Kasim Khalaf.

In diesem Augenblick beginnt der Angriff. Es ist 8.30 Uhr an diesem 25. Dezember 2014. Granaten fliegen über uns hinweg, schlagen in dem alten Friedhof neben dem Tempel ein. Kugeln zischen durch die Luft. Yassir und ich ducken uns hinter eine Mauer. Mir pocht es in den Schläfen. Aus ihren Stellungen schießen die jesidischen Verteidiger auf die anrückenden Islamisten. Yassir läuft zurück ins Haus, zu seinem Vater Kasim Shesho. Ich bleibe hinter der Mauer und beobachte einen Schafhirten, der mit seiner Familie aus der Schusslinie Richtung Berge flieht; im Arm hält er ein schreiendes Mädchen. General Kasim Shesho steht auf der Veranda vor dem Raum, der einst eine Versammlungshalle für jesidische Pilger war und der heute als Hauptquartier dient, weil die dicken Mauern gegen Granaten schützen. Er spricht ununterbrochen in sein Telefon. Gibt es genug Munition? Sind die Scharfschützen bereit? Aus welcher Richtung greifen sie an? Shesho schickt Männer mit Panzerfäusten und Munitionskisten los, um die Stellungen zu verstärken. Dann steigt er auf das Dach des Hauses, duckt sich hinter eine Mauer und blickt durch ein Fernglas auf die karge Ebene vor sich, durch die sich ausgetrocknete Flussläufe ziehen. »Bei dem Funkmast da vorne verstecken sie sich.« Er zuckt kaum zusammen, als eine Granate hinter dem Haus einschlägt. Ein Bote kommt. Bis an den Ortsrand seien sie gekommen. Keine hundert Meter vom Hauptquartier entfernt. »Mit fünf gepanzerten Fahrzeugen haben sie angegriffen«, keucht er. Tote?

Verletzte? »Nicht auf unserer Seite«, sagt der Mann. Aber es habe zwei Islamisten erwischt. Shesho zuckt mit den Schultern, nickt dem Mann zu, dass er jetzt wieder gehen könne, und schaut auf seine Uhr. Es ist neun Uhr, draußen knallen noch immer Schüsse und explodieren Granaten.

Im Oktober vergangenen Jahres begann ISIS eine Großoffensive und rückte bis auf ein paar Hundert Meter an Sheshos Stellungen heran. Seitdem ist die Pilgerstätte von ISIS umzingelt, ihre Stellungen sind mit bloßem Auge zu erkennen. Seitdem stehen mehrere Tausend Islamisten dreihundert Jesiden gegenüber. An manchen Abenden sind ISIS-Truppen einen Kilometer entfernt, am nächsten Morgen nur noch achthundert Meter. Auf den Hang eines Hügels hat jemand mit Steinen den Hilferuf »HELP US« gelegt.

Auch ohne ISIS ist die Region lebensfeindlich. Im Hochsommer herrschen hier Temperaturen bis zu fünfzig Grad Celsius, im Winter wehen kalte Winde, verwandelt der Regen den Boden, auf dem viele Menschen schlafen, in einen Morast. Hunderte Jesiden, sagt Yassir, seien erfroren, verhungert, verdurstet, Hunderte sind im Kampf getötet oder hingerichtet worden. Unzählige in Massengräbern verscharrt. Tausende flohen vor den anrückenden Islamisten in die Berge. Dort oben hausen jetzt die Flüchtlinge in provisorischen Zeltlagern und warten darauf, aus der Kälte gerettet zu werden. Es gibt keinen Strom, kaum Trinkwasser. Der einzige Fluchtweg: Zwei Mal am Tag kommen zwei klapprige Hubschrauber der irakischen Armee auf den Berg geflogen, um Nachschub zu liefern und auf dem Rückflug ein paar Flüchtlinge zu evakuieren – wenn das Wetter mitspielt.

9.15 Uhr. Gefechtslärm hallt von den Berghängen wider. Ich folge einer Gruppe Milizionäre, die Panzerfäuste und Munition an die vorderste Front bringt. Hinter einer Mauer, die das Grundstück wie ein Schutzwall umgibt, steht Haydar

Shesho, der Neffe des Generals. Neben ihm feuern ein paar Kämpfer auf die flüchtenden Islamisten. »Mit fünf gepanzerten Hummer-Fahrzeugen sind die Islamisten auf uns zugerollt«, erzählt Haydar, der Neffe des Kommandeurs, der normalerweise in Wolfsburg lebt, mit weit aufgerissenen Augen. Der Lauf seines Maschinengewehrs ist heiß geschossen. Im Garten strecken Männer ihre Waffen in die Höhe, klatschen sich ab, jubeln über ihren Sieg und preisen Tausî Melek, den von den Jesiden verehrten Engel in Form eines blauen Pfaus. »Hol Hol'a Tausî Melek'a! Hol Hol'a Tausî Melek'a!«, rufen sie im Chor. Haydar zeigt auf tiefe Reifenspuren im Garten vor seinem Haus. »So nah sind sie gekommen. Das sind keine fünfzehn Meter.« Gehirnmasse und blutige Knochensplitter eines Schädels liegen auf dem Asphalt in einer Blutlache. Ein Kämpfer mit einer Panzerfaust spuckt auf die menschlichen Überreste. Eine Granate explodiert in einem Hügel ein paar Meter entfernt; niemand schert sich darum. Nur ich zucke zusammen und werfe mich zu Boden. 9.30 Uhr. Das Gefecht ist vorbei.

Kurz darauf kommen Kasim Shesho und Yassir zurück, umarmen Haydar. Der Clanführer bedankt sich, dass sie den Angriff abgewehrt haben. Haydar erstattet Bericht. Kasim Shesho blickt angewidert auf die Schädelstücke, zieht eine blaue Plastiktüte aus seiner Hosentasche, bückt sich und hebt einen Knochensplitter auf, den er mit spitzen Fingern in das Plastik einwickelt. Kriegstrophäe. Yassir macht ein Foto. Später wird er das Foto der blauen Tüte auf Facebook posten, er weiß, dass ISIS verfolgt, was er ins Netz stellt. Es folgen darauf 460 Likes.

Sein Vater Kasim telefoniert derweil mit der kurdischen Regierung, fordert Nachschub an. »Wir brauchen dringend neue Munition. Ein oder zwei Angriffe können wir noch abwehren, mehr nicht«, sagt er, zündet sich eine Zigarette an und zieht den Rauch tief in die Lunge. Dauernd klingelt sein

Telefon. Die Nachricht, dass ISIS angegriffen hat, verbreitet sich schnell. Andere Clanführer fragen, ob sie Hilfe schicken sollen. Freunde rufen an, wollen wissen, ob es ihnen gut gehe. Und plötzlich hat Shesho einen Übersetzer der amerikanischen Verbündeten an der Strippe, der anfragt, ob man Luftangriffe brauche. Shesho verdreht die Augen, bedankt sich und sagt, dass der Angriff zwar vorbei sei, aber Luftschläge nicht schaden würden.

Bald darauf donnern US-amerikanische Jets über Sherfedin. Kommandeur Shesho steht auf dem Dach seines Hauptquartiers und dirigiert die Piloten per Mobiltelefon, gibt Koordinaten durch, beschreibt die Orte, an denen ISIS sich verschanzt, wo ihre Panzerfahrzeuge stehen. Yassir filmt seinen Vater dabei. Dann donnern amerikanische Kampfflugzeuge im Tiefflug über uns hinweg, und wenige Hundert Meter vor uns steigen in der Ödnis schwarze Rauchpilze in den Himmel. »Das war's. Die Schweine haben für heute genug«, sagt Yassir und klappt seine Kamera zu. »Leider kommen die Luftangriffe immer erst dann, wenn es schon zu spät ist«, sagt Yassir und schüttelt den Kopf, während er zusieht, wie eine Rauchsäule im Wind ausfranst. Es ist 10.30 Uhr.

»Das war knapp. So nahe sind sie noch nie gekommen«, sagt Yassir, als wir wieder im Versammlungsraum ankommen und uns auf eine Couch fallen lassen. Etwa hundert Kämpfer haben sich hier schon versammelt. Sie feiern ihren Sieg, singen, klatschen in die Hände, fotografieren sich gegenseitig, machen Selfies. Zu knapp, findet Yassirs Vater. Am Nachmittag fährt ein Kleintransporter vor. General Shesho nimmt mich beiseite und erklärt, dass ich von hier verschwinden müsse. ISIS werde wieder angreifen, und vielleicht durchbrächen sie beim nächsten Mal die Linien der Jesiden, erklärt er. Er spricht es nicht aus, aber ein deutscher Journalist ist eine zusätzliche Verantwortung, eine unnötige

Belastung – und eine wertvolle Beute. »ISIS weiß längst, dass du hier bist. Hier ist es nicht sicher«, sagt Yassir.

Als ich wieder zu Hause bin, finde ich eine E-Mail von Yassir in meinem Postfach. »Was bringt dir der Luxus, egal, wo du bist, wenn dein Vater, Bruder, Cousin, Familie, Verwandtschaft, Bekanntschaft, Volk, Religion, Land, Erde – ums Überleben kämpfen? Nix! Deswegen bin ich hier. Entweder wir überstehen es zusammen hier, oder wir sterben zusammen hier. Hol hola Tausî Melek'a, Hol hola Sherfedin'a.«

Kapitel 19: Agir

Einige Wochen nach meinem Besuch in Sherfedin drängt eine Allianz aus kurdischen Peshmerga, der verbotenen kurdischen Arbeiterpartei PKK und Einheiten der YPG, der Volksverteidigungseinheiten aus dem benachbarten Syrien, den IS aus großen Teilen des Nordiraks zurück und nimmt Teile der jesidischen Stadt Sindschar ein. Es ist ein Wendepunkt im Kampf gegen den Islamischen Staat. Im April 2015 reise ich erneut in die Region. Mein Ziel ist es, in die Stadt Sindschar zu gelangen. Dort verteidigt die PKK die Stadt gegen den IS.

Es ist ein beschwerlicher Weg nach Sindschar. Wir suchen Lücken, die die kurdische Januar-Offensive in das Kalifat des »Islamischen Staates« geschossen hat, eine Art Korridor, der durch das Gebiet des Islamischen Staates führt. Stundenlang kurven wir über einsame Landstraßen und durch menschenleere kurdische Dörfer, die bis vor Kurzem noch von ISIS besetzt waren. An unzähligen Straßensperren müssen wir uns ausweisen, erklären, dass wir Journalisten seien, die in die Stadt Sindschar wollten. Ein Peshmerga-Kämpfer an einem Checkpoint schüttelt ungläubig den Kopf. Sindschar? Da sei doch noch Da'ish, der IS.

Ein Kürzel, das Angst und Schrecken verbreitet, obwohl die Islamisten seit einiger Zeit zurückgedrängt werden, Verluste erleiden und ihr Mythos der Unbesiegbarkeit mit jedem Dorf, das die Kurden zurückerobern, mit jeder gewonnenen Schlacht bröckelt. Wie in Kobane, der syrischen Stadt, die zum Symbol für die Kurden geworden ist, weil sie dort nach vier Monaten erbitterter Kämpfe und Hunderter Toter Da'ish geschlagen haben. Oder in Tikrit, der Geburtsstadt des Diktators Saddam Hussein. Die wurde Anfang April von der irakischen Armee und schiitischen Milizen eingenommen.

Nun soll Sindschar befreit werden, eine Stadt, die für die jesidische Minderheit im Irak die gleiche Bedeutung hat wie Kobane für die syrischen Kurden. Ein Symbol im Kampf gegen Da'ish. Seit vier Monaten kämpft die PKK, der bewaffnete Arm der marxistischen Kurdischen Arbeiterpartei, im Häuserkampf gegen einen an Kämpfern und Waffen überlegenen Gegner. Siegt die PKK, verliert ISIS die Rückzugs- und Versorgungswege nach Syrien, nach Mossul, nach Erbil. Gewinnt ISIS, drohen neue Massaker an den Jesiden, und die Islamisten würden die Kontrolle über einen großen Teil der kurdischen Gebiete im Irak erlangen. Sindschar ist also zum entscheidenden Schlachtfeld im Kampf gegen ISIS geworden.

Den Kontrollposten der Peshmerga haben wir längst hinter uns gelassen. Gerstenfelder, so weit das Auge reicht, ziehen am Fenster vorbei, Stunde um Stunde, mir fallen die Augen zu, und im Halbschlaf kommen die Bilder von meiner ersten Reise in dieses Gebiet zurück. Es war nur eine Frage der Zeit, dachte ich, bis Da'ish die Kurden überrennt und den Berg Sindschar einnimmt.

Ich hatte mich, wie so viele andere, getäuscht. Jetzt, fünf Monate später, fahren wir die Serpentinen des Sindschar-Gebirges hinauf. Auf den Wiesen und an den Hügeln stehen weiße Zelte, an deren Seiten die Logos internationaler Hilfsorganisationen prangen. Noch immer leben Tausende Flüchtlinge auf dem Berg, weil sich die meisten aus Angst, davor, dass Da'ish zurückkehrt, nicht in ihre Dörfer trauen. Oben angekommen halten wir, rauchen, und während wir auf die Genehmigung des PKK-Kommandeurs warten, in die Stadt zu fahren, blicken wir ins Tal. Dort unten liegt Sindschar-City, die einstige Hochburg der Jesiden.

Bevor ISIS die Region überrannte, lebten knapp vierzigtausend Einwohner in der Stadt. Alle Bewohner sind inzwischen geflohen, wurden ermordet oder versklavt. Sindschar ist eine Geisterstadt, dreißig Prozent des Stadtgebiets kontrolliert die PKK, der Rest gehört ISIS. Wie eine Ansammlung von Spielzeughäusern flimmert die Stadt von hier oben in der Frühlingssonne. Immer wieder steigen kleine Rauchpilze von den umliegenden Hügeln in den Himmel, Sekunden später kriecht das Grollen der Detonationen die Bergwände hinauf. Wir steigen ins Auto und fahren in die Stadt. Niemand sagt etwas. Wir starren auf die Autowracks und die Kleidungsstücke am Straßenrand, die von den Einwohnern Sindschars auf der Flucht vor ISIS im vergangenen August zurückgelassen wurden. Stumme Mahnwachen des Terrors. Als wir in der Stadt ankommen, schlägt uns der stechende Geruch verwesender Körper entgegen.

In den Ruinen der Stadt läuft mir zufällig Agir über den Weg. Irgendjemand hatte ihm erzählt, dass ein Deutscher in der Stadt sei. Also lief Agir los, klapperte die Stellungen seiner Kameraden ab, um mal wieder ein bisschen Deutsch zu sprechen. Ich sitze in einem gepanzerten Hummer-Fahrzeug, das mich an die Front fährt. Plötzlich steht er am Fenster, grinst freundlich ins Wageninnere und fragt:»Wo kommst du her, Kumpel?« Draußen knallen Schüsse, und irgendwo explodieren Granaten. Agir stört das nicht, er will sich unterhalten. »Komm vorbei, ich backe Kuchen für dich«, sagt er und bietet mir eine Zigarette an.»Es ist nicht besonders schlau, hier mitten auf der Straße einen Small Talk zu führen«, sagt der Fahrer des Hummers, tätschelt Agir den Unterarm und gibt Gas. Agir winkt durchs Fenster und ruft:»Kuchen, ja! Ich erwarte dich.«
Kuchen also.
Die kommenden Tage weicht mir Agir nicht von der Seite. Er ist ein 25-jähriger Kurde, ein Riese mit dem Händedruck eines Kirmesboxers und dem Gemüt eines Hamsters. Alles an

ihm wirkt ein bisschen zu groß geraten: der beeindruckende Brustkorb, die riesige Nase, der massige Bizeps, der gewaltige Schnurrbart. Um seinen Kopf hat er ein grün-schwarzes Tuch gewickelt. Er raucht. Plötzlich donnert ein US-Kampfflugzeug über Agirs Stellung hinweg und klinkt eine Bombe aus, die viel zu nahe neben uns explodiert. Die Erde bebt. Die Druckwelle lässt die Wände wackeln, und Putz bröckelt von der Decke. Eine Staub- und Rauchwolke steigt neben uns hoch. Agir und sein Kumpel Adnan, der uns begleitet, werfen sich auf den Boden. Ich schütte mir vor Schreck Tee über meine Hose und krabbele zu den beiden, lege schützend die Hände über meinen Kopf. Adnan flucht. »Keine Sorge«, sagt Agir und legt mir die Hand auf die Schulter. »Die Amerikaner können nicht zielen. Die wollen ISIS treffen, nicht uns.«

Es ist zehn Uhr morgens, als die Alliierten fast ihre Verbündeten töten. Bis jetzt war es ein ruhiger Vormittag, wir trinken Tee, und ich schaue Agir dabei zu, wie er zum dritten Mal hintereinander gegen seinen Kumpel Adnan beim Schach verliert. Die beiden spielen in einer zerschossenen Ruine und kichern wie Schuljungen. Agir schlägt sich mit seiner Pranke auf seine Schenkel, weil er gerade seine Dame eingebüßt hat. Zwanzig Meter nebenan, getrennt durch eine Häuserzeile, liegt eine Stellung der Terrorgruppe Islamischer Staat in Irak und Syrien (ISIS).

Eine junge PKK-Kämpferin, staubbedeckt und hustend, die feuerroten Haare zu einem dicken Zopf geflochten, kommt in die Ruine gelaufen und lacht, als sie uns drei am Boden kauern sieht. »Macht, dass ihr hier rauskommt«, sagt sie und wackelt mit dem Funkgerät in ihrer rechten Hand. »Gleich kommt das Flugzeug zurück.«

Wir kriechen aus unserer Deckung. »Komm mit, Junge. Wir verstecken uns«, brummt Agir. Wir hasten durch Ruinen und krabbeln durch Löcher in den Wänden von Haus zu Haus. Agir zeigt auf ein Gebäude, etwa achtzig Meter entfernt, dazwischen freies Feld. »Du musst jetzt ganz schnell dorthin rennen, sonst sehen uns die ISIS-Scharfschützen«, sagt er und zählt bis drei. Wir sprinten auf die andere Seite, Agir stößt ein Eisentor mit seiner Schulter auf, wir hasten eine Wendeltreppe hoch und gehen hinter einer Hauswand in Deckung.

Das mit der Kommunikation sei so eine Sache, meint Agir, während er nach Luft schnappt. Denn die PKK hat ein Problem. Weil sie jahrzehntelang aus dem Untergrund heraus Anschläge auf militärische und zivile Ziele in der Türkei verübte, gilt sie in Europa und den USA noch immer als terroristische Vereinigung. Deshalb erhält die PKK keine Waffenlieferungen, und dies ist auch der Grund, warum die Offiziere der internationalen Koalition nur mit den kurdischen Peshmerga-Truppen kommunizieren, die etwas hinter der Front agieren, auf den Hügeln, die die Stadt umgeben, aber eben nicht mit PKK-Kommandeuren an der Front. »Uns hält man ja für Terroristen, deswegen redet niemand mit uns.« Und so kommt es vor, dass PKK-Kämpfer zu spät über Luftangriffe der Koalition informiert werden. Agir kratzt sich am Kopf und versucht zu erklären: Die PKK informiere die Peshmerga darüber, wo sich Da'ish in der Stadt verstecke. Die Peshmerga leiteten diese Informationen an die Amerikaner weiter, die wiederum den Peshmerga berichteten, wann und wo Luftschläge stattfänden. Und wie bei Kindern, die Flüsterpost spielten, gingen dabei im Nebel des Krieges manchmal wichtige Details verloren. »Ganz schön bescheuert, oder?«, fragt Agir.

Agir und ich sitzen hinter einer Mauer geduckt, hoffen, dass wir weit genug entfernt sind, und warten auf den zweiten Angriff des Kampfflugzeugs, das noch immer am Himmel kreist wie ein Raubvogel auf der Suche nach Beute. Wir können es hören. Mal kommt es näher, und wir halten uns die Ohren zu, dann entfernt es sich wieder. An einer Mauer gegenüber gehen kurdische Soldaten in Deckung. Während wir warten, erzählt mir Agir von Deutschland, aus seinem alten

Leben. Er zupft nachdenklich mit Daumen und Zeigefinger an seinem imposanten Schnurrbart. Als Achtjähriger kam er 1998 mit seinen Eltern und Geschwistern in eine Kleinstadt in Baden-Württemberg. Die Eltern, arme kurdische Landarbeiter, baten um Asyl. Er spricht leise, hält den Blick gesenkt, erzählt von seinen Schwierigkeiten, die deutsche Sprache zu erlernen. Er erinnert sich nicht gerne an diese Zeit. Seine Mitschüler in der Schule schnitten und hänselten ihn, nannten ihn »dreckiger Kurde« oder »Scheiß Türke«. Er war für seine Umgebung ein Ausländer, der hier, in der deutschen Provinz, nichts verloren hätte. Irgendwann verstand Agir, dass er niemals willkommen sein würde. Und als er schließlich aus deutschen Vokabeln verständliche Sätze formen konnte, begann er, sich zu wehren. Schimpfwörter, Prügeleien auf dem Schulhof. Die Lehrer, sagt er, stellten sich auf die Seite der Einheimischen. Als Agir älter wurde, eckte er auch bei der Polizei an. Die Familie meinte, er müsse lernen, sich anzupassen, dies sei jetzt seine Heimat. Doch heimisch fühlte er sich nie. Er brach die Schule ab, tingelte durch Deutschland; Stuttgart, München, Hannover. Arbeitete bei Siemens, in Autowerkstätten, in Bäckereien, war überall dort, wo sie einen ungelernten Arbeiter gerade brauchten, bis er wieder überflüssig wurde. Mit einem Onkel eröffnete er eine Dönerbude. Half alles nichts. Die Wörter der Kindheit verfolgten ihn auch in seiner Jugend: »Scheiß Türke«, »blöder Kurde«, »Ausländer raus«. Da packte Agir seine Koffer und verließ, ohne seiner Familie Bescheid zu geben, das Land, das ihn nicht haben wollte.

Agir klopft sich mit seiner großen, zur Faust geballten Hand auf die Brust, dorthin, wo das Herz schlägt. »Es tat hier sehr weh. Die ganze Zeit.« Es tut noch immer weh, die Erinnerung. Aber Wut? Nein, nicht mehr. »Das bringt doch nichts.« Zurück in der Türkei schloss er sich der PKK an. »Ich habe seit acht Jahren nicht mehr mit meiner Familie gesprochen.« Er sitzt auf den Stufen einer Treppe der Ruine, in der wir uns verstecken. Gedankenverloren streichelt er sein Gewehr. Der gekränkte Junge hat sich aufgelöst, aus Agir, dem »Scheiß Türken«, ist Agir der Guerillakämpfer geworden. Die PKK wurde zu seiner Ersatzfamilie.

Jetzt also Krieg statt Dönerbude. Er zeigt auf ein gelb-rotes Fahrrad, das unten bei der Treppe liegt.»Ich will, dass Kinder wieder auf den Straßen von Sindschar spielen!« Agir blättert durch sein inneres Kriegstagebuch. Er trägt schwer an seinen Erinnerungen, vor allem aus den ersten Wochen nach ihrem Angriff auf die ISIS-Leute, die sich in Sindschar festgebissen hatten. Vier Monate ist es her, dass Peshmerga, Jesiden, PKK und syrische Kurden gemeinsam angriffen, unterstützt durch Luftschläge der internationalen Koalition. Und als sich ISIS, überrascht von dem Angriff, fluchtartig zurückzog, sahen sie das ganze Ausmaß des Mordens und der Barbarei in Sindschar. Leichenberge in den Straßen, Massengräber, Verwesung, Sprengfallen in den Häusern.»Die ersten Wochen haben wir nur Körper eingesammelt.« Darunter auch viele Kinder, alte Männer und Frauen.»Wir mussten nur dem Leichengeruch folgen«, sagt er und verliert sich dann in der Einsamkeit dieses Satzes. Zigarettenasche fällt auf sein rechtes Hosenbein.

Er blickt auf das Fahrrad, schüttelt den Kopf, als wollte er eine lästige Fliege verscheuchen, dann knetet er seine Hände, sagt minutenlang kein Wort. Ein lautes Zischen, als würde jemand die Luft zerteilen, reißt ihn aus seinen Gedanken, gefolgt von einem ohrenbetäubenden Knall. Der US-Bomber attackiert die ISIS-Stellung. Die Bombe explodiert keine hundert Meter vor uns. Ein grauer Rauchpilz steigt in den Himmel. Mauerstücke prasseln auf das Dach unseres Verstecks. PKK-Kämpfer jubeln. Agir steht am Fenster, die Hände zu Fäusten geballt, und lächelt, während er zusieht, wie die Rauchsäule langsam im Wind ausfranst.

An Mauerwände geduckt rennen wir zurück in Agirs Lager. IS-Leute, wütend über den Luftangriff, schießen auf die Stellungen der PKK. Kugeln surren über unsere Köpfe hinweg. »Schneller!«, ruft Agir. Mein Herz klopft wild, die schusssichere Weste scheuert an meinem Rücken, und Schweiß läuft mir in die Augen. Meine Welt schrumpft auf die Mauern vor mir, das nächste Haus. Noch wenige Meter, dann kriechen wir durch ein Mauerloch und sind in Sicherheit.

In Agirs Stellung herrscht dicke Luft. Die US-Bombe hat ihr Ziel verfehlt. Adnan, Agirs Schach-Kumpel, schlägt wütend mit der Faust auf ein Sofapolster. »Seit drei Tagen versuchen die Amerikaner, diese Stellung zu zerstören. Seit drei Tagen schießen sie daneben. Das geht doch nicht.« Er nimmt einen Apfel in die linke und eine Orange in die rechte Hand. »Das hier«, sagt er und zeigt auf den Apfel, »hier versteckt sich Da'ish.« Dann nimmt er die Orange und ahmt das Brummen eines Flugzeugs nach. »Hier ist niemand. Bumm!«, sagt er und zerquetscht die Orange. Währenddessen wäscht sich Agir den Staub aus dem Gesicht. Über Funk kommt die Meldung, dass ein Peshmerga von einem IS-Scharfschützen getötet wurde. »Er hat über die Mauer geguckt, um den Luftangriff zu beobachten, und hat eine Kugel in den Kopf bekommen«, sagt Agir und zeigt auf seine Stirn. Adnan zündet sich genervt eine Zigarette an, inhaliert tief in die Lunge, legt den Kopf in den Nacken und bläst mit geschlossenen Augen den Rauch an die Decke. »Reg dich nicht auf, Bruder«, sagt Agir, verabschiedet sich. Er will jetzt Kuchen backen. »Der beste Kuchen Kurdistans. Musst du unbedingt probieren. Bis später«, sagt er und umarmt mich zum Abschied.

Fünfhundert Meter Luftlinie von Agirs Stellung entfernt, im Kadaver der Altstadt von Sindschar, liegt Jacko auf einer Matratze vor einem Loch in der Wand und blickt durch das Zielfernrohr seines Scharfschützengewehrs. Jacko ist der Kommandeur der PKK in Sindschar, ein 35-jähriger, drahtiger Mann mit einer hohen, krächzenden Stimme. Etwa fünfzig Meter vor ihm liegt das Gebäude, in dem sich Da'ish verschanzt hat und das der Luftschlag am Vormittag verfehlt hat. Ein zweistöckiges Gebäude mit einem Rundbogen in der Mitte. Die Fassade ist von Einschusslöchern übersät. Eine gefühlte Ewigkeit liegt Jacko regungslos, den Finger gekrümmt am Abzug. Plötzlich taucht ein Kopf hinter einem Schutzwall auf, eine Gestalt läuft ins Fadenkreuz. Jacko drückt ab. Der Kopf ist verschwunden.»Ich weiß nicht, ob ich ihn getötet habe. Gut möglich«, sagt Jacko, während er nachlädt. Kurz darauf hören sie über die Funkfrequenz, auf der sie die Islamisten abhören, dass ISIS-Kämpfer aufgeregt nach einem Doktor rufen. Jacko seufzt und sagt, dass er nicht glücklich darüber sei, Menschen zu töten, aber dass das eben nötig sei.»Ich habe gesehen, was Da'ish Menschen antut. Das dürfen wir nicht zulassen.« Nach drei Stunden wird Jacko von einem jungen Mann abgelöst und geht zurück in sein Quartier, eine zerschossene Ruine, in den Fenstern Ziegelsteine und Sandsäcke statt Scheiben. Blutspritzer und ein arabisches Graffiti erinnern daran, dass ISIS dieses Haus einst besetzt hatte.»Allahu Akbar« – Gott ist groß, hat ein Islamist fein säuberlich an die Wand gemalt.

Es ist spät geworden, die Nacht hat sich wie ein schwarzes Laken über Sindschar gelegt. Der Mond wirft silbernes Licht auf die Ruinen der Stadt. Die Stille wird nur unterbrochen durch die Schüsse der Scharfschützen. Aus einem Nachbarhaus ertönt das Rattern von Maschinengewehren.»Da'ish«, sagt Jacko und zuckt teilnahmslos mit den Schultern. Dann schlägt wieder eine Granate ein. Ein ständiges Zwiegespräch der Waffen. Jacko zeigt auf ein Matratzenlager in einem Nebenzimmer. Ich solle heute Nacht hier schlafen, meint der Kommandeur. Nachts sei es zu gefährlich, durch die Stadt zu laufen, denn die Scharfschützen von ISIS hätten Nachtsichtgeräte und thermische Zielfernrohre, mit denen sie jede Bewegung eines Menschen auf tausend Meter sehen könnten, auch nachts.

Ich denke an Agirs Kuchen. Dann an den Peshmerga, der heute von ISIS getötet wurde. Die Aussicht, die Nacht nur ein paar Meter von der nächsten ISIS-Stellung entfernt zu verbringen, ist nicht verlockend. Aber immer noch besser, als im Dunkeln durch die Gassen von Sindschar zu laufen. Als ob Jacko meine Gedanken lesen könnte, klopft er mir aufmunternd auf die Schulter und sagt, dass ich keine Angst haben müsse. »Hier oben bist du sicher. Wir haben in jedem Gebäude Wachen.« Außerdem sei Da'ish zwar besser ausgerüstet, aber »wir sind die besseren Krieger«. Unsicher, ob mich diese Aussage beruhigt oder beängstigt, bedanke ich mich bei Jacko für die Gastfreundschaft.

Neben Jacko befinden sich fünfzehn Männer in diesem Zimmer, das als Kommandozentrale, Schlafsaal, Wohnzimmer und Waffenlager dient. Keiner ist älter als 25 Jahre. Sie stammen aus der Türkei, dem Iran, dem Irak und aus Syrien. Jacko ist für sie Vaterfigur, Ansprechpartner, Autorität, Vorbild und Freund; vor 16 Jahren schloss er sich der PKK an, um gegen die Türkei zu kämpfen, weil türkische Soldaten seinen Großvater ermordet hatten. Im flackernden Licht einer Petroleumlampe sitzen wir im Schneidersitz auf dem Boden. Ich bin der erste Journalist, der die Nacht bei ihnen verbringt, stundenlang muss ich Fragen beantworten. Ich sitze gut informierten, wissbegierigen jungen Menschen gegenüber. Ob ich glaubte, dass sie Terroristen seien. Warum die deutsche Regierung die Peshmerga mit Waffen unterstütze, aber nicht die PKK, die an der Front kämpfe. »Gebt uns ein paar Milan-Raketen und Panzerfahrzeuge, und wir befreien Sindschar in wenigen Tagen«, ruft Jacko dazwischen und lacht heiser. Ob ich religiös sei. Sie haben von Pegida gehört und fragen, warum in Deutschland noch immer Fremdenfeindlichkeit existiere und warum die deutsche Regierung es zulasse, dass deutsche Staatsbürger sich ISIS anschließen. Warum es nicht mehr Luftangriffe gebe. Warum, warum, warum.

Sie lächeln freundlich und fragen höflich, trotzdem fühle ich mich irgendwann wie in einem Kreuzverhör. Ich werde erlöst, als ein junger Mann mit einem Blech mit im Ofen gebackenen Hühnchen, Tomaten und Kartoffeln das Zimmer betritt. Abendessen. Gemeinsam tunken wir Fladenbrot ins Blech. Anschließend gibt es gesüßten Tee, und einige Männer setzen sich auf die Couch, lesen Nietzsche und die Schriften von Abdullah Öcalan, dem in der Türkei inhaftierten PKK-Führer. Mit Nietzsche können sich viele hier identifizieren, weil der Philosoph sich bei den Jesiden für *Also sprach Zarathustra* inspiriert haben soll, die den altiranischen Priester verehren wie einen Gott. Jacko und ich sitzen beisammen, rauchen Zigaretten und spielen Backgammon. Ein Kämpfer spielt auf seinem Smartphone das Partisanenlied *Bella Ciao*. Beim Refrain singen alle gemeinsam im Chor »O bella, ciao! Bella, ciao! Bella, ciao, ciao, ciao!« und liegen sich anschließend lachend in den Armen.

Die Männer reden sich gegenseitig mit »heval« an, was so viel wie Freund, Bruder, Kamerad bedeutet. Die Stimmung im Zimmer dieser Ruine ist ausgelassen, für wenige Augenblicke vergesse ich den Krieg, fühle mich wie in einem marxistischen Jugendtreff und hätte beinahe in die Hände geklatscht und mitgesungen. Erst als vom Dach wieder das Rattern der Maschinengewehre erklingt, werde ich in die Realität zurückgeholt. Das hier hat nichts mit Folklore zu tun. Das Leben hier oben auf dem Hügel in der Altstadt Sindschars ist entbehrungsreich. Es gibt weder Strom noch Wasser zum Waschen, weder Telefonnetz noch Internet. An manchen Orten der Stadt stehen sich Marxisten und Islamisten kaum fünfzehn Meter voneinander entfernt gegenüber. Scharfschützen bestimmen den Tagesrhythmus.

Seit vier Monaten harren Jackos Männer hier aus, gut trainiert, gut ausgebildet, aber den Panzern und Raketen von ISIS haben sie nur Kalaschnikows und Panzerfäuste entgegenzusetzen. Es reicht, um sich zu verteidigen, aber nicht, um ISIS anzugreifen. Dreihundert PKK-Kämpfer stehen etwa vierhundert Islamisten gegenüber, schätzt Jacko. So genau wisse man das nicht. Nur dass sich viele ausländische Kämpfer auf der Seite des Feindes befänden. Auf ihren Frequenzen sprechen sie Türkisch, Turkmenisch, verschiedene arabische Dialekte, Dari, manchmal Englisch, und einmal haben Jackos Leute sogar eine Unterhaltung von Deutschen abgehört.

Am nächsten Morgen werde ich von Explosionen geweckt. In der Straße vor Jackos Stellung schlägt eine Granate ein. Ein junger Mann platzt atemlos ins Zimmer. »Nehmt eure Waffen und kommt mit. Schnell«, sagt er und verschwindet wieder. Jackos Leute rennen hinterher. Da ich nicht allein zurückbleiben will, folge ich ihnen, laufe im Zickzack durch die zerstörte Stadt, vorbei an Barrikaden und als Sichtschutz zwischen Häusern aufgespannten Decken und Bettlaken. Wir kriechen von Haus zu Haus, bis sie im Innenhof eines Hauses hinter einer Mauer in Deckung gehen. Hier treffe ich Adnan wieder. Man habe alles unter Kontrolle, sagt er, um mich zu beruhigen. ISIS habe versucht, eine PKK-Stellung zu durchbrechen. Während Adnan eine Granate in seine Panzerfaust schraubt, explodiert in der Nähe wieder ein Sprengkörper, Schrapnellsplitter schlagen gegen die Mauer, hinter der wir uns verstecken. Adnan schließt die Augen, bewegt stumm die Lippen, dann steht er auf, zielt in Richtung des Hauses, in dem ISIS lauert, drückt ab – und nichts passiert. Er geht wieder in Deckung, begutachtet irritiert den Auslöser seiner Waffe, schraubt die Granate ein und aus. Zielt. Nichts. »Beeil dich, Adnan«, ruft jemand. Adnan kichert verlegen und breitet die Arme aus, als wolle er sagen: Was kann ich denn dafür? Jemand bringt ihm eine neue Panzerfaust.

Ich beobachte das absurde Spiel und male mir aus, wie ISIS gerade seine Mörser auf unsere Position justiert. Ich drücke mich näher an die Mauer, während Adnan zum dritten Versuch ansetzt. Diesmal klappt es. Ein gewaltiger Knall. Adnan, von Qualm und Rauch umgeben, wird vom Rückstoß auf den Rücken geworfen, rappelt sich wieder auf und blickt vorsichtig über die Mauer, prüft, ob die Granate das Ziel getroffen hat. Er dreht sich mit breitem Grinsen um und hält den Daumen nach oben.

Statt ein paar Stunden bleibe ich fünf Tage bei Jacko. Jeden Tag führt er mich durch die Viertel der Stadt, die von seinen Männern und Frauen gehalten werden. Jahrhundertealte Gemäuer, zerschossene Ruinen, die sich an die Berghänge klammern. Teilweise liegen die Stellungen so nahe beieinander, dass man nur durch einen Spiegel beobachten kann, was auf der anderen Straßenseite passiert. Ich rede mit Scharfschützinnen, die mir erklären, dass die ISIS-Kämpfer panische Angst davor hätten, von einer Frau getötet zu werden, weil sie dann nicht ins Paradies kämen, da Frauen »haram« seien – schmutzig. Wir spielen Schach und Backgammon, trinken Tee, laufen durch Schützengräben und suchen Deckung in Bunkern und hinter Sandsäcken.

Der Krieg hat sich festgebissen in Sindschar. »Ohne schwere Waffen und Verstärkung kommen wir nicht weiter«, sagt Jacko. Er hoffe noch immer darauf, Unterstützung aus dem Westen zu bekommen; Waffen, Raketen, Nachtsichtgeräte, gepanzerte Fahrzeuge. Denn für die PKK birgt der Häuserkampf in Sindschar auch eine politische Chance, ihren Ruf als marxistische Terrorgruppe abzulegen, sich als Partner des Westens zu etablieren. Ein paar Dutzend PKK-Kämpfer haben vergangenen August die Jesiden vor dem sicheren Tod gerettet, während die irakische Armee vor den anstürmenden Truppen des schwarzen Kalifen floh. Im April entschuldigte sich Cemil Bayik, der zweite Mann der PKK, in einem Fernsehinterview bei der deutschen Regierung für die gewaltsamen Demonstrationen in Deutschland in den Achtziger- und Neunzigerjahren. Gleichzeitig verhandelt der PKK-Führer Abdullah Öcalan von seiner Gefängniszelle aus mit der türkischen Regierung über einen möglichen Frieden. Inzwischen melden sich sogar die ersten westlichen Politiker zu Wort und verkünden, dass es Zeit sei, die Causa PKK neu zu überdenken. Und vor allem: sie im Kampf gegen ISIS zu unterstützen. »Ja, der Kampf gegen Da'ish hilft uns, ein besseres Image zu bekommen«, sagt Jacko. Dann zieht er ein thermisches Zielfernrohr aus einer fellbeschlagenen Ledertasche und streichelt es zärtlich wie eine schöne Frau. »Davon brauchen wir noch viel mehr.«

Denn zu viele Kurden seien schon gestorben, sagt Jacko. Er zieht einen Stapel Papiere aus einer Schublade, darauf sind die Namen und Porträts gefallener PKK-Kämpfer kopiert. 57 junge, ernste Gesichter. Er blättert sich durch den Stapel, bei einigen bleibt er sekundenlang hängen, streichelt mit dem Zeigefinger über Name und Foto, murmelt ein paar Worte auf Kurdisch, als ob er den Toten etwas mitteilen würde. Dann wischt er sich mit der Handfläche über seinen Achttagebart, legt die Papiere beiseite, will etwas sagen, doch seine Stimme überschlägt sich. Er räuspert sich, trinkt einen Schluck Tee und sagt dann, Stolz und Pathos in der Stimme: »Sie sind für Kurdistan und die Menschheit gestorben.« Trauer? Er sieht mich an, als hätte er die Frage nicht verstanden. »Gibt es einen schöneren Tod, als als Märtyrer für seine Heimat zu sterben?« Nein, er beneide diese jungen Männer, deren Porträts nun in kurdischen Wohnzimmern Wände zieren, neben kurdischen Flaggen in Schulen hängen oder in kurdischen Städten wie Fahnen an Laternenmasten im Wind flattern.

Am Morgen meiner Abreise treffe ich Agir, den Deutsch sprechenden sanften Hünen, noch einmal. Er steht an ein gepanzertes Dingo-Fahrzeug gelehnt und schmollt. »Ich hatte Kuchen für dich gebacken«, sagt er und grinst dann breit, sodass sein ganzes Gesicht leuchtet, und umarmt mich. »Macht nix, war mehr für meine Jungs übrig.« Ich frage ihn, woher er den Dingo hat. »Och, lange Geschichte.« Der Dingo sei ein Geschenk der deutschen Regierung an die Peshmerga gewesen, die hätten den aber ziemlich schnell an ISIS verloren. Die PKK hat den Dingo dann wiederum den Islamisten abgekämpft. »Ich fahre das Ding jetzt«, sagt er und zeigt stolz auf die Einschusslöcher im Panzerglas und in der Motorhaube. Dann verabschieden wir uns, und Agir begleitet mich noch bis zum Auto, das mich aus der Stadt bringen wird. »Komm bald zurück, mein Freund«, sagt Agir. »Du hast meinen Kuchen nicht probiert.« Hinter uns duckt sich Sindschar. Über den Ruinen steigt dicker schwarzer Rauch in den blauen Morgenhimmel. Als wir an einer Wiese mit Mohnblumen und Raps vorbeispazieren, schlägt uns wieder der Leichengeruch aus den Massengräbern entgegen.

In den Wochen nach meiner Rückkehr nach Hause denke ich oft an Sindschar und Agir. Ich will unbedingt so schnell wie möglich wieder zurück. Im Mai 2015 treffe ich Agir wieder. Erst sehe ich nur einen Haarschopf, der in einer Häuserruine verschwindet. Mehr Ahnung als Gewissheit. Doch Zagros, ein schlaksiger Bursche, weiß jetzt, wo sich seine Feinde verstecken. Er verlässt seine Deckung, breitbeinig steht er da, stützt die Panzerfaust auf seine Schulter und zieht den Auslöser. Zagros, Goran, Shwan, Kamal und Agir; fünf junge Männer, in deren Gesichtern noch immer die Jugend schimmert. Den ganzen Vormittag lang lagen sie versteckt hinter einem Mauervorsprung. Regungslos unter sengender Sonne. So lange, bis sie in einem der Schützengräben etwa achtzig Meter vor ihnen eine Bewegung sahen. Als die Granate ihr

Ziel getroffen hat, die Kämpfer des sogenannten Islamischen Staates vermutlich getötet sind und der Rauch über der Ruine im Sommerwind verfliegt, klatschen sich die Kämpfer der PKK ab. High five. Umarmungen.

Agir zündet eine Zigarette an, die von Kämpfer zu Kämpfer wandert. Jeder inhaliert einen tiefen Zug, zieht den Rauch in die Lunge, bis ein Aschewurm vom Filter abfällt. »Gut gemacht«, sagt Agir zu Zagros, dem Schützen. »Kommt, Jungs, wir verschwinden. Besser so«, brummt Agir mit tiefer Stimme.

An diesem Mittwochmorgen in Sindschar verlassen die kurdischen Guerillakämpfer nach ihrem Angriff die Stellung. Denn vermutlich justieren die Islamisten gerade ihre Mörser auf ihr Versteck. Sie rennen geduckt über eine Straße, die von feindlichen Scharfschützen beschossen wird, kriechen durch in Wände gehauene Löcher von Wohnung zu Wohnung, von Ruine zu Ruine. Es sind einfache zweistöckige Wohnhäuser. Sie laufen durch Zimmer, in denen einst jesidische Familien Tee tranken, ihre Kinder in den Schlaf sangen, gemeinsam zu Abend aßen, türkische Seifenopern sahen. Orte, an denen die Zeit scheinbar stehen geblieben ist. Stumme Zeugen des Grauens, das der Islamische Staat über die Bewohner brachte, als er die Stadt Sindschar im August des vergangenen Jahres überfiel, die Männer massakrierte, die Frauen und Mädchen in das Kalifat verschleppte, als Sexsklaven oder um sie mit ISIS-Kämpfern zu verheiraten. Fast alles hier in diesen Räumen erinnert an die Angst derjenigen, die noch rechtzeitig fliehen konnten. In einer Küche stehen Teller mit eingetrockneten Essensresten. Am Boden liegen anscheinend eilig gepackte und dann doch zurückgelassene Koffer.

In einem verwüsteten Wohnzimmer stößt Agir, der Hüne, mit seiner Schulter gegen ein Bücherregal, das krachend zu Boden fällt und eine Staubwolke aufwirbelt. Als er es aufstellen möchte, entdeckt er ein Fotoalbum im Dreck, hebt es auf, blättert darin. Verblichene Andenken an glückliche Zeiten. Momentaufnahmen von spielenden Kindern, Hochzeiten, ein Mann und eine Frau, er im Anzug, sie im Kleid, die glücklich in die Kamera lächeln. Urlaubsreisen nach Bagdad, Erbil und Lalish, der heiligsten Stätte der Jesiden. Picknick an einem Stausee.

In diesem Krieg sind die Marxisten der PKK und der YPG, der Schwesterpartei der PKK im benachbarten Syrien, inzwischen die schlagkräftigste Waffe gegen die islamistischen Mörderbanden. Sie befreiten Hassaka, Tel Abayad, Kobane, Ras al-Ain, Orte, an denen sich ISIS festgebissen hatte. Jetzt soll Sindschar folgen.

Doch seitdem türkische Kampfflugzeuge Stellungen der PKK bombardieren und Kurden Bombenanschläge auf Polizeistationen in der Türkei verüben, ist der Friedensprozess nur noch ein schöner Traum. Der türkische Präsident Erdoğan hat den ärgsten Feinden des Islamischen Staates den Krieg erklärt – unter dem Deckmantel, ISIS bekämpfen zu wollen. Und so hat die türkische Regierung, aus Sorge, dass die Kurden im Fahrwasser ihrer militärischen Erfolge im Kampf gegen ISIS einen eigenen Staat ausrufen könnten, eine neue Front eröffnet. Verlässliche Informationen gehen im Nebel des Krieges verloren. Das türkische Militär behauptet, dass in den vergangenen drei Wochen knapp vierhundert PKK-Kämpfer durch die Luftangriffe umkamen. Der derzeitige Oberkommandeur der PKK, Murat Karayilan, winkt ab und sagt, dass es gerade mal dreißig »Märtyrer« in den eigenen Reihen gab. Stattdessen habe die PKK 250 türkische Soldaten getötet. In den kurdischen Regionen der Türkei herrschen derweil bürgerkriegsähnliche Zustände. Ausgangssperren. Straßenschlachten zwischen kurdischen Jugendlichen und türkischen Soldaten. Täglich Tote und Verletzte auf beiden Seiten. Noch kämpft die PKK im Nordirak gegen Da'ish. Sollte sie sich jedoch zurückziehen, um in den Krieg gegen den Erzfeind Türkei zu ziehen, könnten die Gotteskrieger ungehindert nachrücken und die Region weiter ins Chaos stürzen.

Ende Mai deutet noch nichts darauf hin, dass die Türkei Tabula rasa machen wird. Es ist später Nachmittag an einem Sonntag, als ich Sindschar im Fond eines gepanzerten Wagens erreiche. Über den Ruinen steigt dicker schwarzer Rauch auf. Agir erwartet mich, nimmt mich in den Arm und drückt mir zur Begrüßung einen feuchten Kuss auf jede Wange. »Wie geht's? Alles klar? Was machst du denn hier?«, fragt er mich auf Deutsch und mit einem breiten Lächeln unter seinem gewaltigen Schnauzer. »Du hast mir Kuchen versprochen, Agir. Nur deswegen bin ich hier.«

Jeden Tag begleitet mich Agir in die Teile der Stadt, die von der PKK gehalten werden. Wir trinken Tee in jahrhundertealten Gemäuern, unterhalten uns mit Kämpfern in zerschossenen Ruinen oder spielen Schach und Backgammon hinter Barrikaden aus Sandsäcken. Ein Hauch Normalität, um den Wahnsinn des Alltags zu durchbrechen. Ich treffe Scharfschützinnen, die tagelang durch die Zielfernrohre ihrer Gewehre starren, bis sie einen IS-Kämpfer im Fadenkreuz sehen. Und nach einem tödlichen Schuss der Gegenseite zurufen, dass der Tote sich das Paradies abschreiben könne, weil die Kugel von einer Kurdin abgefeuert wurde. Dann kichern sie wie kleine Mädchen, schneiden eine Kerbe in den Kolben ihres Gewehrs und schieben eine neue Patrone in den Lauf. Ich lerne junge Jesiden kennen, die sich der PKK angeschlossen haben, um Rache zu nehmen, weil Da'ish ihre Dörfer niederbrannte, Freunde und Verwandte tötete, Schwestern, Mütter, Töchter entführte. »ISIS ist ein Geschwür des 21. Jahrhunderts, das man beseitigen muss. Es bedroht die ganze Menschheit, nicht nur Kurden und Schiiten. Das ist eine perverse Ideologie, die nichts mit dem Islam zu tun

238

hat«, sagt mir ein Scharfschütze in einem Schützengraben. Und überall wird mir die gleiche Frage gestellt: Warum unterstützt der Westen die PKK nicht im Kampf gegen Da'ish? Warum fliegen eure Piloten nicht mehr Luftangriffe? Glaubst du auch, dass die PKK eine Terroristentruppe ist? Sie fragen ohne Feindseligkeit. Sie sind verwundert, enttäuscht. Doch sooft meine kurdischen Begleiter auch nachhaken – Antworten, die mehr sind als Phrasen, habe ich nicht.

Den gesamten Tag schon fliegen die Kampfflugzeuge der internationalen Koalition Angriff um Angriff. Eine Granate trifft ein Nachbarhaus. Wir sitzen in einer Ruine, in der Agirs Einheit ihr Quartier bezogen hat, die Fenster mit Decken und Tüchern verhangen, damit kein Licht nach außen dringt. Agir teilt sich den Raum mit zehn weiteren Kämpfern, die auf ranzigen Matratzen dösen. Sie lesen im Lichtkegel ihrer Taschenlampen die Schriften von PKK-Führer Abdullah Öcalan. Manche rauchen schweigend Zigaretten, andere spielen Backgammon oder starren ins Nichts. Moskitos saugen sich an ihren Körpern fest, Fliegen krabbeln in Ohren und Nasen. Im Haus gegenüber, von einem Innenhof getrennt, schlafen die kurdischen Kämpferinnen, vor denen sich die Islamisten so fürchten, weil sie nicht ins Paradies und zu den 72 Jungfrauen kommen, wenn sie von einer Frau getötet werden. »So bescheuert sind die«, sagt Agir und tippt sich mit dem Finger an die Stirn. Und dann erzählt er stolz von der Gleichberechtigung bei der PKK. Nur Liebeleien seien strengstens verboten. Sie geloben ihrem Anführer Öcalan ewige Treue wie Mönche in einem Kloster. »Es gibt nur eine Geliebte: Kurdistan«, sagt Agir mit viel Pathos in der Stimme. Ich bin fassungslos. Keine Nähe, kein Verlieben, kein Sex? Nicht einmal heimliches Kuscheln und Knutschen, wenn niemand hinsieht? »Komm schon, Agir. Sag mir die Wahrheit. Ihr habt so hübsche Mädels bei euch«, stichele ich und ernte böse Blicke.

Agir hat keine Lust, über die Liebe zu reden, er will spielen. Aus seiner Brusttasche fingert er ein laminiertes und gefaltetes Pappspiel und zwei Würfel heraus. Leitern und Schlangen. Bei meinem ersten Besuch habe ich dies häufig mit seinem Kumpel Adnan gespielt. Ich frage Agir, wie es Adnan geht. »Er ist tot«, sagt Agir, lächelt und streichelt dabei zärtlich über das Spielfeld. »Er hat sich vor einer Woche für Kurdistan geopfert.« Und dann erzählt er mir, wie sein Freund eines Nachts an seiner Matratze stand, ihm das Spiel vermachte und sich mit den Worten verabschiedete, dass er jetzt sterben werde. Dann nahm er sein Gewehr, band sich einen Gürtel mit Handgranaten um die Hüfte und lief hinter die feindlichen Linien zu den IS-Stellungen, um möglichst viele Feinde zu töten. Seine Leiche baumelte tagelang an einem Strick von einem Laternenmast. »Gibt es einen schöneren Tod?«, fragt Agir, und es klingt, als sei er neidisch auf seinen toten Freund. Der Scharfschütze Adnan war der 59. Gefallene der PKK in Sindschar. Ein stiller Typ, der einen lustigen Hut trug und sich das Rauchen abgewöhnen wollte, gerade mal 22 Jahre alt.

Eine junge Frau steckt ihren Kopf durch die Tür und sagt, dass niemand den Raum verlassen dürfe, weil es gleich Luftangriffe gebe. Wir knipsen die Taschenlampen aus und legen uns flach auf die Matratzen. Ich frage Agir, wie weit Da'ish entfernt sei. »Etwa fünfzig Meter«, antwortet er leise. Nur das Glimmen brennender Zigaretten, deren Glut wie rote Irrlichter in der Dunkelheit tanzt, ist zu erkennen. Stille. Dann hören wir das Flugzeug. Ein leises Brummen, das schnell lauter wird. Es kreist über uns, minutenlang. Plötzlich ein lautes Zischen, als würde jemand die Luft zerteilen, ein ohrenbetäubender Knall. Die Detonation lässt die Wände wackeln. Schutt und Gestein prasseln auf das Dach. Eine Wolke aus Staub schwappt durch die Fenster. Wir husten. Es riecht nach Kordit und verschmortem Plastik. Meine Augen brennen.

Ich ziehe eine Decke über den Kopf. Dann folgt die zweite Bombe, kurz darauf die dritte und vierte. So nahe, dass uns die Druckwelle erreicht, bevor wir die Explosion hören. Agir tätschelt meinen Arm. »Mach dir keine Sorgen. Ich pass auf dich auf«, sagt er.

Am Vormittag nach dem Bombardement hängt dichter schwarzer Rauch wie Gewitterwolken über Sindschar. Von den Bergwänden hallt Maschinengewehrfeuer wider. Agir blickt in den Himmel, zupft an seinem Schnurrbart. »Da'ish verbrennt Müll und Autoreifen, damit die Piloten nicht sehen können, was in der Stadt passiert. Gut möglich, dass sie heute angreifen und sich für die Luftschläge revanchieren«, murmelt er. Deshalb bereiten sich PKK-Kämpfer in ihren Stellungen vor, um die Stadt zu verteidigen. Agir ist nicht dabei. Agir hat heute Küchendienst. Er sitzt im Schneidersitz auf dem Fußboden, vor sich ein Blech, brummt, während er Hühner zerteilt, Kartoffeln schält, Tomaten schneidet, Reis kocht. Als er das Blech in den Ofen schieben will, greift ISIS seine Stellung an. Er blickt irritiert auf das Mittagessen, schüttelt den Kopf, dann nimmt er sein Gewehr und rennt los. Kugeln zischen durch die Luft. Granaten explodieren. Agir steht hinter Sandsäcken, eine Kippe baumelt im Mundwinkel, er feuert auf einen unsichtbaren Gegner, der sich auf der anderen Seite der Straße verschanzt. Nach vierzig Minuten ist das Gefecht zu Ende, und Agir schlurft zurück in die Küche, das Mittagessen kochen.

Zwei Tage später verlasse ich Sindschar und fahre die Serpentinenstraße hinauf, die aus der Stadt auf den gleichnamigen Berg führt. Ich schaue aus dem Fenster. Sehe ausgebrannte Fahrzeugwracks. Am Straßenrand liegen Kleidungsstücke ermordeter Jesiden. Neben mir sitzt ein trauriger jesidischer Kämpfer auf Fronturlaub, der seine Verlobte in einem der vielen Flüchtlingslager besuchen möchte, diesen trostlosen Zeltstätten, in denen Hunderttausende als Flüchtlinge im eigenen Land hausen. Oben auf dem Berg stoppen wir, rauchen eine Zigarette und blicken ins Tal. Unter uns flimmert Sindschar wie eine Ansammlung von Spielzeughäusern in der Sonne. Ich überlege, wie man einen Gegner besiegen soll, der Frauen wie Vieh auf Sklavenmärkten verkauft, Journalisten enthauptet, Gefangene in Käfige sperrt, um sie darin zu verbrennen oder in Flüssen zu ertränken, antike Tempel und kulturelles Erbe der Menschheit pulverisiert und die Vergewaltigung neunjähriger Mädchen rechtfertigt. Und während all das geschieht, streiten wir, wer zu den Alliierten gehört, bombardiert die verbündete Türkei die PKK, drohen weitere Konflikte im Jemen, in Syrien, in Libyen, im Libanon und Saudi-Arabien.

Ein Flugzeug fliegt über uns hinweg, klinkt eine Bombe aus, und am Horizont steigt ein schwarzer Rauchpilz in den Himmel über Sindschar.

Kapitel 20: Wo geht's hier zur Front?

Der Nordirak, vor allem die Situation in Sindschar, wird zu dem bestimmenden Thema meiner Arbeit des Jahres 2015. Im Sommer und Herbst bin ich zwei Monate lang im Nordirak unterwegs. Der National Geographic Channel hat mich beauftragt, eine Dokumentation zu drehen. Der Krieg gegen den IS zieht nicht nur Islamisten an; auch auf der anderen Seite tummeln sich immer mehr Freiwillige aus dem Ausland, die glauben, den bewaffneten Kampf gegen »das Böse« aufnehmen zu müssen. Ich soll einen Vater und seine beiden Söhne zwei Monate lang begleiten. Die Familie aus den USA hat es sich in den Kopf gesetzt, gegen den IS zu Felde zu ziehen. Deutsche und amerikanische Redaktionen lieben es, wenn eine Reportage einen Bezug zu ihren Ländern herstellt. Ein deutscher Kämpfer in Syrien. Amerikaner im Irak. So, glauben sie, könnten sie Leser und Zuschauer einfangen. Ich lasse mich darauf ein. Die Bezahlung ist dieses Mal sehr gut, und ich kann weiter aus unmittelbarer Nähe verfolgen, was im Nordirak geschieht. Ich treffe die Amerikaner im Sindschar-Massiv, als sie gerade mit nackten Oberkörpern Liegestütze in der Abendsonne machen. Sie wollen das Böse bekämpfen, den Kurden helfen und Terroristen töten. Nichts davon gelingt. Es ist der Beginn einer wilden Odyssee und das Protokoll eines Scheiterns.

Denn es ist nicht leicht, die Welt vom Übel zu befreien. Besonders, wenn sich das Übel nicht zeigt. Harry Martinez hat noch immer keinen Islamisten erschossen. Dabei sind er und seine beiden Söhne, Josh und James, schon seit über einem Monat im Irak. Das hatte er sich anders vorgestellt.

Vielleicht klappt es ja heute mit dem Töten. Der 48-jährige ehemalige Scharfschütze der US-Armee, Veteran der Kriege im Irak und in Afghanistan, liegt in einer Häuserruine der zerstörten Stadt Sindschar. Es ist ein heißer, staubiger Tag im August 2015. Harry Martinez starrt durch ein Fernglas hinüber in die Viertel der Stadt, in der er seine Feinde vermutet. Sindschar ist eine geteilte Stadt. Siebzig Prozent des Areals kontrolliert der Islamische Staat. Den Rest verteidigen kurdische Peshmerga, die PKK und jesidische Milizen, seit fünfzehn Monaten schon. Ein paar Straßenzüge vor Vater und Sohn beginnt das Kalifat des IS. Sindschar ist, in Martinez' Worten, die Demarkationslinie zwischen dem Guten und dem Bösen. Und es sei ja ganz klar, dass Amerika das Gute repräsentiere. Deshalb sei er schließlich hier. Neben ihm liegt sein Sohn James, ein blonder 22-Jähriger, wie sein Vater Veteran des Afghanistankrieges, und blickt durch das Zielfernrohr seines Scharfschützengewehrs. Josh, Harry Martinez' Erstgeborener, hat Küchendienst und schält in einem Kellergewölbe Kartoffeln fürs Mittagessen. »Siehst du was, Dad?«, fragt James alle paar Sekunden, während ihm Schweiß in die Augen suppt. Keine Antwort. »Dad! Siehst du was?«, ruft er und wischt sich eine blonde Haarsträhne aus dem Gesicht.

»Halt die Fresse, James! Ich muss mich konzentrieren«, motzt Harry Martinez.

»Fuck you, Dad. Ich muss wissen, auf was ich schießen soll.«

»Fuck you, James! Ich sag dir schon rechtzeitig Bescheid.« Dann brechen beide in schallendes Gelächter aus. I love you, son. I love you, dad.

Seit Stunden harren sie in dieser Häuserruine auf einem Hügel in der Altstadt Sindschars aus. Harry Martinez ist ein untersetzter Mann mit aufgepumpten Oberarmen, Don-Juan-Bärtchen, grauem Haaransatz und aufbrausendem Gemüt. Von hier oben kann man die ganze Stadt überblicken.

Und plötzlich tut sich tatsächlich etwas. Zwei Busse halten, einen Kilometer entfernt, in einem Trümmerfeld. Vater Martinez beobachtet, wie in der Hitze flimmernde Silhouetten aus den Fahrzeugen springen, wie Schatten in einem zerschossenen Gebäude verschwinden. »Schieß auf die Fucker, James. Töte sie! Du kannst ihnen auch in den Rücken schießen. Das macht nichts«, ruft der Vater aufgeregt dem Sohn zu. »Keine Sorge, Dad. Ich habe schon in Afghanistan Menschen in den Rücken geschossen«, sagt er, zielt und drückt ab. Ein Schuss zerfetzt die Stille. James trifft nicht. Enttäuscht schlägt er mit der flachen Hand in den Staub.

Die Familie Martinez ist in den Nordirak gereist, um Terroristen zu töten. Doch ihr Plan wird von Enttäuschungen durchkreuzt seit dem Moment, als sie in der nordirakischen Stadt Sulaimaniyya aus einem Flugzeug der Royal Jordanian Airlines steigen und statt Krieg, Häuserkämpfen, Chaos und Massakern an Andersgläubigen eine friedliche Großstadt vorfinden, in welcher der Krieg nur in den Abendnachrichten und bei einer Wasserpfeife in den Teestuben oder Grillrestaurants der Stadt auftaucht. Im Irak herrscht Krieg, so hatten sie das in den Nachrichten von Fox News gesehen. Und jetzt reift wohl zum ersten Mal die Erkenntnis heran, dass die Wirklichkeit zwar bedrohlich ist, aber weitaus weniger, als es im heimischen Wohnzimmer vor dem Fernseher den Anschein hatte. Also machen sie sich auf die Suche nach der Front.

Sie müssen lange suchen. Ihr Kreuzzug für Frieden und Gerechtigkeit gerät ins Stocken, bevor er begonnen hat. An den Fronten in den Ölfeldern der Stadt Kirkuk preisen sie ihre Dienste einem kurdischen General an, der einen mächtigen Schnurrbart und viele Orden an seiner Uniform trägt. Der verspricht den drei freiwilligen Kämpfern zwar, dass sie in einer Offensive gegen den IS mitkämpfen dürfen, aber lässt sie am Vorabend der Schlacht hängen. Vier Wochen lang fahren sie von Front zu Front, schütteln viele Hände, trinken noch mehr süßen Tee mit Kommandeuren – ohne Erfolg. Überall werden sie freundlich, aber bestimmt abgewimmelt. Zivilisten, sagt man ihnen, könne man an der Front nicht gebrauchen, aber vielen Dank für das nette Angebot.

Unterwegs treffen sie ein amerikanisches Brüderpaar, ehemalige CIA-Mitarbeiter und wiedergeborene Christen, die behaupten, gute Kontakte zu haben, von denen sich aber niemand erreichen lässt. Sie schließen sich zusammen; je mehr Amerikaner, desto besser, glauben sie. Und je länger sie suchen, desto größer wird die Gruppe. In Kirkuk schließt sich ein 55-jähriger britischer Tanzlehrer der Gruppe an, der zwanzig Jahre zuvor als Fremdenlegionär in Afrika kämpfte; Tschad, Somalia, Dschibuti. Zu guter Letzt gesellt sich Robert Hoey, genannt Doc, hinzu, ein schmächtiger und kränklicher Amerikaner, der am liebsten Tarnanzüge trägt und vorgibt, Sanitäter zu sein. Seit Monaten wartet er in einem Feldhospital darauf, verwundete Frontkämpfer zusammenzuflicken.

Hunderte Rekruten aus allen Teilen der Welt haben sich den kurdischen Peshmerga und der PKK im Irak oder der YPG in Syrien angeschlossen. Seit den Terroranschlägen von Paris und Brüssel werden es immer mehr. Bei Facebook gibt es Rekrutierungsseiten, auf denen sich Freiwillige registrieren lassen können. Unter ihnen ehemalige Soldaten, die in Afghanistan und Irak dienten. Aber auch Aufschneider, Gescheiterte, Selbstdarsteller, Studenten, Abenteurer. Meist junge Leute, die sich gerne gegenseitig in Tarnfleck und Kalaschnikow fotografieren und anschließend Selfies oder aufgeplusterte Statusmeldungen vom Leben an der Front auf Facebook posten, um die Enttäuschung zu verbergen, dass Krieg nicht so aufregend ist, wie sie sich erhofft haben. In den irakischen Städten Erbil, Dohuk oder Sulaimaniyya gehören westliche Männer, die wilde Bärte und Armeefunktionskleidung tragen, inzwischen zum Stadtbild.

Für mich, den Reporter, der die Martinez-Familie zwei Monate lang begleitet, um zu verstehen, warum Menschen freiwillig in fremde Kriege ziehen, wird es vor allem ein Trip in die Köpfe konservativer Amerikaner mit Erlöserplan. Menschen, die in einer Welt leben, die aufgeteilt ist in Gut und Böse, Schwarz und Weiß, aus der alle Grautöne rausgefiltert sind und wo der Glaube herrscht, dass die Guten nur mehr von den Bösen töten müssten – und die Welt würde zurück ins Gleichgewicht finden. Für die Amerikaner ist es nicht leicht, sich an die neuen Machtverhältnisse im Irak zu gewöhnen. Als sie das letzte Mal hier waren, gehörten sie der amerikanischen Besatzungsmacht an und kämpften gegen al-Qaida und das Chaos an, das sie verursacht hatten. Sie waren diejenigen, die die Regeln bestimmten, die Iraker die Untergebenen. Jetzt ist es umgekehrt.

Ebenso schwierig ist die Frage zu beantworten, was genau eine Familie aus New Jersey dazu bewegt, in einen Krieg zu ziehen, der nicht der ihre ist. Auf den langen Autofahrten kreuz und quer durch den Nordirak, auf der Suche nach Verbündeten, die ihre Hilfe nicht verschmähen, erzählen die Männer ein wenig über ihre Motive. Für Harry Martinez, einen Mann, der sich als Krieger fühlt, Waffen liebt, die Republikaner wählt und Präsident Obama verabscheut, ist es die letzte Möglichkeit, noch einmal in eine Schlacht zu ziehen. Der Ex-Soldat und Ex-Polizist aus New Jersey glaubt zudem, dass er an den irakischen Frontlinien seinen beiden Söhnen aus zwei gescheiterten Ehen näherkommen könnte. Es war James' Idee, in den Irak zu reisen, um gegen den IS zu kämpfen. Ihn habe der Wunsch angetrieben, seinem Leben einen Sinn einzuhauchen, indem er die Welt sicherer macht. Seit dem Ende seiner Dienstzeit als Marineinfanterist in Afghanistan trudelte er ziellos durchs Leben. Sein älterer Bruder Josh unterbricht aus Pflichtgefühl gegenüber Vater und Bruder sein Studium der Filmwissenschaften. »Ich hätte es mir niemals verziehen, wenn meinem Bruder oder Vater etwas zustößt.« Alle drei treibt das Bedürfnis an, Terroristen zu töten, Rache zu nehmen für die Ermordung von US-Staatsbürgern. Sie wollen sich einreihen in die lange Tradition von Amerikanern, die als Freiwillige auf den Schlachtfeldern für Freiheit und Gerechtigkeit zu Helden wurden. Ihr Antrieb, so sagen sie, sei der Wunsch, auf der richtigen Seite der Geschichte zu stehen. Dass dieser Motor stottern könnte, war nicht eingeplant.

Nach den vier Wochen frustrierten Herumirrens landen die Glücksritter schließlich auf dem Berg Sindschar, dem Epizentrum im Krieg gegen den IS. Es ist nicht leicht, in diesen Teil des Nordiraks zu gelangen. Weite Teile werden immer noch vom IS beherrscht. Die befreiten Gebiete sind nur mit Genehmigung der kurdischen Autonomiebehörde erreichbar. Dann umfährt man in weitem Bogen die vom IS gehaltene Großstadt Mossul, folgt stundenlang der syrischen Grenze, bis sich am Horizont das Sindschar-Massiv aus dem Dunst schält. Am Fuße des Berges, am Ende einer Serpentinenstraße, liegt die gleichnamige Stadt, und dort tobt der Krieg, nach dem die Hobbykrieger wochenlang gesucht haben. Er ist jetzt ganz nah.

Die Amerikaner sind laut im Wagen, fuck you hier, fuck you dort, sie schließen Wetten ab, wer wie viele Terroristen umnieten wird. Skandieren »USA! USA!«. Doc Hoey, der selbsternannte Sanitäter, will unbedingt ein Haus mit einer Panzerfaust in die Luft jagen. Es wirkt ein bisschen wie der Ausflug pubertierender Jungs in ein Ferienlager. Der Tanzlehrer, den sie aufgrund seines Alters Uncle Mike nennen, sitzt mit britischer Gelassenheit daneben und schweigt.

Erst als der Wagen die Serpentinenstraße hinunterrollt,

248

vorbei an den Zelten, in denen noch immer fünftausend jesidische Flüchtlinge hausen, vorbei an ausgebrannten Fahrzeugen und den am Straßenrand verteilten Kleidungs-
stücken ermordeter Jesiden, wird es still im Wagen. Der
Krieg ist da. Das Bewusstsein, dass hier im Jahr zuvor Grau-
sames geschah, als mehr als fünftausend Jesiden innerhalb
weniger Tage vom IS abgeschlachtet, vergewaltigt und entführt wurden. Als sie in die Stadt hineinfahren, donnert ein
amerikanisches Kampfflugzeug über sie hinweg, klinkt eine
Bombe aus, und hinter einem Hügel steigt ein grauer Rauchpilz in den Abendhimmel. »Welcome to Sindschar«, jubelt
Josh Martinez. »Ooh Rah«, rufen die anderen im Chor, den
Schlachtruf der US-Marines.

»Das glaubt uns kein Mensch«, sagt Josh Martinez, als
sie durch die Ruinen der Stadt laufen. »Ich habe in Afghanistan und im Irak viel Zerstörung gesehen. Aber so etwas
noch nicht.« Sie quartieren sich in einem zerschossenen
Haus in einem Viertel der Stadt ein, das von der kurdischen
Guerillagruppe PKK verteidigt wird. Es sind harte, kriegser-
probte junge Männer, die seit fünfzehn Monaten in der eingekesselten Stadt einer Übermacht von IS-Kämpfern gegenüberstehen und sich wundern, als die amerikanischen Cowboys
plötzlich in ihren Stellungen stehen. Ich kenne viele von ihnen noch von meinen vorherigen Besuchen. Nur Agir ist nicht
da. Er wurde an eine andere Front versetzt. Harry Martinez
versucht sogleich, den Kurden zu erklären, was sie alles besser machen könnten, um wie echte Amerikaner zu kämpfen.
»Dad, halt die Klappe. Das ist nicht dein Krieg«, sagt Josh Martinez. »Fuck you, Josh«, antwortet sein Vater.

In einer Kultur, in der Schimpfwörter als Schwäche gelten und Respekt vor den Eltern zum guten Benehmen gehört, kommt dies nicht gut an. Nur eines wird höher gehalten: Gastfreundschaft.

Die PKK-Kämpfer laden ihre Gäste zum Essen ein und leihen ihnen Gewehre, Handgranaten und Munition. »Fuck yeah! Amerika!«, ruft Josh Martinez, springt auf und schlägt vor, sogleich ein paar Terroristen zu töten. Der kurdische Kommandeur schüttelt den Kopf, tätschelt beruhigend die Hand des 29-Jährigen und sagt, dass man Munition sparen müsse. »Keine Sorge, der Kampf wird zu euch kommen. Hab Geduld«, sagt der Mann und schenkt den Amerikanern süßen Tee in winzige Keramiktassen ein. In dem Moment schlägt eine Granate in das Dach des Hauses ein.

Der Kommandeur hat nicht zu viel versprochen. Schon in der ersten Nacht greift der IS an. Die ausländischen Kämpfer haben die Nacht in Wachschichten eingeteilt. Jeweils zwei Mann, die nach vier Stunden abgelöst werden. Es ist ein Uhr morgens, als die ersten Granaten einschlagen. Eine Panzerfaust trifft die Stellung, in der Harry Martinez und Uncle Mike seit drei Stunden in das dunkle Nichts vor ihnen starren. Leuchtspurmunition zischt wie ein roter Funkenregen durch den Nachthimmel. Josh und James reißt der Kampflärm aus dem Schlaf, beim Aufspringen verheddern sie sich in ihren Schlafsäcken, schnappen sich im Stolpern ihre Gewehre und stecken ein paar Handgranaten in die Uniformtaschen. Dann verschwinden sie in der Dunkelheit. Hinter einem Sandwall gehen sie in Deckung und schießen auf unsichtbare Gegner. Sie feuern, bis das Gewehr von James Martinez neben seinem Gesicht explodiert. Er kommt mit dem Schrecken und ein paar Schrammen an der Wange davon. Zwei Stunden dauert das Gefecht, dann zieht sich der IS zurück, und Familie Martinez fällt sich in die Arme. High five. Fuck yeah. Ooh Rah. Endlich. »Für diesen Scheiß sind wir hergekommen«, ruft Josh mit einem vom Testosteron verzerrten Gesicht und streckt seinen Mittelfinger in Richtung Kalifat. James Martinez zeigt sein zerstörtes Gewehr und die Kratzer auf seiner Wange. Die erste Kriegswunde. Er lächelt.

Am nächsten Morgen sitzt James Martinez im verwüsteten Innenhof einer Villa im Schatten eines zerschossenen Torbogens, der daran erinnert, wie schön die Stadt Sindschar einst gewesen sein muss. Um ihn herum liegen verteilt die Andenken vergangenen Lebens, die die Bewohner auf der Flucht vor dem IS zurückgelassen haben; ein Kinderfahrrad, Fotoalben, aufgeschlitzte Matratzen, ein platter Fußball, Küchenutensilien. »Ich denke schon, dass es richtig gewesen ist, hierherzukommen«, sagt er nachdenklich. »Wir wollen den Kurden zeigen, dass sie nicht allein sind, und helfen, ihr Land vom IS zu befreien.« Aber das ist nicht der einzige Grund. Ihm sei es so ergangen wie seinem Bruder und Vater, die sich nach ihren Kampfeinsätzen im zivilen Alltag verliefen und im Kopf immer Soldaten geblieben seien. Sie seien stolz darauf, ihr Leben für ihr Land riskiert zu haben. Diejenigen, die das anders sähen, seien »Pussys«. Lange haben Kriege das Leben der Martinez-Familie bestimmt, daraus haben sie eine Identität abgeleitet, Stolz. Es sei wie ein Phantomschmerz. »Wenn man im Gefecht ist, will man nichts anderes als nach Hause. Ist man zu Hause, vermisst man den Alltagstakt des Frontkämpfers, in dem man jeden Augenblick sein Leben verlieren kann.« Ihre Mission ist auch der Versuch, das Gefühl vergangener Größe wiederzufinden.

Stille liegt über Sindschar. Nur ein paar Vögel zwitschern, während James Martinez aus seinem Leben plaudert. Plötzlich fliegt eine Mörsergranate an seinem Kopf vorbei und schlägt zwei Meter neben ihm in eine Mauer ein. Er wirft sich zu Boden, hält seine Handflächen schützend vor sein Gesicht. Bewegungslos und mit offenem Mund starrt er auf die Stelle, an der die Granate einschlug, wartet auf die Explosion und seinen Tod. Sekunden vergehen. Ein Blindgänger. »Fuck!«, ruft er fassungslos über sein Glück, rappelt sich auf und sucht Schutz in einem Kellergewölbe, während draußen weitere Granaten einschlagen.

Als Harry Martinez davon hört, dass sein Sohn beinahe getötet wurde, rennt er auf ihn zu und umarmt ihn lange und fest. »Natürlich frage ich mich, ob es eine gute Idee war hierherzukommen. Wenn meine Söhne sterben, ist die Familie Martinez ausgelöscht. Sie sind die einzigen männlichen Nachkommen, die ich habe.« Aber so sei eben die Realität des Krieges. Menschen sterben.

Vater und Brüder könnten unterschiedlicher kaum sein. Ständig zanken und necken sie sich. Harry, der Ex-Soldat und Ex-Polizist, der in den vielen Jahren seiner Auslandseinsätze die Verbindung zu seinen Kindern verloren hat und nun versucht, verlorene Zeit aufzuholen. James, der introvertierte, stille Zweifler, der seine Frau vermisst. Josh, der intelligente, ständig fluchende Muskelprotz, für den es nichts Schöneres als das Soldatenleben gibt.

Nur in wenigen Dingen sind sie sich einig. Dazu gehört die Ansicht, dass der Einmarsch und die Besatzung des Iraks durch George W. Bush kein Fehler gewesen sei, der Truppenabzug durch Präsident Obama hingegen schon. Man habe eben nicht genug Iraker getötet und das Land als militärische Baustelle zurückgelassen. Man sei auch an die Stätten früherer Schlachten gereist, um die Geschichte ein bisschen geradezurücken, eben das, was der »Verräter« Obama verbockt habe.

In Sindschar hat die Martinez-Familie den Krieg gefunden, nach dem sie gesucht hat. Und doch gibt es neue Probleme. Abends kriechen die Amerikaner in ihre Schlafsäcke und streiten, wie es weitergehen soll. Schließlich stehe die PKK auf der Terrorliste der US-Regierung. US-Bürgern ist es verboten, sich ihnen anzuschließen. Harry Martinez will bleiben, weil er noch keinen IS-Kämpfer getötet hat. James will die Stadt verlassen, weil er bei seiner Heimkehr keine Probleme mit dem FBI bekommen möchte, ebenso die beiden Ex-Geheimdienstmitarbeiter. Josh und Uncle Mike ist es egal, sie schließen sich der Mehrheit an. Doc Hoey, der Sanitäter, liegt stöhnend am Boden, in seinem Arm steckt eine Infusionsnadel. Seit Tagen leidet er an Durchfall, weil er Wasser aus einem verseuchten Brunnen getrunken hat. Der Sanitäter braucht dringend einen Arzt. Die Gruppe stimmt ab, Sindschar zu verlassen. Harry Martinez protestiert, diskutiert, fleht die Kameraden an. Er will nicht schon wieder ziellos durch Kurdistan reisen. Hier stehe man doch am Tor zum Kalifat, man müsse nur noch hindurchschreiten. Hier könne man kämpfen. »Fuck you, Dad«, sagt Josh. »Du bist wirklich der Vater, den wir niemals wollten.« James kichert. Harry zeigt seinen Söhnen den Mittelfinger. Doc Hoey röchelt Unverständliches im Delirium. Ihre kurdischen Gastgeber schauen irritiert.

Widerwillig stimmt Harry Martinez dem Mehrheitsbeschluss zu. Noch vor Anbruch des nächsten Tages verabschieden sich die zweifelnden Söldner von den PKK-Kämpfern, mit denen sie die vergangene Woche als Waffenbrüder verbracht haben, bedanken sich für die Gastfreundschaft und geben die geliehenen Waffen zurück. Man habe ein schlechtes Gewissen, aber die PKK sei nun einmal eine Terrorgruppe, obwohl man die gleichen Feinde bekämpfe, versucht Josh Martinez zu erklären. So sei nun mal Politik, murmelt Harry Martinez als Entschuldigung, umarmt einen Kämpfer nach dem anderen und wischt sich eine Träne aus dem Auge. Ein Guerillakämpfer flüstert einem Kameraden zu, dass er froh sei, die schießwütigen Rüpel loszuwerden. Josh Martinez wirft den halbbewusstlosen Doc Hoey, der nicht mehr fähig ist, allein zu gehen, über seine Schulter. Dann laufen sie im warmen Licht der aufgehenden Sonne durch die Ruinen der Stadt Sindschar und machen sich auf die Suche nach einer neuen Mission.

In dem Örtchen Sherfedin, keine zehn Kilometer Luftlinie von Sindschar entfernt, finden sie eine neue Aufgabe. Von hier aus verteidigt Kasim Shesho, der jesidische General aus dem ostwestfälischen Bad Oeynhausen, die heiligen Stätten der religiösen Minderheit der Jesiden. Der IS befindet sich nur wenige Kilometer von Sherfedin entfernt und feuert regelmäßig Raketen auf die Tempel der Jesiden. Der General kommandiert zweitausend schlecht ausgebildete und noch schlechter ausgerüstete Milizionäre; ehemalige Bauern, Schafhirten, Lehrer, Studenten, die zu den Waffen griffen, als der IS die jesidischen Gebiete des Nordiraks im August 2014 überrannte. Doc Hoey kuriert seinen Durchfall in einem kurdischen Krankenhaus aus. Dafür hat die Gruppe unterwegs neue ausländische Rekruten aufgegabelt: Lennart, ein schweigsamer finnischer Offizier. Dante, ein in Waffen vernarrter US-Veteran und Verschwörungstheoretiker, der daran glaubt, dass Chemtrails die Menschheit vergiften. Brendon, ein junger Amerikaner mit Babygesicht, der zum ersten Mal die behütete Welt seiner Kleinstadt verlassen hat und mit großen Augen durch die irakische Wirklichkeit tapst. Josh Martinez gibt der Gruppe den Namen »Blue Falcons«. Der britische Tanzlehrer nennt die blauen Falken »Die Muppet-Show«.

Harry Martinez und die anderen Freiwilligen werden freundlich empfangen. Bei zwei Flaschen Whiskey und gerösteten Erdnüssen handeln sie einen Deal aus, der allen Seiten Vorteile verspricht. Die Ausländer bilden Sheshos Kämpfer in Taktik, Strategie, Waffenkunde und Notfallmedizin aus, im Gegenzug verspricht der General, sie an der Befreiung Sindschars teilhaben zu lassen.

Ooh Rah.

Zwei Monate lang trainieren Harry Martinez und seine Söhne Hunderte jesidischer Rekruten für die große Schlacht. Eines Morgens, nach einem Frühstück aus hart gekochten Eiern und trockenem Fladenbrot, bittet ein jesidischer Kommandeur seine Gäste darum, ihnen etwas zeigen zu dürfen. Sie steigen auf die Ladefläche eines Lastwagens und fahren in die Ortschaft Hardan, den letzten von den Jesiden gehaltenen Außenposten. Der Kommandeur führt die Söldner zu einer Plastikplane, auf der ein Dutzend verwelkter Rosen liegen. Darunter liegen die Überreste von vierzehn Zivilisten, die der IS getötet hat. Leichengeruch dringt aus der Grube. »Da drüben ist ein weiteres Massengrab«, sagt der Kommandeur und zeigt mit dem Finger auf einen Erdwall. Sein Arm wandert weiter, bis sein Finger auf einen flachen Hügel zeigt. »Dort ist noch eins. Je mehr Gebiete wir zurückerobern, desto mehr Gräber finden wir. Auch Mitglieder meiner Familie liegen hier verscharrt«, sagt der Mann und hebt den Splitter eines Schädelknochens hoch. Harry, James und Josh Martinez stehen vor den Massengräbern wie zusammengeschraubt. Harry sinkt auf die Knie, faltet die Hände und murmelt ein Gebet. »Diese Hurensöhne haben den Tod verdient«, sagt Josh Martinez leise.

Fast hat es den Anschein, als hätte die Martinez-Familie hier bei den Jesiden endlich ihre Bestimmung gefunden. »Leider gibt es kaum Feindberührung«, sagt Josh Martinez, während er einer Gruppe junger Männer beibringt, wie man eine Tür eintritt und das Haus stürmt. Bis auf einen Selbstmordattentäter, ein paar Raketen und amerikanische Luftanschläge sei es relativ ruhig. Zu ruhig für seinen Geschmack. »Das ist schon ein bisschen frustrierend.«

Doch in dieser Zeit verdichten sich die Gerüchte, dass ein Sturm von verbündeten kurdischen Gruppen auf Sindschar unmittelbar bevorstehe. Mitte Oktober bestellt General Shesho die Amerikaner in sein Hauptquartier und erklärt feierlich bei einem Festmahl, dass die Gäste nun Brüder des jesidischen Volkes seien und es sich verdient hätten, an der Befreiung Sindschars teilzuhaben. Am nächsten Morgen verlegt der Jesidenführer die Amerikaner in seine Stellungen unmittelbar an den Stadtrand Sindschars. Dort teilen sie sich ein kleines Gehöft mit fünfzig von Sheshos Männern. Die kurdische Autonomieregierung liefert Waffen an die Front: deutsche Sturmgewehre, deutsche Panzerfäuste und Granaten, Munition. Ambulanzwagen stehen bereit, um Verletzte zu bergen. US-Spezialtruppen liegen versteckt in den Bergen und geben Koordinaten von IS-Stellungen an die Piloten der Kampfflugzeuge durch. Doch drei Wochen lang wird die Offensive wegen Streitereien und Machtgerangels zwischen den verschiedenen kurdischen Kriegsparteien immer wieder verschoben. Die Peshmerga und die PKK können sich nicht darauf einigen, wer den meisten Ruhm einfahren darf, und drohen sich immer wieder gegenseitig an, die Offensive platzen zu lassen. »Morgen geht es los«, verspricht der General immer wieder am Telefon. Ganz sicher. Um am nächsten Tag einen Untergebenen mit einem Karton Süßigkeiten vorbeizuschicken und der Bitte, sich noch ein wenig zu gedulden.

Es sind Wochen, in denen die Martinez-Familie tatenlos herumsitzt und von den Hügeln aus beobachtet, wie amerikanische Kampfflugzeuge die Stadt in Schutt und Asche legen. Harry Martinez wird ungeduldig. »Wenn die so weitermachen, bleibt für uns nichts mehr übrig.« Aber die Aussicht mitzuhelfen, eine Stadt aus den Händen des IS zu befreien, beflügelt die Hoffnung.

Hoffnung indes ist ein mieser Verräter. An einem kalten Novembermorgen wandelt sich die Vorfreude auf den bevorstehenden Angriff in Frustration. Nach dem Frühstück steht ein Uniformierter vor dem Gehöft und teilt den Amerikanern mit, dass er ein Abgesandter des kurdischen Geheimdienstes Asayish sei. Sie befänden sich illegal auf dem Berg, sagt der Mann und erklärt, dass er den Auftrag habe, sie zu einem Verhör in die kurdische Hauptstadt Dohuk zu eskortieren, weil sie als unerwünschte ausländische Kämpfer gegen kurdische

Gesetze verstoßen hätten. Harry Martinez versucht General Shesho zu erreichen. Vergeblich. Der Befehl kommt von Kurdenpräsident Masud Barzani persönlich. Da sei nun mal nichts zu machen.

Und damit endet das Abenteuer der Martinez-Familie und ihre Mission, den Irak vom Terror zu befreien, im Hinterzimmer eines Hotels, in dem ihnen drei strenge Männer in Anzügen erklären, dass es besser sei, in die USA zurückzukehren. Zu ihrer eigenen Sicherheit. Im Irak wolle sie niemand haben.

Auch ich habe die Hoffnung aufgegeben, bei der Befreiung Sindschars dabei sein zu können. Ich habe keine Lust mehr zu warten. Die kurdischen Parteien streiten sich weiterhin, wer den meisten Ruhm einfahren darf. Ich bin schon auf dem Weg zum Flughafen Erbil, als ich eine SMS von Hassan, meinem Übersetzer, der mich auf den meisten Reisen im Irak begleitet, erhalte. Ich solle in dreißig Minuten an einer Ausfallstraße in der Stadt Dohuk sein. Dort werde mich ein kurdischer General erwarten, der mich mit nach Sindschar nehmen werde. Die Offensive werde morgen beginnen, ganz sicher. Ich sage dem Taxifahrer, dass er umdrehen solle, und verspreche ihm zwanzig Dollar Trinkgeld, wenn er mich rechtzeitig an dem vereinbarten Treffpunkt absetze. Fünfundvierzig Minuten später sitze ich im Heck eines Kleinbusses, eingequetscht mit fünfzehn Bewaffneten. Sie bringen mich durch die Checkpoints, denn die Gegend ist wegen der bevorstehenden Schlacht für ausländische Journalisten gesperrt. Spät in der Nacht liefern sie mich im Hauptquartier der PKK am Fuße des Sindschar-Gebirges ab. Ich bin der einzige ausländische Journalist in der Stadt.

Am folgenden Morgen hat die Warterei endlich ein Ende. Kampfflugzeuge der Koalition bombardieren seit Tagen ununterbrochen die Stellungen des IS. Von den Berghängen schießen kurdische Peshmerga Artilleriegeschosse in die

Stadt. Von Westen und Osten rücken kurdische Einheiten vor; zehntausend bewaffnete Männer mit Panzern, unterstützt von Luftschlägen, nehmen Sindschar in die Zange, erobern Highway 47, die Verbindungsstraße zwischen Rakka in Syrien und Mossul im Irak, den Hochburgen des Islamischen Staates, und kappen damit einen der wichtigsten Versorgungs- und Nachschubwege der Extremisten.

Auf einem Hügel in der Altstadt Sindschars steht Kassim Khalaf, ein 22-jähriger Jeside, zwischen zweihundert Kämpfern der PKK und wartet ungeduldig auf den Befehl zum Angriff. Am Morgen hat sein Kommandeur einen Funkspruch abgefangen, in dem ein Emir der Terroristen seinen Kämpfern befahl, alle Dokumente zu verbrennen und die Stadt aufzugeben. »Die Feiglinge hauen ab«, murmelt Kassim enttäuscht. Nachdem der IS oder Da'ish, wie er hier bekanntlich genannt wird, am 3. August 2014 die Region überrannte, Tausende Jesiden verschleppte, versklavte, ermordete, griff Kassim zur Waffe und schloss sich wie so viele Jesiden der Kurdischen Arbeiterpartei an.

Ein kalter Wind weht von Westen, und der junge Mann schließt den Reißverschluss seiner Lederjacke, während er ungeduldig von einem Fuß auf den anderen tänzelt. Um kurz vor 10 Uhr gibt der PKK-Kommandeur endlich den Befehl zum Angriff. Kassim und die anderen Kämpfer stürmen laut schreiend den Berg hinunter, dringen in die von Da'ish kontrollierten Viertel vor, rennen durch zerstörte Straßenzüge, bis sie am anderen Ende der Stadt ankommen – ohne einen einzigen Schuss abzugeben. Da'ish ist geflohen. Verdutzt schauen sich die Kämpfer an. Dann bricht Jubel aus. Ein toter IS-Kämpfer liegt auf einer Wiese.

Es ist Freitag, der 13. November, 10.30 Uhr. Sindschar ist befreit, und statt der schwarzen Flagge des Islamischen Staates wehen nun die Fähnchen der vielen kurdischen Milizen über den Ruinen.

Fünfzehn schreckliche Monate hat es gedauert, Da'ish aus Sindschar zu vertreiben. Und noch vor wenigen Wochen sah es nicht danach aus, dass die Extremisten kampflos aufgeben würden. Sindschar, die Jesiden-Stadt, ist befreit, liegt aber in Trümmern. Kassim Khalaf, der junge jesidische Kämpfer, ist ein bisschen traurig, dass er niemanden töten konnte. Er steht neben dem Leichnam eines IS-Kämpfers, der bei einem Luftangriff umkam, und feuert Freudenschüsse in die Luft. »Hol hola Tausî Melek'a!«, ruft er und bindet die Flagge der jesidischen Volksverteidigungseinheiten an einen Laternenmast. Ein gefangener und verängstigter IS-Kämpfer sitzt auf der Ladefläche eines Lastwagens neben dem Leichnam eines PKK-Kämpfers. In der Ferne brennen eroberte arabische Dörfer. Und in den Straßenzügen Sindschars plündern Kurden die Geschäfte und Häuser ihrer arabischen Nachbarn, von denen sich viele dem IS angeschlossen hatten. Ein paar Peshmerga-Kämpfer gießen Benzin auf den Leichnam eines IS-Kämpfers und zünden ihn an. Die PKK-Kämpfer, die das beobachten, schütteln angewidert mit dem Kopf und spucken in den Staub.

Im Chaos und Jubel nach der Befreiung verliere ich Kassim Khalaf, der die Aufgabe hatte, auf mich aufzupassen. Ich filme PKK-Kämpfer, die Freudentänze aufführen und siegestrunken in die Luft schießen. Einer der Kämpfer, den ich von früheren Besuchen kenne, umarmt mich. »Freiheit. Endlich«, flüstert er mir ins Ohr, springt auf die Ladefläche eines Lastwagens und streckt mir seine Hand entgegen. Ich klettere hinterher, und dann rast der Wagen durch eine von Ruinen gesäumte Straße bis zur Zementfabrik am Stadtrand Sindschars, auf deren Silos bis vor wenigen Stunden noch die Flagge des Islamischen Staates wehte. Es ist das höchste und strategisch wichtigste Gebäude Sindschars. Als ich ankomme, befestigen Kämpfer gerade ein riesiges Banner der Kurdischen Arbeiterpartei an einem der Silos; gelb und grün mit einem roten Stern.

Kurz darauf werde ich Zeuge eines innerkurdischen Streits. Kasim Shesho, der Jesiden-General, der im Sold des kurdischen Präsidenten Masud Barzani steht, fährt mit etwa zweihundert Kämpfern triumphierend auf den Vorplatz der Fabrik. Ich winke ein paar bekannten Gesichtern zu. Gratuliere dem General zur Befreiung seiner Stadt. Ich habe seit über vierundzwanzig Stunden weder etwas gegessen noch geschlafen. Erschöpft beobachte ich, wie Sheshos Kämpfer eine monströse Flagge Kurdistans – rot, weiß und grün mit einer strahlenden Sonne in der Mitte – von einem Lastwagen hieven. Sie ist bestimmt fünfzig Meter lang und zwanzig Meter hoch und könnte die gesamte Fabrik abdecken.

Sheshos Kämpfer befehlen den PKK-Leuten, ihre Flagge abzuhängen. »Das ist unsere Stadt, unser Sieg«, sagen sie. »Verschwindet von hier. Ihr habt hier nichts verloren.« Die allerdings erwidern lächelnd, dass die PKK die Fabrik erobert habe und deshalb auch bleiben werde. Basta. Die Jesiden könnten sich ja ein anderes Gebäude suchen. Es wird laut. General Shesho diskutiert mit dem PKK-Anführer, während sich ihre Kämpfer beschimpfen und anrempeln. Ein amerikanisches Kampflugzeug fliegt über die Fabrik hinweg. Der Pilot wackelt ein paar Mal mit den Tragflächen. Ein Gratulationsgruß an die verbündeten Bodentruppen in der Stadt. Die Streithähne am Boden nehmen es nicht zur Kenntnis. Sie sind zu sehr damit beschäftigt, ihr Revier abzustecken.

Ich beobachte kopfschüttelnd die Szene. Kaum ist der gemeinsame Feind besiegt, schon wird ein neuer gesucht, brechen alte ideologische und politische Feindschaften auf. Ich bin zu müde, um den Aufstand zu filmen. Aber mir wird bewusst, dass dieser Streit zwischen den Siegern ein Vorgeschmack auf die Spannungen ist, die der Region nach der Vertreibung des IS bevorstehen. Es ist nur eine Frage der Zeit, bis ein innerkurdischer Machtkampf um die politische Deutungshoheit in der Region ausbricht.

Nach zwei Stunden mit viel Geschrei holt die PKK ihre Flagge wieder ein, und bald darauf strahlt die Sonne Kurdistans von den Silos der Fabrik. Die Jesiden posieren mit Victory-Zeichen und Kalaschnikow für Fotos. Dann springen sie in ihre Pick-ups, rasen davon. Ich bin so müde, dass ich für ein paar Minuten einnicke.

Als ich wieder aufwache, bin ich alleine an der Zementfabrik. Die PKK ist beleidigt abgezogen. Es ist unheimlich still. Ich gehe zurück auf die Hauptstraße. Kein Mensch ist zu sehen. Links und rechts die Ruinen zerschossener und zerbombter Häuser. Ich laufe Richtung Stadtzentrum und denke daran, dass der IS die Stadt vermint hat. Überall könnten Sprengfallen lauern. Schlimmer noch, die Stadt ist noch längst nicht gesäubert und durchsucht worden. Vielleicht verstecken sich IS-Kämpfer noch in den Ruinen. Oder harren in den Tunnelsystemen unter der Stadt aus. Es ist niemand da, der mich beschützen könnte.

Scheiße, denke ich. Ich versuche, einen Kontakt bei der PKK zu erreichen, und bekomme keine Verbindung. Erfolglos. Ein gepanzerter Wagen kommt aus der Richtung, in die der IS geflohen ist. Selbstmordattentäter!, denke ich. In den Ruinen kann ich mich nicht verstecken, dort liegen Sprengfallen. Ich beginne zu rennen. Bis der Wagen neben mir anhält. Es sind Peshmerga-Kämpfer. »Was machst du denn hier alleine?«, ruft ein Soldat. »Hier ist es gefährlich!« Vielen Dank, das weiß ich auch. »Los, spring ins Auto. Ich bringe dich in die Stadt.«

Dort erfahre ich, dass zwei von General Sheshos Fahrzeugen auf dem Rückweg von der Zementfabrik auf eine Mine gefahren sind. Fünf Jesiden starben, ein Dutzend wurde schwer verletzt.

Einen Tag nach der Befreiung finden kurdische Einheiten drei Massengräber, darunter eines mit den Überresten von siebzig älteren Frauen.

Kapitel 21: Die Schatten des Morgenlandes

Ein Jahr lang habe ich den Kampf um Sindschar begleitet. Wie so oft fühle ich mich unglaublich privilegiert, einen Beruf ausüben zu dürfen, in dem ich erlebe, wie Geschichte geschrieben wird. Ich fahre zurück nach Erbil, um den erstmöglichen Flug nach Hause zu bekommen. Und ich muss unbedingt Gianna anrufen. Ich glaube nicht, dass meine Frau im Augenblick gut auf mich zu sprechen ist. Sie hatte schon vor Tagen mit meiner Rückkehr nach Manila gerechnet. So war der Plan, bis die Befreiung Sindschars diesen Plan durchkreuzte. Aufgrund der Zeitverschiebung konnte ich Gianna nicht am Telefon erreichen. Ich schrieb ihr nur eine SMS, dass die Stadt befreit würde und dass sie sich keine Sorgen machen solle. In ein paar Tagen sei ich zurück. Zudem bat ich den Geschäftsführer der Produktionsfirma, die mich engagiert hatte, bei Gianna anzurufen, um ihr zu erklären, was los sei. Eigentlich hatte ich vor, sie aus Sindschar anzurufen. Zu blöd, dass das Telefonnetz lahmgelegt wurde, damit der Islamische Staat abgeschnitten ist.

Wie erwartet, ist meine Frau nicht besonders gut gelaunt. Sie hat die Offensive bei CNN und BBC verfolgt. Breaking News. Gianna wusste nur, dass ihr Ehemann irgendwo in der Stadt war. Ich wurde in der *New York Times* zitiert, auch dies las sie. Nur ihr Mann, der meldete sich nicht bei ihr. »Du Arschloch«, schleudert sie mir am Telefon entgegen.

Im Hotel in Erbil habe ich zum ersten Mal seit Tagen wieder Internet. E-Mails lesen, Familie anrufen, Redaktionen anschreiben, Nachrichten lesen. Es ist der Tag, als der IS in Paris 130 Menschen ermordet. Fassungslos verfolge ich die Berichterstattung im Fernsehen. Die Freude über die Befreiung Sindschars ist verflogen. Der Krieg in Syrien hat nun auch Europa erreicht.

Überrascht bin ich davon nicht. Der IS hat lange angekündigt, den Terror auch in die westliche Welt zu tragen. Schon am 22. September 2014 stellte Abu Mohammed al-Adnani, Chefideologe und so etwas wie der Pressesprecher des IS, einen Aufruf online. Darin forderte er alle gläubigen Moslems auf, ungläubige Amerikaner und Europäer zu töten. Vor allem aus jenen Staaten, die sich an der Koalition gegen den IS beteiligen. »Insbesondere die boshaften und schmutzigen Franzosen oder einen Australier oder einen Kanadier, bring ihn um, egal, wie!«

Was folgte, war eine weltweite Attentatswelle von fanatischen Anhängern des IS, die meisten von ihnen psychisch gestört und instabil. Im australischen Melbourne stach ein 18-Jähriger zwei Polizeibeamte nieder. Im kanadischen Québec überfuhr ein Konvertit zwei Soldaten. In New York griff ein anderer Konvertit zwei Polizisten mit einer Axt an. Am Frankfurter Flughafen erschoss ein Terrorist zwei amerikanische Soldaten. Doch keiner dieser Attentäter hatte in Syrien gekämpft oder wurde vom IS ausgebildet. Es waren in der Heimat radikalisierte Einzeltäter.

Das änderte sich erst im Mai 2014, als der Franzose Mehdi Nemmouche vier Menschen im Jüdischen Museum von Brüssel erschoss. Nemmouche war ein Syrien-Heimkehrer. Die Europäer bekamen es mit der Angst zu tun. Und der IS ist ein Meister darin, mit der Angst der Menschen zu spielen, Misstrauen und Hass zu säen. Je mehr Flüchtlinge aus den Krisengebieten des Nahen Ostens nach Europa schwappten, desto verunsicherter wurden die Menschen in Europa. Was passiert, wenn sich Selbstmordattentäter, als Flüchtlinge getarnt, nach Europa schleusen lassen? Die Angst war nicht unbegründet. Am 7. Januar 2015 gelang dem IS der bislang schwerste Angriff auf die europäische Lebensweise, der

Demokratie, der Freiheit und das Recht auf freie Meinungs-äußerung. Die Brüder Cherif und Said Kouachi erschossen an diesem Vormittag elf Redakteure der Satirezeitschrift *Charlie Hebdo*. Doch auch die Brüder Kouachi waren Einzelgänger, die nicht in Syrien gekämpft hatten. Sie waren in Frankreich aufgewachsen, wurden dort sozialisiert und vermutlich auch radikalisiert.

Paris, Nizza, Istanbul, Würzburg, Ansbach. Europa befindet sich im Schockzustand. Hunderte Tote. Ermordet von islamistischen Terroristen. Manche in Syrien ausgebildet und in die Heimat zurückgekehrt, um Menschen zu töten. Andere in der Heimat radikalisiert. Es fällt schwer, nicht auf das Kalkül des IS hereinzufallen, die europäischen westlichen Werte hochzuhalten, keine Pauschalurteile zu fällen. Doch umso wichtiger ist es, diesem Impuls zu widerstehen, nicht in die Falle des IS zu tappen. Ich will mir nicht meine demokratischen, toleranten, säkularen Werte von Hass und Schuldzuweisungen zerstören lassen, gar selbst in Extremismus verfallen. Mit Schrecken beobachte ich aus der Ferne den Siegeszug nationalistischer rechter Parteien in Frankreich, Dänemark, Österreich, Ungarn, Polen, Schweden und Deutschland. Ihr Aufstieg scheint unaufhaltsam, denn es werden noch mehr Anschläge passieren, noch mehr Menschen sterben.

Zu Hause angekommen zeige ich meiner Frau die Bilder, die ich gedreht habe. Wir haben keine Geheimnisse voreinander. Und ich finde, Gianna hat das Recht zu erfahren, was ihr Mann erlebt, was vor Ort geschieht. Als sie die zerstörten Städte sieht, die Toten, die Flüchtlinge, die traumatisierten Kinder, beginnt sie zu weinen. Und als ich ihr das Video vorführe, in dem zu sehen ist, wie die Mörsergranate neben mir in eine Mauer einschlägt, klammert sie sich ganz fest an mich, sagt kein Wort, und ich frage mich, welches Recht ich habe, meiner Frau dies alles zuzumuten. Wäre die Granate explodiert, wäre ich tot. Das weiß auch Gianna. Dieser Filmschnipsel steht wie eine unsichtbare Mauer zwischen uns. Ich bin jetzt ein Vater. Es ist ein realistisches Szenario, dass ich eines Tages von einer Reise nicht zurückkehre und Leon ohne Vater aufwachsen muss, Gianna als alleinerziehende Mutter zurückbleibt. Ich will es nicht zulassen, aber in meinem Unterbewusstsein nimmt die Frage, ob ich diese Risiken weiterhin eingehen darf, immer größeren Raum ein.

Inzwischen haben mich auch die Internet-Trolle entdeckt. Ich werde im Netz als Lügner beschimpft. Auch eine Morddrohung ist dabei. Einer wirft mir vor, ich hätte das Filmmaterial über die Fassbomben in Aleppo gefälscht, mit Statisten, Schauspielern und Spezialeffekten in einem Filmstudio. Das Geld dazu hätten mir die von Zionisten gelenkten Medien gegeben. Nach einem Auftritt in einer deutschen Talkshow wirft mir ein Zuschauer vor, ich sei gar kein echter Journalist, weil ich in Lederschuhen und Hemd im Studio gesessen habe. So ein geleckter Kerl würde niemals nach Syrien oder in den Irak reisen, so die Argumentation. Türkische Nationalisten werfen mir vor, ich sei ein Terroristenversteher und Sympathisant der PKK. Weil ich es wage, deren Seite zu zeigen. Ein anderer wünscht mir Putins Geist an den Hals. Mit diesen Leuten zu diskutieren bringt nichts. Fakten gelten ihnen nur als lästige Hindernisse zur Bestätigung eines diffusen Bauchgefühls. Ich habe es versucht, wirklich. Doch inzwischen halte ich mich an das Zitat von Mark Twain: »Streite dich nie mit einem Idioten, er zieht dich auf sein Niveau herunter.« Ich will mir nicht den Luxus der Gleichgültigkeit leisten.

Wir leben in einer historischen Zeit. Ich will die richtigen Antworten geben, wenn mein Sohn mich eines Tages fragt, auf welcher Seite ich gestanden habe, was ich getan habe. Zehntausende Menschen fliehen vor Bürgerkrieg, Unterdrückung, Hunger, Zwangsrekrutierung über das Mittelmeer nach Europa. Aus der Ferne beobachte ich, wie sich meine Heimat langsam verändert, und das macht mir Angst. Zehntausende freiwilliger Helfer kümmern sich um den ständig anschwellenden Strom von Menschen, die Zuflucht suchen. Ihnen gebührt mein Dank und Respekt. Auch sie zeigen, wie sehr sich Deutschland gewandelt hat. Man sollte ihnen den Friedensnobelpreis verleihen. Denn es ist auch ein Schlag ins Gesicht der Führer des Islamischen Staates. Statt in das Kalifat zu ziehen, fliehen die meisten lieber in eine ungewisse Zukunft in einem fremden Land. Aber als Opfer passen Muslime nicht ins Bild, nur als Täter. Der Feind ist nicht der Flüchtling, sondern derjenige, der ihn zum Flüchtling macht.

Je mehr Menschen in Deutschland ankommen, desto mehr ändert sich die Stimmung. Die Islamophobie, der Ausländerhass, das Fremdenfeindliche, das Duckmäusertum und Ängstliche, das die Deutschen plötzlich erfasst hat, ich verstehe es nicht. Die Angst vor dem Fremden, die Hetze gegen Flüchtlinge, die Anschläge auf Flüchtlingsunterkünfte. Plötzlich gilt es als Meinungsfreiheit, von »Kanaken«, »Kameltreibern«, »Negern« und »Ziegenfickern« sprechen zu dürfen, die deutsche Mädels vergewaltigen wollen. In deutschen Städten erwachen empörte Wutbürger und Zukurzgekommene aus ihrer Mittelmäßigkeit und marschieren, rechte Parolen brüllend, um nichts weniger als das christliche Abendland mit unchristlichen Ansichten zu retten. Eine Deutschland-Deutschland-über-alles-Mentalität, die mich sprachlos macht und entsetzt. Wird man doch mal sagen dürfen, heißt es. Und immer klingt es so, als zögen sie in einen heiligen Krieg. »Die da oben.« »Lügenpresse.« »Der Amerikaner.« »Die Zionisten.« Immer sind die anderen schuld am eigenen Unvermögen. Klar, darf man alles sagen, auch diese Leute haben ein Recht auf freie Meinungsäußerung. Obwohl ich die Meinung dieser Leute verabscheue, würde ich trotzdem ihr Recht auf freie Meinungsäußerung verteidigen. Ich darf sie auch »Arschlöcher« nennen. Was ist Freiheit wert, wenn es nur um die eigene geht? Das sind nicht die Werte, für die das Deutschland, das ich kenne, das ich will, steht.

Umso wichtiger ist es, weiterhin zu berichten.

Kapitel 22: Neue Hoffnung

Anfang 2016 ist der Islamische Staat noch immer traurige Realität. Doch überall im Irak und in Syrien wird er aus der Luft bombardiert. Und in Syrien etabliert sich eine Kriegspartei, die lange versucht hat, sich aus dem Bürgerkrieg herauszuhalten: die Kurden. Sie drängen den IS immer weiter zurück und sind inzwischen zum verlässlichsten Partner des Westens geworden. Im Februar 2016 erhalte ich die Möglichkeit, in das von den Kurden kontrollierte Gebiet in Syrien zu reisen.

Es ist eine Reise entlang der Schlachtfelder des vergangenen Jahres: Amude, Ras al-Ain, Tel Abyad, ein Ort, der bis vergangenen Juli noch vom IS beherrscht war. Vorbei an Mahnmalen der Schreckensherrschaft: Eisenkäfige, in die die Scharia-Polizei renitente Raucher einsperrte. Dorfplätze, auf denen die Köpfe von Menschen an Eisenstangen aufgespießt waren. Bis nach Kobane, jener Stadt, die zum Symbol im Kampf gegen den IS geworden ist. Von dort geht es weiter in die befreiten arabischen Gebiete der Provinz Aleppo jenseits des kurdischen Kernlands; stundenlange Fahrten über einsame Landstraßen und durch menschenleeres Niemandsland. Verlassene Dörfer, von Luftschlägen zerstörte Häuser. Die Bewohner sind schon vor Monaten geflohen; in die Flüchtlingslager der Türkei, in den Irak oder über das Mittelmeer nach Europa. Insgesamt vierzehn Stunden dauert die Odyssee vom nordirakischen Erbil bis zu Abu Abdullah ins syrische Barhot.

Kurz vor zehn Uhr an diesem Vormittag im Februar 2016 nähert sich ein Mann mit Sturmmaske und Kalaschnikow dem Versteck von Abu Abdullah. »Sieben Islamisten haben sich bis auf vierhundert Meter herangeschlichen«, meldet der vermummte Kämpfer. Abu Abdullah blickt auf die Uhr seines Handys, strafft seinen Oberkörper und überlegt. Um diese Zeit feuern die Anhänger des »Islamischen Staates« normalerweise Katjuscha-Raketen auf diese Stellung hier im Örtchen Barhot am äußersten Rand der Provinz Aleppo, etwa fünfundfünfzig Kilometer entfernt von Rakka.

Abu Abdullah kommandiert eine Einheit zerzauster Kämpfer, die sich die Befreier Rakkas nennen. Neun Männer und ein fünfzehnjähriger Junge haben sich in dem Örtchen Barhot eingegraben, in einer staubtrockenen Ödnis zwischen verlassenen und halb verfallenen Lehmbauten. Die Befreier Rakkas gehören zu den »Syrischen Demokratischen Kräften« (SDF), einem im Oktober vergangenen Jahres gegründeten Militärbündnis aus Kurden, sunnitischen Arabern, assyrischen Christen und Turkmenen. Etwa vierzigtausend Männer und Frauen, davon dreißigtausend Kurden, sortieren das syrische Schlachtfeld neu und gelten als verlässlichste Partner und Bodentruppen des Westens im Kampf gegen den IS. Die viertausend Araber, die sich ihnen angeschlossen haben sollen, sind bislang nicht mehr als ein Feigenblatt, aber mit jedem Dorf, das die SDF im arabischen Herzland Syriens zurückerobert, schließen sich der Truppe immer mehr Gruppen der Freien Syrischen Armee an, wie die Armee der Revolutionäre, ein Zusammenschluss aus mehreren FSA-Einheiten.

Wer hier lebt, lebt gefährlich. Erst in der Nacht hatte eine Gruppe Islamisten versucht, Abu Abdullahs Posten zu erobern. Seine Leute konnten die Angreifer zurückschlagen, jetzt ist die Munition knapp. Über Funk erreicht Abu Abdullah eine Nachricht: In Ain Issa, keine zwanzig Kilometer von hier, hat sich ein Selbstmordattentäter in die Luft gesprengt. Abu Abdullah befiehlt, auf jedes Auto zu schießen, das sich unangemeldet den Straßensperren und Stellungen nähert.

Dann verlässt der Kommandant seinen Unterstand, kneift die Augen zum Schutz gegen die gleißende Wintersonne zusammen, steigt eine Treppe hinauf zu einem Wachturm, in dem ein einsamer Rebell durch einen Feldstecher in das Nichts der Wüste vor ihm starrt. Hier ist die letzte Bastion vor dem schrumpfenden Reich des schwarzen Kalifen, Abu Bakr al-Bagdadi. Ein kilometerlanger flacher, schmaler Graben, eher Symbol als Hindernis, ein paar Meter vor dem Wachturm, bildet die Demarkationslinie zum Kalifat. Am Himmel zirkelt ein US-Kampfflugzeug weiße Kondensstreifen in den Himmel. Eine Predator-Drohne summt über den Stellungen des IS. Kalter Wind bläst von Osten, während Abu Abdullah minutenlang stumm in die Richtung blickt, in der seine Heimatstadt Rakka liegt.

Abu Abdullah ist ein schmaler, schöner Mann mit akkurat gestutztem Backenbart, 25 Jahre alt, der mit leiser Stimme spricht. Um seinen Kopf hat er eine gelb-braune Kufiya gebunden, das Kopftuch arabischer Männer. Darunter fallen dichte schwarze Locken auf seine Schulter.

Der junge Kommandeur sitzt auf der fleckigen Matratze eines Kabuffs, in dem er Besucher empfängt. Ein Ofen bullert gegen die Februarkälte an, neben ihm liegen ein Funkgerät und eine Kalaschnikow. Er blickt auf seine Hände, die er unaufhörlich aneinanderreibt, als wollte er einen unsichtbaren Schmutzfleck entfernen. Dann erzählt er seine Geschichte.

Sie beginnt im März 2013. Als der Henker des Islamischen Staates dem ersten der elf zum Tode verurteilten Männer auf dem Naim-Platz von Rakka in den Kopf schoss, wusste Abu Abdullah, dass dies nicht sein Syrien war. Dafür war er nicht in den Krieg gezogen. Wie die meisten Anwohner seines Viertels stand er in der Menge und schaute dem grausigen Spektakel zu, fassungslos. Eine Diktatur, ahnte er, hatte die andere abgelöst. Der maskierte Scharfrichter ging zum nächsten Mann, der vor ihm kniete, und schoss. Anschließend zogen die Männer in Schwarz die Leichen aus der Blutlache und kreuzigten sie an Eisengestellen. Die Männer seien alawitische Verräter gewesen, erklärten die IS-Mörder. Damals habe er sich geschworen, den Islamischen Staat zu bekämpfen, sagt Abdullah.

Monate vor diesem furchtbaren Schauspiel, im Herbst 2012, hatte Abu Abdullah seinen kleinen Schneiderladen in einer Seitengasse Rakkas zugesperrt und sich der Revolution gegen das Regime von Präsident Bashar al-Assad angeschlossen.

Zusammen mit seinen vier Brüdern kämpfte Abu Abdullah von nun an für mehr Gerechtigkeit in Syrien. Zunächst waren die fünf jungen Männer Teil der Revolutionsbrigade zur Befreiung Rakkas. Im März 2013 vertrieben sie dann mit einer Allianz aus Jabhat al-Nusra, dem Al-Qaida-Ableger in Syrien, und anderen islamistischen Gruppen und Einheiten der Freien Syrischen Armee die letzten Regierungssoldaten aus der Stadt. Rakka war frei, als erste Stadt im syrischen Bürgerkrieg. Doch die Freude über die Befreiung hielt nicht lange. Kurz darauf machte ISIS Rakka zur Hauptstadt des Kalifats. Abu Abdullah und seine Brüder flohen desillusioniert und geschlagen in ein Flüchtlingslager der Türkei.

Im Oktober 2015 kehrt er zurück in seine Heimat und schließt sich den Syrischen Demokratischen Kräften an. Um für ein Syrien zu kämpfen, »in dem jeder seinen Glauben leben kann«, sagt der tiefreligiöse Sunnit, tauscht Kalaschnikow gegen Koran und verschwindet in einem Nebenraum, um zu beten. In einer Zeit, in der der Krieg in Syrien immer brutaler und verworrener wird, gilt die multiethnische und multireligiöse Truppe als neue Hoffnung im Kampf gegen den IS. Mit jedem Sieg der vom Westen unterstützten Allianz bröckelt der Mythos der Unbesiegbarkeit des IS. Unter Führung der kurdischen Volksverteidigungseinheiten YPG und mit Luftunterstützung der von den USA geführten Koalition gelang es dieser Allianz in den vergangenen Monaten, den Islamischen Staat bis in das syrische Kernland zurückzudrängen. Rojava, Westkurdistan, im Norden Syriens ist inzwischen befreit. Ende Februar vertrieben SDF-Verbände die letzten Islamisten aus der Stadt Shadadi in der Provinz Hassakeh im Nordosten Syriens. In der Provinz Aleppo rücken sie von Westen her auf die Stadt Manbidsch zu. In Ain Issa, in der Provinz Rakka, warten kurdische und arabische Kampfverbände ungeduldig auf das Signal für den oft angekündigten Sturm auf Rakka.

Die Erzählung von Abu Abdullah versetzt mich zurück in das Jahr 2012. Aus dem jungen Mann spricht der Geist aus den Anfangstagen der syrischen Revolution. Die Hoffnung auf ein besseres Leben. Wie hat er sich diese Hoffnung in all diesen schrecklichen Jahren bewahrt, ohne sich wie Tausende andere zu radikalisieren? Ich bin fasziniert. Vielleicht besteht ja doch noch Hoffnung für Syrien. Durch Männer wie Abu Abdullah. Religiös, aber nicht fanatisch. Die Zukunft Syriens, wenn er diesen Krieg überlebt.

Die Gewinner dieses Krieges sind aber derzeit vor allem die syrischen Kurden. Seit es ihnen gelang, die Stadt Kobane unter großen Verlusten gegen eine Übermacht islamistischer Kämpfer zu halten, eilen sie von Sieg zu Sieg. Kontrollierten die syrischen Kurden im Juli 2014 nur einen schmalen Streifen entlang der türkischen Grenze, beherrschen sie mit ihren Verbündeten Anfang 2016 ein Gebiet von der dreifachen Fläche des Libanon. Die Gründung der Syrischen Demokratischen Kräfte ist aber auch ein taktischer Schachzug und geschicktes Branding. Denn lange galt die kurdische YPG zwar als schlagkräftige und verlässliche Truppe im Kampf gegen den IS. Aber durch ihre ideologische Nähe zum Kurdenführer Abdullah Öcalan, dem in der Türkei inhaftierten Chef der

Schwesterpartei PKK, kam die YPG nie wirklich aus der terroristischen Schmuddelecke heraus. Deshalb firmieren jetzt so gut wie alle kurdischen Einheiten unter der Flagge der Syrischen Demokratischen Kräfte. Dass die syrischen Kurden durch diesen Krieg auf das politische Parkett gespült werden, verärgert vor allem den NATO-Partner Türkei, der die Kurden im Vergleich zum IS als größere Gefahr für die innere Sicherheit betrachtet.

Besonders jetzt, da sie kurz vor ihrem bedeutendsten Sieg stehen: einen Korridor zu schaffen, um die kurdische Enklave Afrin mit den Kantonen Kobane und Jazira zu verbinden. Damit würden die Kurden zum ersten Mal in ihrer Geschichte ein zusammenhängendes Gebiet kontrollieren, das sich vom nordwestlichsten Zipfel Syriens bis hin zur irakischen Grenze im Osten über den ganzen Norden Syriens entlang der türkischen Grenze erstreckt. Um dieses Ziel zu erreichen, rücken seit Anfang Februar 2016 SDF- und YPG-Truppen von Afrin aus auf die nur fünf Kilometer von der türkischen Grenze entfernte Stadt Azaz vor. Sie nahmen den Luftwaffenstützpunkt Mennigh ein, die Dörfer Kefir Naya und Kefir Neris. Die Kleinstädte Tel Riffat und Marea stehen im Februar 2016 kurz vor dem Fall. Das Militärbündnis SDF behauptet zwar, dass man ausschließlich gegen ISIS, al-Qaida und andere islamistische Gruppen vorgehe. Dabei stehen aber die von den USA und der Türkei unterstützten Rebellengruppen, die lange Zeit im Norden Syriens als das einzige Bollwerk gegen den IS und das Regime große Verluste erlitten, den kurdischen Zielen im Weg. Somit bekämpfen sich jetzt von den USA gehätschelte Oppositionsgruppen gegenseitig. Als würde das Pentagon gegen die CIA Krieg führen. Das nützt vor allem dem Diktator in Damaskus und ärgert die Türken, worüber sich wiederum die Russen freuen.

World War Weird.

Für Abu Abdullah und seine Kämpfer spielt das politische

Dilemma in ihrem Rücken keine große Rolle. »Wir haben uns der SDF angeschlossen, weil wir nur vereint Syrien von Da'ish befreien können«, sagt er und zündet sich an der Glut einer Kippe eine neue an, zieht den Rauch tief in die Lunge. Und während dünne Rauchfäden aus seinem Mundwinkel strömen, fügt er lächelnd hinzu: »Erst Da'ish, später das Assad-Regime.« Vorerst zählt nur das, was vor ihm liegt: Rakka. Vier seiner Cousins holte sich der Krieg, sein ältester Bruder Mohammed liegt durchsiebt von Kugeln in einem türkischen Krankenhaus. In den Kampfpausen denkt er an seine Familie, die noch immer in Rakka lebt. An seine Mutter, die er das letzte Mal vor sieben Monaten gesprochen hat. An seine Frau, deren Eltern den IS unterstützen und der Tochter verboten hatten, ihrem Mann zu folgen. An seinen Ältesten, Abdullah, vier Jahre alt. Und an Abdelkarim, den Zweijährigen, der geboren wurde, nachdem der Vater aus Rakka fliehen musste. »Ich habe meinen Sohn noch nie gesehen. Ich bete jeden Tag für meine Familie, dass sie überlebt. Ich denke ständig an sie«, sagt er und schließt die Augen.

Die Kälte der Nacht weicht der Hitze des Tages, und während Abu Abdullah erzählt, weht dreihundert Meter hinter seiner Stellung über einem Gehöft die gelb-grüne Flagge der kurdischen YPG. Gleich daneben verschanzt sich eine Einheit kurdischer Kämpferinnen.

Ist dieses neue Militärbündnis nun die strategische Waffe der kurdischen Bewegung, um im Nebel des Krieges ihren Einfluss auszuweiten und dabei geschickt russische, türkische und amerikanische Interessen gegeneinander auszuspielen? Eine Beraterin der syrischen Regierung behauptete kürzlich, dass sich die SDF mit den Truppen des Regimes verbündet hätten. Was die Militärführung der SDF umgehend dementierte. Oder kann diese Koalition unter kurdischer Führung gar als Blaupause für ein friedliches Syrien nach der Herrschaft des IS gelten? Wie auch immer, die Führer der syrischen Kurden spielen geschickt mit den russischen und amerikanischen Interessen und kommen dabei ihrem Ziel immer näher: einem unabhängigen kurdischen Staat.

Um mehr zu erfahren, muss ich zurück in die Stadt Kobane fahren. Dort sitzt am Rande eines Hofes, auf dem sich zerschossene Panzerwagen aus der Schlacht um Kobane stapeln, Ismet Sheikh Hassan in seinem Amtszimmer und ärgert sich, dass er ungesüßten Tee trinken muss. Seit Tagen gibt es aufgrund der türkischen und irakischen Blockade gegen die syrischen Kurden keinen Zucker mehr.

»Wir bekommen keinen Beton für den Wiederaufbau, kein Milchpulver für Kleinkinder und keine Medikamente für unsere Kranken.« Der 51-jährige Verteidigungsminister des Kantons Kobane ist ein untersetzter, eleganter Mann mit grauen Haaren, er trägt Schnurrbart, Anzug und einen Mantel gegen die Kälte. Über ihm hängen die Porträts getöteter kurdischer Kämpfer und Kämpferinnen. Von einer Wand blickt überlebensgroß Kurdenführer Öcalan herab. Es ist der Tag, nach dem sich ein Selbstmordattentäter in Ankara in die Luft sprengte und achtundzwanzig Menschen tötete. Die türkische Regierung präsentierte keine zwölf Stunden nach dem Anschlag einen Schuldigen – einen syrischen Kurden der YPG – und irrte sich. Kurz darauf bekannten sich die Freiheitsfalken Kurdistans (TAK), eine radikale Abspaltung der PKK, zu dem Anschlag.

»Eine Zusammenarbeit mit dem syrischen Regime wird es nicht geben«, sagt der Minister kategorisch, drückt einen Anruf weg und nippt an seinem Tee. Wie sollte man mit jemandem kooperieren, der für so viel Tod und Leid verantwortlich sei? »Unser Ziel ist es, das System in Syrien zu ändern und Unrecht abzuschaffen. Nicht nur in Kurdistan.« Denn der eine Teil Syriens könne ohne die anderen Teile nicht existieren. »Wir haben keine Probleme mit Russland.

Aber sie unterstützen das Regime. Deshalb werden wir auch keine russische Hilfe annehmen.«

Während Ismet Sheikh Hassan von der Zukunft redet, driftet er ab in die Vergangenheit, die noch immer wie eine Schmutzschicht über der Gegenwart liegt. Weil er sich vor der Revolution als kurdischer Aktivist politisch engagierte, wurde er neunmal vom syrischen Geheimdienst verhaftet, verbrachte jedes Mal Wochen und Monate in verschiedenen Gefängnissen, wurde gefoltert, seine Familie schikaniert. Das oberste Ziel sei es, erst mal den IS zu besiegen.»Danach werden wir ganz Syrien von Extremisten befreien. Von allen, die der Demokratie im Wege stehen.« Bislang habe man zwar noch keine Waffen erhalten, zumindest nicht in Kobane. Aber Anfang Februar schickte Barack Obama seinen Sonderberater Brett McGurk in die Stadt. Wohl auch, um dem Buhlen der Russen zuvorzukommen.»Man hat uns Hilfe versprochen, politisch und militärisch.«

Militärisch zumindest klappt es im Augenblick auch ohne Waffenlieferungen. Zwei Autostunden von Kobane entfernt, am Ufer des Euphrat, liegt das Städtchen Tishrin, das zweieinhalb Jahre besetzt war, zuerst von der Al-Nusra-Front und später vom IS. Anfang Januar setzten SDF-Kräfte, unterstützt von den Kampfflugzeugen der Koalition, zum ersten Mal auf die westliche Seite des Euphrats über und eroberten den Tishrin-Damm, das Filetstück in der Provinz Aleppo. Fünfundzwanzig Ingenieure arbeiten jetzt daran, den Damm wieder in Gang zu bringen, um die Menschen endlich wieder mit Strom zu versorgen. Als Nächstes soll die Stadt Manbidsch folgen, danach Dscharablus. So könnte ein weiterer Korridor von Süden her geschaffen werden, der die kurdischen Kantone mit den syrischen Provinzen Aleppo und Rakka verbindet. Dem IS wären damit die Nachschubwege zwischen ihren Hochburgen innerhalb Syriens abgeschnitten. Doch bislang leisten die Islamisten erbitterten Widerstand in den

Ruinen der Stadt. Wenige Stunden zuvor durchbrach ein Selbstmordattentäter in einem Auto die Straßensperren und sprengte sich auf dem Damm in die Luft.

Richtung Front geht es im Zickzackkurs, vorbei an verminten Ruinen, in denen noch immer das schwarze Banner mit dem islamischen Glaubensbekenntnis auf Hauswände gepinselt ist. Als der Wagen in Reichweite der Scharfschützen des IS gelangt, gibt der kurdische Fahrer Gas und duckt sich hinter das Lenkrad. Vor einer kleinen Festung aus Sandsäcken und Erdwällen parkt er. Auf dem Dach des Hauses kauern sieben kurdische Kämpfer und beobachten ihre Feinde, die keine dreihundert Meter vor ihnen in einem Schützengraben liegen.

Als die Kugel eines Scharfschützen an seinem Kopf vorbeisaust, weiß Sherwan, dass es heute noch Ärger geben wird. Am Morgen hatten ISIS-Kämpfer Raketen und Mörser auf seine Stellung abgefeuert. Er kriecht hinter einen Schutzwall und blickt mit einem Fernglas durch eine Öffnung zwischen zwei Sandsäcken.

Sherwan, 25 Jahre alt, ein schmächtiger Türke, ist Kommandeur einer kurdischen Einheit, sieben Männer, zwei Frauen. Viele von ihnen sind ehemalige PKK-Kämpfer, die sich ihren kurdischen Brüdern und Schwestern in Syrien angeschlossen haben, um sie im Kampf gegen den IS zu unterstützen. Darunter ist aber auch ein Kellner aus Antalya, der seit sieben Monaten an der Front kämpft. Für viele PKK-Kämpfer, gedrillt in Guerillataktik und erprobt im Bergkrieg, ist dieser asymmetrische Krieg der SDF um Dörfer und Dämme Neuland, erzählt Sherwan. Statt der Insignien der YPG haben sie nun das Emblem der Syrischen Demokratischen Kräfte an ihre Uniformärmel genäht: ein gelbes Abzeichen mit dem Umriss Syriens und dem Schriftzug der SDF in Kurdisch, Arabisch und Aramäisch. Der IS habe zwar viele

Niederlagen in letzter Zeit einstecken müssen, aber sie seien noch immer stark, besser ausgerüstet und starteten regelmäßig perfekt geplante Gegenangriffe. Als sich ein IS-Kämpfer aus seiner Deckung wagt, fangen die Männer auf dem Dach an zu schießen. Anschließend blickt Sherwan wieder durch seinen Feldstecher. Niemand mehr zu sehen.

Auch in Tishrin kämpfen Kurden und Araber Seite an Seite gegen einen gemeinsamen Gegner, das »Sonne des Nordens«-Bataillon; PKK, YPG, ein amerikanischer Freiwilliger, kurdische Frauen-Brigaden. Und auf dem Gipfel eines Hügels sitzt, eingemummelt in eine Winterjacke, ein blonder 25-jähriger Deutscher aus Aachen, der zwischen den kurdischen Kämpfern ein bisschen wirkt wie Strandgut, das an ein fremdes Land gespült wurde. In seiner Tasche steckt ein Kauderwelsch-Wörterbuch: Deutsch – Kurmandschi. Er nennt sich Karkar Almania, der deutsche Arbeiter, denn ein Name soll ja auch die Identität der Heimat widerspiegeln. Und wer würde Deutschland nicht mit fleißigen Malochern in Verbindung bringen? Seinen wahren Namen möchte er lieber nicht nennen.

Er blickt hinunter ins Tal, zu den Dörfern, die der IS noch immer kontrolliert, und ärgert sich, dass der Krieg ziemlich langweilig sei. Kein Nahkampf, kein Häuserkrieg. Das sei schon ein bisschen enttäuschend. Und die Ausstattung lasse auch zu wünschen übrig. »Unser Fuhrpark ist ein Schrottplatz, wir haben zu viele schlechte und zu wenige schwere Waffen.« Den Kampf um Tishrin hat er nur aus der zweiten Reihe erlebt. Sie marschierten viel und hielten Wache, schossen manchmal in die Dunkelheit, doch niemand schoss zurück.

Die IS-Terroristen haben gelernt, dass sie gegen die vernichtende Feuerkraft amerikanischer Kampfjets chancenlos sind. »Die Luftwaffe erledigt das meiste für uns. Ohne die hätten wir keine Chance«, sagt Karkar Almania und fährt sich durch sein zerzaustes Haar. Seit sieben Monaten kämpft er gemeinsam mit den Kurden. Erst Abitur, dann freiwilliger Wehrdienst in Deutschland, vergangenes Jahr las er bei *Spiegel Online*, dass die kurdische YPG ausländische Kämpfer rekrutiert. Im Norden Syriens tummeln sich Amerikaner, Niederländer, Briten, Neuseeländer, Australier, Schweden, Kanadier, Polen, Dänen, Spanier und auch ein paar Deutsche. Auf einer Facebook-Rekrutierungsseite hinterließ er eine Nachricht, dass er zur Verfügung stehe. Kurz darauf schmuggelten ihn die »Löwen von Rojava« über den Irak nach Syrien, seitdem zieht er von Front zu Front, ohne wirklich zu kämpfen. Er will so lange bleiben, bis die Kurden ihre Kantone verbunden haben, und dann in Deutschland Urlaub machen.

Der Urlaub bleibt vorerst ein schöner Traum. Am nächsten Nachmittag versucht die SDF zwei strategisch wichtige Hügel im Norden und Süden von Tishrin zu erobern. Stundenlang fliegen amerikanische Kampfflugzeuge Angriff um Angriff, beschießen im Sturzflug Stellungen am Boden, bevor der Pilot das Flugzeug wieder hochreißt. Schwarze Rauchpilze steigen über Tishrin in den Abendhimmel, während SDF-Einheiten die Hügel stürmen. Bis in die Nacht hinein dauert das Gefecht. Am nächsten Morgen meldet ein Kommandeur achtzehn tote Islamisten, viele erbeutete Waffen, eine zerstörte Bombenfabrik und zwei eroberte Hügel. Dann liegen sich Kurden und Araber in den Armen und freuen sich über die erneute Niederlage des IS.

Ich verlasse Tishrin und frage mich, wie es in Syrien weitergehen soll. Es ist nur eine Frage der Zeit, bis der IS besiegt ist. Doch was kommt danach? Der eigentliche Grund für den Krieg ist das Regime in Damaskus. Solange Assad an der Macht bleibt, ist ein Frieden ausgeschlossen. Selbst bei einem Rücktritt ist es nicht sicher, ob sich die Kriegsparteien danach einigen können. Fünf Jahre Krieg, wahrscheinlich mehr als 400 000 Tote, die Städte zerstört, eine ganze Generation kennt nichts anderes als Krieg. Es wird Jahrzehnte dauern, bis das Land wieder aufgebaut ist. Das Trauma, das sich in die Seelen der Menschen gefressen hat, wird wohl nie ganz verschwinden.

Kapitel 23: Der Revolutionär

Zwei Stunden von Tishrin entfernt treffe ich den eigentlichen Grund meiner Reise: einen Linksautonomen aus Saarbrücken, der in Syrien auf die Weltrevolution hofft. Cihan Kendal ist 26 Jahre alt, heißt eigentlich Marc und hat sich den kurdischen Milizen angeschlossen. Es ist März 2016, und die YPG hat mir erlaubt, Kendal fünf Tage lang zu begleiten. Kendal ist ein schmaler, freundlicher Mann, der Besucher erst einmal nach ihrer politischen Einstellung befragt und wissen möchte, wie sie ihr Leben führen, bevor er mit ihnen spricht. Seinen Nachnamen möchte er nicht nennen, um seine Familie nicht zu gefährden. Seit Anfang 2016 kommandiert er in Ain Issa eine kleine Einheit kurdischer Kämpfer. Es ist der letzte Außenposten des Krieges gegen den Islamischen Staat. Cihan Kendal ist sein Kampfname und bedeutet so viel wie »Welt am Abgrund«. Passt für diese Gegend, wie er findet.

Wattiert in eine Winterjacke, lehnt Cihan Kendal an einer Mauer, die Morgensonne spiegelt sich in seiner Brille. Er trägt ein locker gebundenes grünes Kopftuch und redet davon, wie glücklich er sei. Niemand habe ein schöneres Leben als er. »Was will ich denn mehr? Ich mache das, was ich tun will, und bin dabei völlig frei.« Gedankenverloren streichelt er sein Gewehr. Ihm sei bewusst, dass er hier sterben könne. »Ich habe enge Freunde in diesem Krieg verloren. Nicht nur einen oder zwei«, sagt er mit leiser Stimme, blinzelt gegen die Sonne und wendet seinen Blick ab. Zuletzt starb sein Kommandeur, Freund und Mentor, der am 30. Dezember 2015 mit siebzehn Kameraden in einen Hinterhalt des IS geriet. Alle wurden getötet. Das Bild des toten Freundes hängt im Versammlungsraum seiner Einheit, neben dem Porträt Abdullah Öcalans und einer Flagge Kurdistans. Auf seinen linken Unterarm hat Kendal die Worte »no justice«, auf den rechten »no peace« tätowiert. »Ohne Gerechtigkeit gibt es keinen Frieden. Aber ohne Frieden gibt es auch keine Gerechtigkeit«, sagt er. Dies sei sein Lebensmotto. »So kann man auch in diesem Krieg Mensch bleiben.«

Mensch zu bleiben sei allerdings so eine Sache. Wie viele Feinde er getötet hat, weiß er nicht. Er zähle da nicht mit. Aber er kann sich noch daran erinnern, wie er zum ersten Mal töten musste. Erinnerungen, die man schwer ausblenden kann. An das rohe und karge Leben, täglich Bohnen mit Couscous, keinen Strom und fließendes Wasser könne man sich ebenso gewöhnen wie an das Töten. Oder »zumindest akzeptieren, dass es ein Teil des Krieges ist. Als ich das erste Mal töten musste, da wollte sich ein Selbstmordattentäter neben mir in die Luft sprengen. Ein junger Kerl, siebzehn oder achtzehn Jahre alt. Wir wollten ihn gefangen nehmen. Aber das wollte der nicht. Da hat man gar keine andere Wahl. Mit ISIS kann man leider nicht diskutieren.« Mitleid? Nein. Das sei ein Luxus, den man sich hier nicht leisten könne.

Wenn er von der Revolution redet, hört es sich an, als gäbe es den Krieg um ihn herum nicht. Nicht die Angst, das Leid, die Toten und Verwundeten, die Freunde, die ihm genommen wurden. Spricht er über seine Rolle, klingt es, als wäre er nur ein Nebendarsteller im letzten Akt eines großen Dramas, an dessen Ende die Welt neu sortiert wird. Nur deshalb sei er hier. Revolution, Mann. »Normal«, sagt er und zieht dabei das A in die Länge.

Doch normal ist nichts hier in der trockenen Ödnis der syrischen Provinz Rakka. Nebelschwaden wehen über das Schlachtfeld, auf dem sich seit Monaten Kurden und Islamisten einen erbitterten Stellungskrieg liefern, in dem die eine Seite mal ein paar Meter erobert, um sie am anderen Tag wieder zu verlieren. Cihan Kendal schlägt die Handflächen zusammen, um die steif gefrorenen Finger zu durchbluten. Seit drei Uhr morgens hält er Wache auf dem Dach eines ehemaligen Wasserwerks am Rande der Stadt Ain Issa und starrt hinüber zu seinen Feinden, die sich in verlassenen Gehöften und Weilern rings um die Stadt verstecken. Vor genau siebzehn Jahren haben türkische Geheimdienstleute den Kurdenführer Abdullah Öcalan, den seine Gefolgsleute Apo nennen, in Kenia verhaftet. 1999 wurde Öcalan in der Türkei wegen Hochverrats, Bildung einer terroristischen Vereinigung, Sprengstoffanschlägen, Raub und Mord zum Tode verurteilt. 2002 wurde das Urteil nach Aufhebung der Todesstrafe in Friedenszeiten auf lebenslänglich abgeändert. Ein Tag, den die kurdischen Volksverteidigungseinheiten (YPG) in stillem Gedenken und Verzicht begehen. Heute werden sie die Schriften Apos studieren und Selbstkritik üben:»Was gut läuft, was man besser machen kann, wer hat sich danebenbenommen. Solch Zeugs«, erklärt Cihan Kendal. Einen Tag lang weder trinken noch essen. Das Schwierigste jedoch wird es sein, keine Zigaretten zu rauchen.

Cihan Kendal ist einer von etwa 120 Deutschen, die aufseiten der Kurden kämpfen. Doch von anderen ausländischen Rekruten unterscheidet ihn, dass er nicht gekommen ist, um Islamisten zu töten oder Rache zu üben, sondern um sein Ideal einer besseren Welt zu verwirklichen. Und dass er sich der kurdischen Sache anschloss, lange bevor der Islamische Staat die Bühne der Weltöffentlichkeit betrat. Er spricht fließend Kurmandschi, die Sprache der Kurden, hat seine deutsche Identität abgestreift und die kurdische Kultur verinnerlicht. »Er ist einer von uns«, sagen seine Kameraden. Der Kampf gegen den IS ist für ihn nur ein Schritt auf dem Weg zur Weltrevolution, seiner Vorstellung einer perfekten Gesellschaft. Ein Idealist sei er, aber kein Träumer, das ist ihm wichtig. In der syrischen Wüste, da ist er sich sicher, kommt er der Ver-

wirklichung seiner linken Utopie am nächsten: die Gleichberechtigung der Geschlechter, der Aufbau einer selbstver-
walteten Zivilgesellschaft, die Abschaffung des Staates und
seiner Hierarchien. Deshalb habe er Deutschland verlassen.
»Ich bin von der kurdischen Revolution fasziniert. Durch sie
gelingt es, eine Alternative zum Kapitalismus aufzubauen.
Dafür bin ich bereit, mein Leben zu opfern.«

Tausende kurdischer Männer und Frauen sind bislang im
Kampf gegen den IS gefallen. Unter ihnen auch drei Deutsche. Am 7. März 2015 starb die 19-jährige Ivana Hoffman
aus Emmerich am Rhein. Der 21-jährige Kevin Joachim aus
Karlsruhe war einer von Marcs besten Freunden. Er fiel im
Juli 2015 bei der Schlacht um Tel Abyad. Zuletzt kam ein
55-jähriger ehemaliger Zeitsoldat der Bundeswehr ums Leben, als kurdische Truppen im März 2016 die Stadt Shadadi
zurückeroberten. Die Gefallenen werden als Märtyrer verehrt,
ihre Porträts zieren kurdische Wohnzimmerwände, hängen
neben kurdischen Flaggen und den Bildern anderer Märtyrer
in Schulen oder flattern wie Fahnen an Laternenmasten kurdischer Städte. »Es tut weh, wenn so viele Freunde um einen
herum sterben«, sagt er. Aber der Tod gehöre nun mal zum
Krieg. Er mache sich da keine Illusionen, aber auch keine Sorgen. »Ich habe nicht vor, hier zu sterben. Ich bin sicher, dass
ich überleben werde.« Es klingt, als wollte er einen unsichtbaren Schutzschild um sich herum hochziehen.

Trotz allem wirkt Kendal wie jemand, der sein Selbstbewusstsein aus der Gewissheit zieht, sein Leben richtig zu formen. Zweifel? Kendal schüttelt den Kopf, schaut, als würde
er die Frage nicht verstehen. »Es gibt kein richtiges Leben im
falschen«, zitiert er Theodor Adorno. Auch die Frage, welche Konsequenzen es für ihn als Deutschen haben könnte,
mit den Kurden gegen den IS zu kämpfen, quält ihn nicht. Er
habe nicht vor, nach Deutschland zurückzukehren. »Dieses
Kapitel meines Lebens ist abgeschlossen.« Er gehe dahin, wo-

hin ihn die Kader der kurdischen »Partei der Demokratischen Union« (PYD) schicken. Kurdistan sei jetzt seine Heimat, die Kameraden seine Familie.

Cihan Kendal will nicht viel preisgeben aus seiner Vergangenheit, die er vorgibt, abgewickelt zu haben. Das wenige, das er erzählt, gewährt zumindest einen kleinen Einblick in sein früheres Leben. Als Marc fünf Jahre alt ist, verunglückt sein Vater tödlich. Die Mutter zieht ihn und seinen jüngeren Bruder allein groß. »Ich bin meiner Mutter dankbar, dass sie mich zu dem Menschen erzogen hat, der ich heute bin«, sagt er. Schon früh interessiert er sich für Politik, fürs Weltgeschehen, beschäftigt sich mit linken Theorien, besucht Demonstrationen. Er sucht Antworten auf die Frage, die ihn seit frühester Jugend beschäftigt: Was ist Gerechtigkeit? »Ich habe mich schon lange gefragt, ob man Unrecht und Unterdrückung mit Gewalt bekämpfen sollte, und habe mich so linksradikalen Ideen angenähert.«

Im biederen Saarbrücken findet er diese Antworten nicht, also zieht er nach dem Abitur ins weltoffenere Hamburg, der Hauptstadt der autonomen Szene; protestiert gegen die Vorratsdatenspeicherung, prügelt sich mit Nazis und Polizisten, macht ein freiwilliges soziales Jahr in einer Kita, studiert ein bisschen und gründet mit Gleichgesinnten einen Arbeitskreis, in dem sie linke Utopien diskutieren. Aber noch immer fehlt etwas. Die Freiheiten, welche die deutsche Gesellschaft bietet, empfindet er als Leerraum. Nur theoretisieren, demonstrieren und studieren hilft ihm nicht, diese Leere mit Inhalten zu füllen. In dieser Zeit vermittelt eine befreundete Anwältin einen Kontakt zu kurdischen Widerstandskämpfern. Das ändert alles. In der Weltanschauung des Kurdenführers Abdullah Öcalans, in dessen Verständnis von Freiheit, Gerechtigkeit und Demokratie glaubt er schließlich, die Antworten auf seine Fragen zu finden. Er schmeißt das Studium und reist in die kurdischen Gebiete im Grenzland zwischen

Türkei, Syrien und dem Irak. Dort lernt er Kurmandschi und wie man mit einer Waffe umgeht. Aus Marc, dem linken Idealisten, wird Cihan, der selbsternannte Freiheitskämpfer. Das war 2013.

Am Rande der Stadt Ain Issa haben sie sich eingegraben, Cihan Kendal und seine Leute, sieben junge Männer mit rauen, von Krieg und Witterung gezeichneten Gesichtern, aus denen noch immer die Jugend schimmert. Fünfzig Kilometer vor Rakka, der größten Trophäe im Krieg gegen die schwarze Macht. Fällt Rakka, ist der IS besiegt. Seit sie Ain Issa und Dutzende kleinerer Dörfer im Juni des vergangenen Jahres eroberten, liefern sie sich regelmäßig kleinere Scharmützel mit den Islamisten. Kaum ein Tag vergeht, an dem der IS nicht kurdische Stellungen angreift. »Die haben von allem mehr als wir, Waffen, Munition, Raketenwerfer, Panzer. Wir müssen sparen und können nicht einfach rumballern, so wie die«, sagt der deutsche Kommandeur.

Nachmittags steht der Mann, der Deutschland hinter sich ließ, um Revolution zu machen, hinter einem Schutzwall aus Sandsäcken auf dem Dach seiner Stellung und blickt durch einen Feldstecher hinüber zu seinen Feinden. Die haben sich in einem Olivenhain versteckt, einen Kilometer entfernt. Cihan Kendal fährt sich mit der einen Hand über das geschorene Haupt und führt mit der anderen eine Zigarette in den Mundwinkel. Um ihn herum gähnt ein großes, flaches Nichts. Trockene Ödnis, in dem ein Getreidesilo wie eine mittelalterliche Trutzburg steht und eine einsame Landstraße schnurstracks nach Rakka führt, der Hauptstadt des schwarzen Kalifen Abu Bakr al-Bagdadi, selbsternannter Führer des »Islamischen Staates«. Cihan Kendals Augen wandern hin und her, bleiben hängen an ein paar verlassenen Gehöften, in denen er die IS-Kämpfer vermutet, mustert den Erdwall, der den Stützpunkt wie eine Burgmauer umgibt. Er beobachtet den Schaufelbagger, der fünfzig Meter vor der Stellung einen Graben aushebt, der das befreite Syrien vom Islamischen Staat trennen soll. »Tiefer, breiter, Kamerad«, schreit Kendal dem Baggerführer entgegen. »Da kann ja jedes Kind drüberspringen!«

Es dauert nicht lange, bis der IS den Bagger bemerkt, der auf dem freien Feld Erde aushebt. Aus einem Olivenhain ein paar Hundert Meter vor Kendals Stellung steigt eine weiße Rauchsäule in den Himmel. Es folgt ein Summen, das schnell lauter wird. »Katjuscha! Kajtuscha!«, rufen Kendals kurdische Kämpfer, springen kichernd wie Schulkinder auf dem Pausenhof hinter Sandsäcke oder suchen im Treppenhaus des Gebäudes Schutz, in dem sie sich verschanzt haben, als wäre dieser Krieg nur ein lustiges Spiel. Die erste Rakete schlägt wenige Meter links neben der Stellung ein. Das zweite Geschoss trifft. Steine und Raketensplitter wirbeln durch die Luft. Die dritte Rakete fliegt über die Männer hinweg und explodiert im Nirgendwo. »Dahinten, in dem Haus am Rande des Olivenhains sind sie«, ruft Kendal. Seine Leute schießen, klopfen sich auf die Schulter und jubeln, während ihre Kugeln das Versteck der Islamisten durchlöchern. Cihan Kendal erteilt Befehle: Luftwaffe der Amerikaner informieren, Koordinaten durchgeben, Luftabwehrgeschütz positionieren. Routine.

Während es draußen kracht, sitzen Kendal und seine Kameraden in einem Bunker, trinken Tee und rauchen Zigaretten. »Die alte Art zu leben, was einem wichtig war, das hat sich natürlich geändert, klar«, sagt er, zieht an seiner Kippe und saugt den Rauch tief in die Lunge. Trotzdem vermisse er eigentlich nichts. Nur seine Musik, seit sein iPod kaputtgegangen sei; Bob Marley und Jimmy Cliff. »Ich bin glücklich hier«, sagt er und blickt seine Kameraden an, während irgendwo in der Ferne amerikanische Flugzeuge einen Luftangriff fliegen. Nur das schlechte Gewissen plage ihn, weil er seinen jüngeren Bruder und seine Mutter verließ, ohne ihnen zu sagen, wohin er gehen oder wann er zurückkommen werde. Er weiß, was er der Familie zumutet, wenn er in Syrien Zielscheibe des IS ist. Seit Wochen konnte er ihnen kein Lebenszeichen schicken. »Für meine Mutter ist das sehr schwer zu akzeptieren, dass ich hier bin. Sie macht sich natürlich Sorgen. Aber sie unterstützt mich in meiner Entscheidung.« Die Anfeindungen aus der Nachbarschaft, die der Familie in der Heimat entgegenschwappen, machen ihn traurig. »Nicht jeder findet es gut, was ich mache. Das ist aber okay.« Über Funk kommt die Nachricht, dass an einem anderen Frontabschnitt ein Selbstmordattentäter in einem Kleinlaster auf die kurdischen Stellungen zurast. Doch der Wagen explodiert, bevor der Fahrer seine Mission erfüllen kann.

Nach dem Raketenangriff zieht sich der IS wieder zurück. Nun kreisen amerikanische Bomber und Predator-Drohnen am Himmel. Cihan Kendal verlässt den Bunker, legt den Kopf in den Nacken und zeigt in den wolkenlosen Himmel. »Guck mal, heval, die kurdische Luftwaffe«, sagt er und lacht schallend.

Am darauffolgenden Morgen läuft Cihan Kendal mit einem Kameraden über einen Feldweg, der zu seiner Stellung führt. Die Sonne vertreibt den Morgennebel. Er sucht nach Stellen, die aussehen, als hätte dort jemand kürzlich gegraben; lose aufgeschüttete Erde. Gegenstände, die am Vortag noch nicht dalagen. Er findet eine nicht explodierte Mörsergranate. Ansonsten nichts Auffälliges. Es ist morgendliche Frontroutine, denn es kommt vor, dass sich IS-Kämpfer im Schutz der Dunkelheit oder des Nebels an die kurdischen Stellungen heranschleichen und Zufahrtswege und Straßen verminen oder Sprengsätze verstecken.

Mein Besuch ist für Cihan Kendal eine gute Gelegenheit, aus der Monotonie des Alltags auszubrechen und den Besuchern die Front zu zeigen. In einem kurdischen Außenposten, fünf Kilometer von Cihan Kendals Stellung entfernt, kniet eine kurdische Kämpferin auf einem Erdwall und beobachtet durch ein Fernglas die Gegend. Sie winkt Cihan Kendal herbei.»Schau mal, heval«, sagt die junge Frau und reicht ihm den Feldstecher. In etwa achthundert Meter Entfernung stehen dreißig bis vierzig IS-Kämpfer zwischen Sträuchern und Olivenbäumen.»Die hecken was aus«, sagt er und verabschiedet sich umgehend. Er möchte in seine Stellung zurückkehren, falls der IS angreift. Auf dem Rückweg hält er an einem Straßenschild an,»Rakka 50 km« steht darauf. Er bittet den Fahrer, den Wagen anzuhalten, steigt aus, zieht einen schwarzen Filzmarker aus seiner Brusttasche und schreibt seinen alten Sprayer-Namen auf das Schild: Zohan. So nannte man ihn in der linksalternativen Szene. Wie den Top-Agenten in der Komödie *Leg dich nicht mit Zohan an*. Eine Angewohnheit aus seinem alten Leben. Er blickt auf sein Werk und lacht lauthals.»Urbane Kultur aus Hamburg, fünfzig Kilometer vor Rakka«, sagt er und schüttelt den Kopf. Verrückte Welt. Cihans Welt.

Kapitel 24: Bestandsaufnahme

Ich kehre zurück in meine Welt. Einen Tag nachdem ich Syrien verlassen habe, überrennen IS-Kämpfer den Stützpunkt in Tishrin, in dem wir zwei Tage lang übernachtet haben, und töten sechs kurdische Kämpfer. Auf der Rückreise fahren wir wieder durch Tel Abyad, einen Ort, der als sicher gilt. Am nächsten Morgen greifen Islamisten die Stadt an. Dutzende Kurden und IS-Kämpfer sterben. Ich schreibe meine Geschichten und tue dann etwas, was ich in meiner gesamten Karriere noch niemals getan habe: Ich mache eine Pause. Ich sage geplante Geschichten ab, verzichte auf eine Reise nach Bagdad, verschiebe Drehtermine im Sudan. Ich entdecke, wie schön es sein kann, Vater zu sein. Zwei Monate verbringe ich mit meinem Sohn, bringe ihm das Schwimmen bei, lehre ihn ein paar Brocken Deutsch. Jeden Abend verlangt Leon, dass wir ein paar Runden auf meiner Royal Enfield um unsere Wohnsiedlung kurven. Wir fahren ans Meer oder planschen in warmen Quellen im Urwald. Leon wird in dieser Zeit zu meinem Lebensmittelpunkt. Ich ahne, dass mich das bald in eine emotionale Zwickmühle bringen wird. Wenn ich wieder für Wochen oder Monate unterwegs bin. Syrien, Bagdad, Kurdistan, Sudan. Plötzlich liegen die Prioritäten anders.

Ich würde gerne wieder nach Deutschland zurückkehren. Ich vermisse die Kultur, die Architektur, den Münchner Sommer in den Isar-Auen, meine Freunde, meine Familie. Vor allem aber denke ich, dass ich in diesem politischen Klima in Deutschland mehr gebraucht werde als in den Philippinen, einem Land, in dem ich mich nicht sehr wohlfühle und in dem ich immer ein Fremder sein werde. Europa verrät gerade seine Werte. Das Versprechen einer offenen, sozialen Wertegemeinschaft weicht Leuten wie Orbán, Le Pen und den Marktschreiern von der AFD. Kleingeist statt Großmut. Abschottung statt Offenheit. Und ein gefährlicher Nationalismus, der sich wie eine braune Schmutzschicht über diese großartige Idee legt, die sich Europäische Union nennt. Europa liegt im Sterben. An seinen Außengrenzen ertrinken Tausende Flüchtlinge im Mittelmeer oder vegetieren in Flüchtlingslagern. Ich beteilige mich an Debatten in den sozialen Netzwerken, streite, verteidige meine Werte, schimpfe, kämpfe gegen den Fremdenhass und die Vorverurteilung von Muslimen.

Immer wieder wird mir vorgeworfen, dass ich gar nicht mitreden könne, weil ich gar nicht mehr in Deutschland lebe. Als wenn ich das Recht, mir eine Meinung zu bilden, am Flughafen abgegeben hätte. Meine Familie ist der einzige Grund, warum ich noch in den Philippinen lebe. Wo sie ist, ist meine Heimat. Nach all dem Herumgehetze der vergangenen zehn Jahre habe ich mir in Manila etwas aufgebaut: Frau, Haus, Kind, drei Katzen, Motorrad, Pool. Es ist das richtige Leben im falschen Land. Ich könnte mich in Manila wohlfühlen, wenn ich das soziale Unrecht, die Korruption, das Klassendenken, die Rechtlosigkeit, die Armut, die Umweltverschmutzung, die Luftbelastung, die Staus ausblenden könnte. Wenn es mir nur gelingen würde, mich in der Wohlstandsblase einzurichten, wie es die reichen Filipinos und die meisten Ausländer tun, indem sie in abgeschotteten Siedlungen leben, mit Hausangestellten, und sich mit Stacheldraht, Wachpersonal und hohen Mauern vor der Realität schützen. Zudem ist Giannas Lebensmittelpunkt in Manila. Sie lässt mich ziehen und arbeiten, ohne mir Fesseln anzulegen. Ihre Familie, Arbeit, Freunde sind in Manila. Sie lässt mir sämtliche Freiheiten. Welches Recht hätte ich, sie nach München oder Berlin zu verfrachten, während ich selbst einen großen Teil des Jahres auf Reisen bin?

Ich denke zurück an die vergangenen vier Jahre. An den Vorabend der Schlacht um Aleppo, als niemand ahnen konnte, welcher Schrecken dieser Stadt und ihren Einwohnern bevorstand. Und als ich, wie so viele, dachte, dass der Krieg in ein paar Wochen oder Monaten vorbei sein würde. Fast vier Jahre später ist Aleppo immer noch nicht gefallen. Die einst stolze Stadt ist zu einem Trümmerfeld zerschossen. Die verbliebenen Bewohner sind Gefangene ihrer eigenen Stadt. Die Aktivisten, die mich im Juli 2012 aufnahmen: tot, verschollen, geflohen. Syrien ist ein nicht enden wollender Albtraum.

Sechs Mal habe ich die Stadt besucht, bis es für westliche Journalisten zu gefährlich wurde, in diesen Teil Syriens zu reisen. Zu viele Reporter wurden entführt und ermordet. Doch bis dahin konnte ich beobachten, wie eine Stadt langsam stirbt.

Es begann mit Luftangriffen der syrischen Armee auf zivile Wohngebiete im von Rebellen kontrollierten Teil Aleppos. Täglich fielen Bomben und Raketen auf Krankenhäuser, Ambulanzfahrzeuge, Demonstrationszüge und Bäckereien, vor denen Hunderte Schlange standen, um ein bisschen Brot zu ergattern. Ich habe diese Angriffe mit eigenen Augen erlebt. Wie zwei Raketen eine Wohnung eines älteren Ehepaares trafen, das gerade vor dem Fernseher saß. Sie verbrannten in ihrem Wohnzimmer. Ibrahim, dem Sohn, blieb nichts anderes übrig, als die verkohlten Leichen seiner Eltern zu bergen und zu beerdigen. Ich sprach in Krankenhäusern mit Ärzten, und während des Interviews wurde das Krankenhaus mit Granaten beschossen. Ich sah fassungslos dabei zu, wie im Minutentakt von Bomben, Granaten und Raketen zerfetzte Körper von Kämpfern, Frauen und Kindern in die notdürftig ausgerüsteten Operationszimmer geliefert wurden. Ich stand daneben, als ein kleines Mädchen, nicht älter als zehn Jahre, an dem Lungendurchschuss eines Scharfschützen starb.

Es konnte nicht schlimmer werden, dachte ich. Ich sollte mich täuschen. Ende 2012, Anfang 2013 begann die syrische Armee damit, Aleppo mit Fassbomben zu bewerfen; Ölfässer, gefüllt mit Sprengstoff und Eisenschrot, die wahllos aus Hubschraubern abgeworfen werden. Tausende kamen dabei ums Leben, auch hier waren es meist Zivilisten. Die syrische Opposition kämpfte zu dieser Zeit an zwei Fronten: gegen das syrische Regime und gegen die Fanatiker des Islamischen Staates, bis die Rebellen die IS-Leute aus Aleppo zurückdrängen konnten.

Und jetzt? Assads Fassbomben und Putins Raketen äschern Dorf um Dorf, Stadt um Stadt ein. Die Henker des IS, verfeindete Oppositionsgruppen, al-Qaida, Menschenfänger und Antiquitätenschmuggler haben die Stadt wie biblische Plagen befallen. Weltkulturerbe wie der jahrtausendealte Souk liegt in Trümmern. Die berühmte Ummayyaden-Moschee: eine Ruine. Die stolze Zitadelle: beschädigt. Vierhunderttausend Menschen tot, noch mehr verwundet, Millionen geflohen.

Von den Menschen, die ich in Syrien kennengelernt habe, mit denen ich gelebt habe, die mir ihre Geschichten erzählt haben, ist heute kaum noch jemand am Leben. Wer überlebt hat, ist geflohen. Nach Deutschland, in die Türkei, in den Libanon. Wie Khaled, der Trümmermann, wie Yosef, mein treuer Begleiter in Aleppo, wie Nermin, die mutige Chefredakteurin. Omar, der wackere Fotograf, sitzt den Krieg in einem Haus ohne Möbel im Libanon aus. Doktor Othman, der verzweifelte Arzt aus Aleppo, wohnt heute, schwer traumatisiert, in Saarbrücken. Nur Yassir al-Haj, der mutige Aktivist, den ich bei meiner ersten Reise nach Syrien kennengelernt habe, berichtet weiter vom Kriegsverlauf in seiner Heimatstadt Marea. Im Frühling 2016 spreche ich mit meinem alten Freund Abu Yazan, der sich noch immer störrisch weigert, aus seiner Heimatstadt Aleppo zu fliehen. Er ist zu stolz, um als Flüchtling die Deutungshoheit über sein Leben aufzugeben. Lieber stirbt er in seinem Land als freier Mann. All meine Versuche, ihn zur Flucht zu überreden, scheiterten. Wir reden über Skype. Der Waffenstillstand war gerade in Kraft getreten – und hielt, wider Erwarten. Sein Sohn Mustafa wurde bei einem Artillerieangriff schwer verwundet und lag wochenlang im Krankenbett, sein ältester Sohn Mohammed erlitt einen Schuss in die Brust und überlebte wie durch ein Wunder. Abu Yazan erzählte mir erstaunt, dass er auf der Straße vor seinem Haus stehe und weder Flugzeuge noch Explosionen höre, das erste Mal seit Jahren. »Das ist unheimlich«, sagte er mir.

Der kurze Waffenstillstand ist längst aufgekündigt. Im Dauerbombardement gelingt es der syrischen Armee und ihren Verbündeten – Iranern, Afghanen, Hisbollah –, unterstützt von russischen Luftschlägen, im Juli dieses Jahres die einzig verbliebene Versorgungsstraße von der Türkei in die Stadt zu erobern. 25 Tage lang ist Aleppo eingekesselt; Medikamente, Diesel und Lebensmittel gelangen nicht mehr in die Stadt, Schwerverletzte nicht mehr heraus. Den eingekesselten Menschen droht der Hungertod. Sechs Tage später startet eine Koalition aus Rebellenverbänden einen verzweifelten Großangriff und durchbricht den Belagerungsring.

Wer mit Bewohnern Aleppos sprechen möchte, um zu erfahren, welche Tragödie sich im Osten Aleppos abspielt, muss auf Facebook, WhatsApp oder Skype zurückgreifen. Im August 2016 spreche ich mit dem Allgemeinmediziner Hamza Alkateab im Al-Quds-Hospital von Aleppo. Immer wieder wird die Verbindung unterbrochen, bis sie schließlich ganz abbricht. Über WhatsApp bittet der Arzt, ihm die Fragen schriftlich zu schicken. Zwei Tage später kommen die Antworten per Sprachnachricht. Alkateab, ein dicklicher junger Mann mit zurückgegelten Haaren und Brille, erzählt mit ruhiger Stimme vom alltäglichen Grauen, als sei er Beamter einer Schreibstube. Höflich entschuldigt er sich für die Verspätung. Im Hintergrund weint seine acht Monate alte Tochter.

Kein Tag vergehe ohne Angriffe. Mehr als vierzig täglich. Während er meine Fragen beantwortet, habe er allein sechzehn Detonationen gezählt. Das Regime verwende inzwischen mehr Streubomben als Fassbomben. Ununterbrochen kreisten Flugzeuge über Aleppo.

Alle drei Monate würden die wenigen verbliebenen Krankenhäuser von Hilfslieferungen mit Medikamenten versorgt. Das reiche, um die Patienten notdürftig zu behandeln. »Aber wir haben nur zwölf Ärzte in unserem Krankenhaus und manchmal hundert bis 120 Verletzte an einem Tag. Wir schaffen es nicht, allen zu helfen. Unsere Ambulanzen werden beschossen. Wir rechnen jeden Tag damit, angegriffen zu werden.«

Denn Krankenhäuser und Kliniken sind Ziele der syrischen und russischen Luftwaffe geworden. Drei Mal wurde das Al-Quds-Krankenhaus bislang bombardiert. Das vorerst letzte Mal am 27. April dieses Jahres. Ein Arzt, zwei Krankenschwestern und ein Wachmann starben. »Vor fünf Tagen wurde eine unserer Krankenschwestern bei einem Angriff getötet«, erzählt der junge Arzt. Am 10. August habe das Regime Chlorgas eingesetzt. »Wir mussten siebenundfünfzig Menschen behandeln.«

Auf die Frage, was der Westen tun könne, um den Menschen in Aleppo zu helfen, muss der Arzt lachen. Nach fünf Jahren Krieg glaubt fast niemand in Aleppo mehr daran, Hilfe zu bekommen. »Wir sind keine Terroristen, wir sind nicht ISIS, wir schneiden keine Köpfe ab. Wir sind Syrer, die sterben, um in Würde zu leben. Wir brauchen eine Flugverbotszone, um die Zivilisten zu schützen und die Massaker

zu beenden«, fleht Alkateab und ahnt wohl, dass dies nie geschehen wird. Er klingt erschöpft. Denn die Behauptung der
syrischen Regierung, Zivilisten könnten die Stadt über vier
Fluchtkorridore verlassen, sei eine Lüge. »Wenn die Menschen fliehen wollen, werden sie von Scharfschützen beschossen. Sie können die Korridore gar nicht erreichen.«
Natürlich habe er Angst zu sterben. Und er sorgt sich um
das Leben seiner Frau und seiner kleinen Tochter. »Aber es
ist meine Verpflichtung, zu bleiben und meinen Landsleuten
zu helfen.« Zu viele Ärzte seien schon geflohen. Hamza Alkateab ist ein Revolutionär der ersten Stunde. »Ich habe schon
2011 gegen das Regime demonstriert.« Hunderttausende
sind seitdem ums Leben gekommen. So viele, dass die Vereinten Nationen aufgehört haben, die Toten zu zählen. »Hunderttausende Mütter haben ihre Söhne verloren. Hunderttausende Kinder ihre Eltern. Das Blut der Syrer darf nicht
umsonst vergossen worden sein. Deshalb bleibe ich und wi-
dersetze mich dem Regime.« Dann wünscht der Arzt einen
schönen Tag und verabschiedet sich. Er werde wieder im
Krankenhaus gebraucht, sagt er ruhig.

Im September 2016 steht Syrien mal wieder tagtäglich in den
Schlagzeilen. Die belagerte Stadt Aleppo. Die Angriffe auf
Ärzte und Krankenhäuser. Der Kampf gegen den IS. Derweil
ringen die Außenminister Russlands und der USA um eine
Lösung, bei der beide Seiten nicht das Gesicht verlieren. Das
Interesse der Syrer ist dabei Nebensache. Syrien ist wieder
interessant geworden. Jahrelang wurde dem täglichen Sterben in Syrien mit Desinteresse begegnet – und mit dem immer gleichen Mantra, dass man sich nicht einmischen dürfe.
Der Zeitpunkt für eine politische oder militärische Lösung
wurde vor langer Zeit verpasst. Der Westen, die Politik haben kläglich versagt. Jede vollmundig angekündigte Waffen-
ruhe löste sich schnell im Pulverdampf explodierender Bom-

ben auf. Die Gleichgültigkeit gegenüber dem Grauen, das die Menschen in Aleppo und anderen syrischen Städten ertragen müssen, ist erschreckend. Die Bilder von unter Trümmern erstickten Menschen, von Kindern, die von Bomben zerrissen wurden, von toten Ärzten, von belagerten und ausgehungerten Einwohnern, sie berühren kaum noch. Die Welt, so scheint es, hat sich an dieses Grauen gewöhnt. Und scheinbar auch an den Gedanken, dass es nichts gibt, was man tun könnte, um das Morden auf allen Seiten zu beenden.

Ich frage mich, wie die syrische Tragödie verlaufen wäre, hätte der Westen die moderate syrische Opposition von Anfang an mehr unterstützt. Was hätte eine Flugverbotszone bewirken können? Ein Schutzkorridor für Zivilisten? Wenn das Übertreten der roten Linien, die von den USA gezogen, dann immer wieder verschoben und von Assad jedes Mal ignoriert wurden, tatsächlich Konsequenzen gehabt hätte. Ich bin kein Freund von Interventionen. Ich habe gegen den Einmarsch in Afghanistan demonstriert. Und die amerikanische Invasion im Irak war zwar nicht der Auslöser des Flächenbrandes im Nahen Osten, aber der Brandbeschleuniger. In zweierlei Hinsicht: der völkerrechtswidrige Einmarsch der Amerikaner während der Bush-Jahre und später der voreilige Rückzug der amerikanischen Truppen unter Barack Obama. Beides war falsch. Aber wäre der erste Fehler vermieden worden, hätte es den zweiten nicht gegeben.

Vermutlich wäre der Krieg heute längst vorbei, wenn der Westen etwas mehr Engagement gezeigt hätte, anstatt tatenlos zu schweigen. Erst das Wegschauen hat zu dem Chaos geführt, das man vermeiden wollte. Diese Gemengelage nutzte der Islamische Staat, um sich in Syrien breitzumachen. Und auch die Flüchtlingskrise hätte vermutlich nie dieses Ausmaß angenommen. Die meisten Syrer haben drei Jahre lang entweder in Syrien selbst oder in den trostlosen Flüchtlingslagern in Jordanien, der Türkei oder im Libanon durchgehalten. Immer in der Hoffnung, dass der Krieg in ihrer Heimat bald ein Ende nimmt. Erst als auch der letzte Funke Hoffnung verloren ging, klopften die Massen an die Tore der Festung Europa. Und plötzlich war der Krieg kein weit entferntes Gemetzel mehr, sondern schlich sich in das Leben der Europäer. Das ist der Preis, den aber kaum jemand zahlen möchte.

Heute verliert der IS zwar immer weiter an Territorium, weil er von allen Seiten angegriffen wird. Doch noch immer hat der Westen nicht verstanden, dass der Islamische Staat nicht das eigentliche Übel ist. Ein Ende des Krieges wird es in Syrien nicht geben, solange Assad an der Macht ist. Frieden schon gar nicht. Der Krieg hat sich verselbstständigt. Syrien ist zum Spielball verschiedener Mächte mit unterschiedlichen Interessen geworden. Keine Seite kann ihn gewinnen – oder verlieren. Nur der Islamische Staat hat schlechte Karten und verliert im Eiltempo ein Rückzugsgebiet nach dem anderen. Die Kurden haben unter großen Verlusten die IS-Hochburg Manbidsch zurückerobert. Daraufhin schickte die türkische Regierung, unter dem Vorwand, den IS zu bekämpfen, Panzer nach Syrien. Eine Zäsur. Eine weitere Kriegspartei auf syrischem Boden. Gemeinsam mit syrischen Rebellengruppen befreiten türkische Soldaten innerhalb weniger Stunden die Stadt Dscharablus vom IS. Doch der Einmarsch ist nur ein Vorwand. Das eigentliche Ziel der türkischen Invasion ist es, den kurdischen Erzfeind zurückzudrängen und ihn daran zu hindern, einen eigenen Staat zu etablieren. Jetzt bekämpfen sich Kurden und Türken in Syrien. Und somit wurde eine weitere Front eröffnet.

Es ist fast unmöglich, im syrischen Durcheinander den Durchblick zu behalten. Assad und Russland bekämpfen gemeinsam von den USA unterstützte syrische Rebellen, gleichzeitig aber auch den IS. Auf Aleppo fallen russische Brandbomben und syrische Chlorbomben. Die von den USA unterstützten Kurden sehen sich von der amerikanischen Regierung verraten, weil sie jetzt von dem NATO-Partner Türkei beschossen werden, mit dem Segen der USA. Kurden kämpfen gegen Araber, Araber gegen Kurden, Araber gegen Araber, Schiiten und Alewiten gegen Sunniten. Und alle gegen den IS. Dies aufzudröseln, gar einen Ausblick in die Zukunft zu geben, ist nicht möglich.

Auch im Irak nähert sich das Ende der IS-Herrschaft. Doch die nächsten Konflikte sind vorprogrammiert: Kurden gegen Kurden. Kurden gegen die irakische Armee, die von den Kurden verlangt, die vom IS eroberten Gebiete an die irakische Regierung zurückzugeben. Sunniten gegen Schiiten; die Mehrheit der Sunniten sieht den IS vermutlich als das kleinere Übel, weil er sie vor schiitischen Todesschwadronen beschützt. Und, solange es ihn noch gibt, alle gegen den IS. Im Irak wird es nur Frieden geben, wenn die beiden großen Glaubensrichtungen des Islam nicht mehr aufeinanderprallen.

Meine Berichterstattung handelt meist vom Leid der Menschen, von den Unterdrückten, den einfachen Menschen. Und oft könnte der Inhalt meiner Berichte als Argument für eine Intervention dienen. Aber ich bin weder Politiker noch Militärstratege. Und auf keinen Fall ein Propagandist für irgendeine Seite. Natürlich habe ich einen moralischen Kompass, und für einen Machthaber, der täglich Kriegsverbrechen begeht, mit Chemiewaffen, Brandbomben, Fassbomben, Scud-Raketen tötet, muss und kann ich weder Verständnis noch Sympathie aufbringen. Es fällt mir schwer, dabei neutral zu bleiben. Ich berichte ehrlich, was ich vor Ort erlebe, beobachte. Mehr nicht.

Und doch gibt es jene Momente, in denen die Berichterstattung mit ins eigene Leben einfließt. Im Sommer 2016 treffe ich in einem Münchner Biergarten Ahmed und Hanadi wieder, die beiden geretteten Kinder aus Homs. Wir umarmen uns lange. Wir sitzen unter einer Kastanie. Ich trinke Bier, die beiden Syrer Johannisbeersaftschorle. Ahmed trägt lange dunkle Locken wie ein Rockstar. Er spricht inzwischen fast akzentfrei Deutsch. Hanadis Gesicht trägt noch immer die Narben dieses verhängnisvollen Tages, als die Granate der syrischen Armee die Küche ihrer Wohnung in Homs traf. Das Sprechen fällt ihr schwer, die Stimmbänder sind verbrannt. Ein inzwischen 17-jähriges Mädchen, das zwischen Selbstbewusstsein und Scham schwankt. Oftmals möchte sie ihr Gesicht hinter einem Kopftuch verstecken. Auf Facebook postet sie Bilder von sich und ihrem neuen Leben in Deutschland, doch ihr Gesicht macht sie mit einem Smiley unkenntlich. Sie will ihr Abitur machen, anschließend studieren. Ahmed hat eine Ausbildung zum medizinisch-technischen Assistenten begonnen. »Ohne die Hilfe der Ärzte in Deutschland hätten meine Schwester und ich nicht überlebt. Ich will jetzt anderen Menschen helfen«, sagt Ahmed. Die Eltern leben noch immer in einem Flüchtlingslager im Libanon. Sie haben sich seit 2012 nicht mehr gesehen. Facebook, Skype und WhatsApp sind die einzigen Brücken in ihr altes Leben. »Deutschland«, sagen beide voller Stolz und Dankbarkeit, »ist unsere Heimat geworden.«

Danksagung

Mein besonderer Dank gilt meiner Frau, die mich ziehen lässt und immer wieder zurücknimmt. Dieses Buch wäre ohne die Hilfe vieler Menschen nicht entstanden. Dank an Frank Brunner, der unermüdlich meine Texte liest und besser macht. Ohne seine Hilfe wäre dieses Buch nicht entstanden. Dank an die gesamte Agentur Zeitenspiegel, die mich ohne Klagen unterstützt, damit ich meinen Beruf nach meinen ethischen und moralischen Vorstellungen ausüben kann: Uli Reinhardt, Tilman Wörtz, Uschi Entenmann, Erdmann Wingert, Philipp Mausshardt, Jan Rübel, Edeltraud Schneider, Wolfgang Dising. Dank an die Menschen, die mir trotz Distanz die Freundschaft halten: Marcel Mettelsiefen, Fritz Schaap, Alexander Bühler, Tina Günder, Dr. Susanne Kadner, Sofia Mpalampanis, Kristina Moreno, Dominik Schiess, Verena Fiebiger, Oliver Fritz, Marc Wiese, Dr. Eba Pasha, Tarik Abdin-Bey, Ahmed und Hanadi Abbas, Veronika Faltenbacher, Marc Deininger, David Eubank, Guy Calaf, Veejay Villafranca, Michael und Anjana Hasper.

Dank an die Redaktionen von *Der Spiegel*, Amnesty International, *Cicero*, *NZZ am Sonntag*, Bastei Lübbe AG, *Weltspiegel*, *Auslandsjournal* und *Spiegel TV*, die mir eine Plattform für meine Arbeit zur Verfügung stellen.

Ohne die Unterstützung und Hilfe vieler Menschen wäre es mir nicht möglich gewesen, in Syrien oder dem Irak zu recherchieren: Abdullah Ibrahim, für die Brüderlichkeit, Ruham Hawash, Fadi Aloush, Omar Zabadani, Miriam Zabadani, Nivin Dalati, Josef Abubaker, Hassan Ashwor, die Helfer von den White Helmets, Yassir al-Haj, Majad Radwan, Agir.

Entschuldigen möchte ich mich bei meiner Familie. Da-

301

für, dass ich am entgegengesetzten Ende der Welt lebe, für die Sorgen und Ängste, die sie meinetwegen aussteht: meine Mutter Rita Stormer, meine Schwester Katja Rehnig und ihr Mann Steffen Rehnig, Gerda Pein, Andreas Stormer, Mechthild Stormer. Ich vermisse euch.

Meine Erinnerung und Dank gilt den vielen Freunden und Helfern, die diese Kriege nicht überlebt haben.